本书获得国家社科基金项目"国民经济核算视角下的知识产权产品资本测度与应用研究"（编号：17BTJ002）资助

知识产权产品核算问题研究

THE STUDY ON ACCOUNTING PROBLEMS OF INTELLECTUAL PROPERTY PRODUCTS

李 晶 ◎ 著

经济管理出版社
ECONOMY & MANAGEMENT PUBLISHING HOUSE

图书在版编目（CIP）数据

知识产权产品核算问题研究/李晶著. —北京：经济管理出版社，2018.12
ISBN 978 - 7 - 5096 - 6077 - 5

Ⅰ.①知… Ⅱ.①李… Ⅲ.①知识产权—经济核算—研究—中国 Ⅳ.①D923.404
②F221

中国版本图书馆 CIP 数据核字（2018）第 288124 号

组稿编辑：杜　菲
责任编辑：杜　菲
责任印制：黄章平
责任校对：赵天宇

出版发行：经济管理出版社
（北京市海淀区北蜂窝 8 号中雅大厦 A 座 11 层　100038）
网　　　址：www.E - mp.com.cn
电　　　话：（010）51915602
印　　　刷：三河市延风印装有限公司
经　　　销：新华书店
开　　　本：720mm×1000mm/16
印　　　张：18.25
字　　　数：272 千字
版　　　次：2018 年 12 月第 1 版　2018 年 12 月第 1 次印刷
书　　　号：ISBN 978 - 7 - 5096 - 6077 - 5
定　　　价：78.00 元

·版权所有　翻印必究·

凡购本社图书，如有印装错误，由本社读者服务部负责调换。
联系地址：北京阜外月坛北小街 2 号
电话：（010）68022974　　邮编：100836

前　言

随着知识经济的快速发展,知识产权越来越成为一个国家"软国力"的重要内容。2012年4月11日,美国商务部经济和统计管理局、美国专利商标局联合发布《知识产权与美国经济:产业聚焦》的报告显示,"创新是美国经济增长和国家竞争力提升的主要驱动力,知识产权的授予和保护是促进创新和创造力的关键,是企业自由竞争和市场经济的基本要素"。在这一现实背景下,知识产权产品的相关问题研究开始受到关注,而如何建立一套科学合理的核算理论和测算方法体系则成为所有问题研究的基础。究其原因,主要在于是准确分析知识经济环境下各知识产权产品要素在生产和交易环节的经济贡献率以及对国民经济的影响,均需对各产品的相关活动进行科学的测算及投入产出的核算,再运用国民账户将其合理的记录呈现出来,以了解知识产权产品这一无形资本价值增值后国内生产总值上(Gross Domestic Product,GDP)的真实面貌,从而更好地为宏观经济分析和经济决策提供依据。

2008年,描述经济运行过程的国民账户体系SNA(System of National Accounts)的颁布,将有助于我们在科学方法的指导下对知识产权产品进行核算。美国根据SNA(2008)修订后的口径所进行的测算显示:自20世纪60年代以来,知识产权产品投资的比重从9.6%上升到了22.9%,其中软件和研发投资的比重上升较快,分别占固定资产投资的10.4%和9.5%,娱乐与文艺创作的比重较小且相对稳定。

相较之下,我国在对知识产权产品的统计实践中存在一定的困难,其一在于中国现行统计的基础数据不完全其全社会固定资产投资并不包含研发、计算机软件、数据库、矿藏资源勘探支出、文学艺术品原件等无形资产①的统计,尽管现在已常规发布研发经费支出等基础性数据,但在统计规范、统计制度与方法、统计技术手段等方面仍不够完善,导致有些基础性数据无法收集。本书认为,解决此问题的关键在于设计知识产权产品分类体系框架,以对知识产权产品进行正确的统计归类。其二由于知识产权产品与一般产品相比所具备的特殊性,通常无法直接测算其资产的价值,一般采用的方式是对其资产进行估价,但我国对于知识产权产品的估价方法尚不明确,本书认为解决此问题的关键在于探讨我国知识产权产品资本的测算方法。其三由于缺乏对知识产权产品的完备核算框架,无法使知识产权产品的相关经济数据按照经济分析、决策和政策制定的要求以一定程式予以编制和表述,本书认为解决此问题的关键在于对知识产权产品核算账户进行研究。如美国建构的研究与开发(Research and Development,R&D)卫星账户,其目的在于将资本测算与国民账户建立对应关系,原则上要保证账户间的不重复不遗漏,以完整地展示出知识产权产品经济运行的全过程。

为解决上述问题,本书在系统总结相关理论知识和已有研究成果的基础上,以国民账户体系SNA(2008)修订为背景,在对知识产权产品概念进行准确界定的基础上,结合相关国际标准分类手册和我国相关分类标准,设计了我国知识产权产品分类体系框架。其次,依据经济合作与发展组织(Organisationfor Economic Co‐operation and Development,OECD)最新版本的资本测算手册和知识产权产品资本测算手册,在对已有物质资本测算方法进行修正和完善的基础上,重点对我国知识产权产品的资本测算方法进行探讨,建立资本测算与国民账户的联系,真实记录知识产权产品在整个经济体的价值增值过程。主要研究内容如下。

本书共分七章。第一章交代了知识产权产品核算研究的背景和意义,在结合国内外相关研究文献的基础上,提出了全书的研究思路、框架与方

---

① SNA(2008)已经取消了有形资产和无形资产的提法。

法、主要创新与局限。

第二章到第六章是本书的主体部分。

第二章是对知识产权产品核算概念的辨析。这是国民经济核算中的基础性问题。首先对知识产权产品、资产和资本的概念及其相关关系作了辨析,并从核算需要的角度出发,对知识产权产品的资本测算中涉及的重要概念进行辨析,包括对目前还不明确的非生产资产所有权转移费用和资本服务这两个概念作进一步解释,同时也对固定资本形成总额和固定资本消耗的概念作进一步拓展和分解。

第三章是知识产权产品核算范围的界定。这是国民经济核算研究中的根本性问题。根据 SNA（2008）提出的,将知识产权产品纳入国民经济核算范围的建议,对经济理论界在知识产权产品生产范围问题上的模糊认识进行了澄清,并对知识产权产品的生产范围、消费范围、分配范围、资产范围进行了界定,同时阐述了社会劳动价值论对国民经济核算的指导意义。

第四章是研究知识产权产品核算对象的分类。建账对象的确立有赖于对核算对象的科学分类。本书对 SNA（2008）推荐的分类标准进行了剖析,并结合其他国际标准分类手册,包括所有经济活动的国际标准行业分类（ISIC Rev.4）、国际服务贸易统计手册（MSITS 2010）、国际收支服务扩展分类（EBOPS 2010）、产品总分类（CPC Ver.2）对知识产权产品分别从静态维度和动态维度进行分类,对应我国国民经济行业分类（GB/T4754—2011）和统计用产品目录,放弃了某些明显不适合我国现行经济基础与核算基础的分类规范,设计了我国知识产权产品核算对象的分类框架。

第五章研究知识产权产品的资本测算方法。这是核算问题研究的重点。主要在参考资本测算手册和知识产权产品资本测算手册的基础上,结合国内外已有研究成果,立足我国实际,探讨我国知识产权产品资本测算方法,重点对研究与开发（R&D）、计算机软件和数据库的固定资本形成总额测算、资产价格指数的编制以及资本服务测算方法进行探讨,提出了可操作性的建议。

第六章研究知识产权产品的核算账户处理。这是核算问题研究的落脚点。由于SNA（2008）对知识产权产品定义的重新解读，以及对其存量测算和资本服务的引入，带来了与此有关的生产核算、资本形成核算、资产负债核算等核算处理问题，因此有必要建立知识产权产品与国民账户之间的联系，在此基础上进一步探讨对知识产权产品卫星账户的编制。

第七章为结论与展望。是全书的总结部分，并在此基础上提出有待进一步研究的问题。

目 录

第一章 绪论 ········· 001
 一、研究背景与意义 ········· 001
 二、文献综述 ········· 005
 三、研究思路、框架与方法 ········· 020
 四、创新与不足 ········· 022

第二章 知识产权产品核算概念的辨析 ········· 025
 一、知识产权产品概念辨析 ········· 025
 二、知识产权产品相关概念的关系辨析 ········· 031
 三、知识产权产品的资本测算相关概念 ········· 038

第三章 知识产权产品核算范围的界定 ········· 045
 一、知识产权产品生产范围 ········· 046
 二、知识产权产品分配范围 ········· 056
 三、知识产权产品消费范围 ········· 058
 四、知识产权产品资产范围 ········· 060

第四章 知识产权产品核算对象的分类 ········· 065
 一、基于 ISIC Rev. 4 和 EBOPS 的活动分类 ········· 066
 二、基于 CPC Ver. 2 的产品分类 ········· 114

第五章 知识产权产品的资本测算方法 ········· 126
- 一、知识产权产品资本测算指标的经济解释 ········· 126
- 二、知识产权产品资本测算动态指标的理论方法再论证 ········· 137
- 三、知识产权产品资本测算的关键指标理论方法新探讨 ········· 167
- 四、知识产权产品资本测算方法的数据来源 ········· 224

第六章 知识产权产品的核算账户处理 ········· 228
- 一、知识产权产品的资本测算对中心账户的影响 ········· 228
- 二、中心账户的拓展 ········· 249

第七章 结论与展望 ········· 258
- 一、研究结论 ········· 258
- 二、研究展望 ········· 259

附录一 额外的数据需求 ········· 260

附录二 针对 R&D 国际交易的数据开发 ········· 262

附录三 早期观点对于 R&D 的非市场生产者 ········· 265

参考文献 ········· 267

致　谢 ········· 281

第一章 绪 论

一、研究背景与意义

(一) 研究背景

随着知识经济的发展,知识产权越来越成为一个国家"软国力"的重要内容,并作为资产进入核算的视野范围。新的国民经济核算体系 SNA (2008) 提出了有关知识产权产品分类与核算方法的修订。美国在全球率先采纳并践行了 SNA (2008) 中新的核算标准,其中最重要的一点是把"知识产权产品"作为资产纳入经济核算体系,此举一经实施即对美国宏观经济总量指标产生重要的影响。据美国经济分析局 (BEA) 在 2013 年 7 月底公布的对美国国民收入和产品账户 (National Income and Product Account, NIPA) 综合调查的初步结果显示,美国在对国内生产总值 (GDP) 统计方式进行了重新调整之后,即将研发投入和娱乐、文学及艺术原创支出等知识产权产品纳入统计范畴,美国 GDP 新增近 3%,结合知识产权密集型产业的经济贡献,知识产权产品在美国 GDP 中的比重达到 40%,这无形中削弱了美国经济增长不稳定因素带来的负面影响。同时突出地体现了美国经济转型的成果,即从工业依赖型转而进入以智力资源为主的知识与信息化时代。在此之前,包括我国在内的大多数国家几乎都是采用 SNA（1993）国际标准进行统计核算,这使我们对知识产品价值严重低估,不能正确反映知识这一生产力对经济的真实贡献。

美国的实践,对其他国家尤其是处于经济转型中的发展中国家无疑具有重要的启示:①引入知识产权产品核算的统计方法是适应经济社会发展环境的变化,符合当代世界经济由知识创新主导增长的理念与实践。②引入知识产权产品核算的统计方法是适应经济管理需求的变化、引导政府和企业在重视数量扩张的同时,更要注重知识产权质量和效益的提升。③引入知识产权产品核算的统计方法是适应经济结构的变化,凸显知识产权密集型产业对经济增长的贡献,实施国家知识产权战略,建立以知识产权为导向的产业结构,推进产业结构优化升级。

面对这一新趋势,我国知识产权局发展研究中心副主任张志成指出,将知识产权产品纳入统计范畴将对包括中国在内的很多国家,特别是创新型国家产生重要影响。《全球创新指数（2013）》报告显示,我国在创新方面充满活力并超过了同类国家。

发展中国家应在借鉴国外研究成果的基础上,结合本国发展实际,引入并拓展对知识产权产品的相关研究,探讨新核算方法在本国适用的可能。尤其对于我国,其研发投入占 GDP 比重已达到了中等发达国家水平,知识产权数量高速增长,知识产权运用能力日益提高,知识产权密集型产业对经济的贡献比例更是稳步上升。[①] 依此现实,将知识产权产品准确纳入 GDP 统计范畴的核算方法,将对我国转变经济增长方式、调整经济结构具有重要的影响。

（二）研究意义

国民经济核算是一套国际公认的、以账户体系表现的、兼具全面性、

---

① 据《全球创新指数（2013）》报告显示。

一致性与完整性的宏观经济统计工具。它通过一系列的科学核算原则和测算方法，以一定的经济理论为指导，将描述国民经济运行的指标有机结合起来，系统而全面地记录整个国民经济运行的状况。如果离开了科学的核算理论和方法的指导，国民经济核算将会由于缺乏相应的数据基础而无法进行。由联合国、欧盟委员会、经济合作与发展组织、国际货币基金组织、世界银行组成的五大国际组织共同编订的国民账户体系是指导各国如何进行核算处理的指导性文件。事实上，作为描述经济运行过程的国民账户体系，自1953年第一个正式版本确立以来，陆续经历了1968年、1993年和2008年三次重大改进和修订，其原因无疑都是为了确保SNA能够与时俱进，更加综合、客观、准确地反映经济运行情况和经济环境的变化，从而适应经济发展的需要。在新修订的SNA（2008）国民账户体系中，主要的变化在于将近年越来越重要的经济特征引入核算之中，同时对日益成为分析焦点的各种观点做了详细的阐述，并对国民经济核算中的部分处理方法进行了重新解读，涉及了研究、实践经验以及作为企业和公共核算的国际标准等。其中，对知识产权产品核算的相关问题做了进一步澄清和解读，包括对其概念的提出、核算方法的修订以及账户处理的变更等。同时，SNA（2008）也指出，有关知识产权相关核算问题在具体操作中是极为复杂的，尤其是知识产权产品与一般产品相比所具备的特殊性，通常无法直接测算其资产的价值。一般采用的方式是对其资产进行估价。虽然在实践中，无形资产的价值可以通过其提供服务的未来流量的现行价值估计得到，但对于像电影或音乐原作这一类无形资产，即知识产权产品，可能会很不准确，存在很大的推测性。绝大多数这样的资产的现行价值可能非常低，只有少数具有很高的价值，价值的分布被高度扭曲。同时，这一价值与生产它们的成本也没有太密切的关系。因此，如何使用合适的方法对这类无形资产即知识产权产品进行资本测算，在现行SNA中仍然是一个困难的领域。另外，知识产权产品概念的提出引起了与此有关的生产核算、资本形成核算、资本存量及其消耗核算等问题。

基于此，要解决以上一系列问题，我们就有必要对知识产权产品的核算问题进行理论研究,就目前而言,这是一个正在进行中的前沿研究领域,其研究价值不可小觑。当前国外很多研究学者已开始着手对知识产权产品核算的系列问题进行研究,从理论上建构知识产权产品核算体系,以寻找到知识产权产品核算问题的关键所在。现有研究显示,其研究焦点主要着眼于对知识产权产品资本价值的测算,因为价值是了解知识产权产品这一资本存量变化的基础和测算标准,只有找到科学合理的价值测算方法,才能得到有效的知识产权产品的价值数据,再进行核算账户的处理,最终定量出知识产权产品在整个国民经济中的作用。相对于国外,我国在这方面的研究却仍处于初级阶段。

基于以上事实,本书认为对我国知识产权产品核算问题的研究将具有十分重要的理论和现实意义。理论意义在于:一是它将有助于提高统计数据的核算质量,完善我国国民经济核算体系①;二是有助于提高统计数据的国际可比性,与国际上推荐的核算体系接轨;三是有助于提高统计数据的经济应用性,采用显示知识产权价值的 GDP 核算,不仅将使 GDP 总量得以扩大,未来随着知识产权比重的扩展,其比例结构也将更为优化。现实意义在于:一是能够真实反映产业结构变化,尤其是知识密集型产业在整个国民经济中所占的份额。这对于了解一个国家或地区的产业结构现状及其发展变化规律,制定正确的产业发展政策,引导产业结构健康地发展具有重要的意义。二是能够真实反映需求结构变化,尤其是知识产权产品的消费、资本形成和净出口在总需求中所占的份额。这对于了解一个国家或地区的需求结构现状及其发展变化规律,制定正确的消费、投资和进出口政策,引导需求结构健康发展具有重要意义。三是能够真实反映投资结构变化,在未来不难预测,由于我们对知识产权产品核算问题的关注和推进,也能极大地促使政府、企业、研发机构等社会组织加大对科技研发的投入,用科技创新来推进经济发展方式的转变。在国内生产总值中突出体

---

① 我国自 1986 年将联合国"国民账户体系"翻译为"国民经济核算体系",至今一直沿用这一术语。

现知识产权产品对国家经济的重要贡献,不仅是一个国家在全球经济竞争日趋激烈的情况下的明智选择,也将影响知识产权政策的走向以及经济和社会的发展。

总之,对知识产权产品核算问题的研究将给我国 GDP 核算方式带来总量的扩张和质量的提升,这将成为我国政府宏观管理、微观决策的重要依据,从而推进我国知识密集型产业的发展,加大对知识产权的保护力度和其资产的管理,激励企业提高研发支出的使用效率,促进制造业升级和加快发展服务业,提高全要素生产率,以此达到高质量的增长。

二、文献综述

本书主要研究知识产权产品核算的概念、范围、测算方法以及核算账户,因此,试图从以下五个方面对现有文献进行梳理:一是相关核算概念的研究;二是核算范围的研究;三是核算对象分类的研究;四是资本测算的研究;五是核算账户的研究。

(一) 相关核算概念的研究

1. 知识产权产品属于无形资产的概念

"知识产权产品"是 SNA(2008)中提出的新概念,在之前的版本中,知识产权产品中的部分分类属于无形资产分类下,因此对于其概念的研究应追溯到对无形资产概念的研究。一般认为,知识产权产品属于无形资产的概念,这源于早期马歇尔(Marshall)和费雪(Fisher)将知识纳入资产的范畴,即无形资产。此后,出现了不少有关无形资产概念的研究。

(1) 从会计学视角的理解。汤湘希等(2009)基于会计学视角提出了对无形资产内涵的初步界定,将无形资产定义为:用于产品的生产和销售、出租或管理而持有的,没有实物形态的可辨认的非货币资产。美国会计原则委员会(FASB 的前身)进一步提出将无形资产划分为可确指(Identifiable)无形资产和不可确指(Unidentifiable)无形资产两类。凡是具有专门名称,可单独取得、转让或出售的无形资产,称为可确指无形资产,如专利权、商标权等;那些不可辨认、不可单独取得,离开企业整体就不复存在的无形资产,称为不可确指无形资产,如商誉。

(2) 从经济学视角的理解。Romer(1986)、Lucas(1988)等基于经济学视角,认为技术、人力资本等无形资产具有显著的外部性,与实物资产边际报酬递减特征不同,技术、人力资本等无形资产的外部性往往使企业的经济活动具有规模收益递增的特点。Porter(1996)将无形资产称为高等生产要素和特殊生产要素,认为相比那些属于通常生产要素和一般生产要素的有形资产,无形资产对企业竞争更具决定意义。如何利用有形资产以及利用的成效取决于企业无形资产积累和开发利用的状况,受到无形资产的制约。[①] Le(2003)指出,将成本效益原理用于无形资产的分析就是无形资产的经济学含义,无形资产和实物资产、金融资产一样都遵循最基本的成本效益均衡经济学规律,他把无形资产分为发明创造(创新活动)型无形资产、组织资本型无形资产和人力资本型无形资产。[②]

(3) 从资产评估学视角的理解。资产评估侧重强调无形资产的未来经济利益,并不注重其取得成本是否可确指。《国际评估准则评估指南——无形资产》中指出,无形资产是以其经济特性而显示其存在的一种资产。无形资产不具有实物形态,却为其拥有者获取了权益和特权甚至带来收益。该评估准则还根据无形资产产生的来源,把无形资产分为权利类(Rights)、关系类(Relationships)、组合类(Grouped Intangibles)、知识产权(Intellectual Property)四大类无形资产;提出知识产权是无形资产中的一个特殊类型,通常受法律保护,未经授权不得使用,如品牌名称和商

[①] 施本植. 无形资产:不可等闲视之 [J]. 上海经济研究, 1996 (6).
[②] 巴鲁·列弗. 无形资产——管理、计量和呈报 [M]. 北京:中国劳动社会保障出版社, 2003.

号、著作权、专利权、商标、商业秘密或非专利技术等。我国财政部于2001年7月颁布的《资产评估准则——无形资产》中对无形资产的界定与会计准则基本一致,认为无形资产是指特定主体所控制的、不具有实物形态、对生产经营长期发挥作用且能带来经济利益的资源,它可分为可确指无形资产和不可确指无形资产。

上述研究分别从会计学、经济学和资产评估学角度对无形资产概念进行了分析,为本书理解国民经济核算中的知识产权产品概念提供了参考,但存在的问题:一是它们仅是从不同学科视角给出了无形资产所包含范围的一般框架,没有对无形资产形成一个明确统一的概念;二是对非专利技术、特许权等所包含的具体存在形式没有做出明确规定。

2. 知识产权产品不同于无形资产的概念

基于SNA(2008)修订的背景,即将有形资产和无形资产的概念取消,提出了知识产权产品的概念,使本书在进一步研究无形资产概念的基础上,对知识产权产品与无形资产的不同做了进一步思考。谢明香、梁炜来(1999)的研究认为,在知识经济时代,无形资产所涵盖的内容将不断扩大,而知识产权产品只是无形资产的主体,不是无形资产的全体。两者之间存在着紧密的联系,但绝不是对等的关系。知识产权包括工业产权和著作权。而无形资产除了知识产权类的无形资产,还包括技术秘密、专营权、场地使用权等非知识产权的无形资产,除此之外,也并不是所有的知识产权产品都属于无形资产,它还需要一定的条件进行转化。例如,专利权若不进入企业的生产经营领域,则只能是专利权,绝非无形资产。然而并非取得了某种权益(版权、专利权等)就拥有了无形资产。取得知识产权后,要运用到生产经营中去,使其转化为现实的生产力,同时要注意维护(依法交纳年费)、保护(防止侵权)知识产权,这样,知识产权产品才能真正转化为无形资产。

从上述研究可以看到,知识产权产品是不同于无形资产的,这意味着知识产权产品与知识产权资产的概念识别是极为重要的,但是现有文献对于知识产权产品与知识产权资产之间的概念关系并没有作进一步明确的辨析。

3. 知识资本不同于无形资产的概念

"知识资本"一词最早出现在 1969 年经济学家 John Kenneth Galbraith 写给经济学家、主编 Michael Kaleeki 的信中，用于解释企业市场价值与账面价值差异。Stewart（1997）提出，知识资本是能够被用来创造财富的知识材料（Intellectual Material），包括知识、信息、知识产权和经验等。这一定义将知识资本视为企业的一种资源。Edvinsson 和 Malone（1997）提出，知识资本是能为组织提供市场竞争优势的知识、应用经验、组织技术、顾客关系和专有技术等的财产（Possession）。这一定义是将知识资本视为企业的一种财产。Oatfi 和 Sullivan（1998）则认为，知识资本是能够转化成利润的知识和定义是将知识资本视为企业的一种知识。Malinowski（2000）提出，知识资本一般具有如下特征，即它可以是固定的被赋予了专利的产品，或当它处于被人类能力所驱动的条件下，也可以被认为是易变化的。同时，它可以是价值创造过程中所投入的产品，也可以是其最终产品，也就是说，知识资本是一种通过知识转换成的价值，或知识转化后的最终产品。刘景录（2002）基于上述知识资本定义的基础上，做了对知识资本与无形资产不同的初步对比研究，认为两者在反映企业知识资源的手段和方法上有所不同。鲍敦全、陈金良（2001）认为，知识产权资本是一种权利资本，是私人知识产权借以实现的法律形式，可分为版权和工业产权两种形式。版权又称著作权，是文学、艺术和科学作品的作者对其创作的作品依法享有的权利，包括文学、艺术、科学作品、表演、音像制品、计算机软件等。工业产权包括专利、商标、商业秘密等。

上述研究对本书更好地理解知识资本的概念提供了指导，但研究文献没有进一步对知识资本与知识资产的概念进行辨析，而事实上厘清知识资本与知识资产的关系有利于后续科学的研究。

（二）相关核算范围研究

国民经济核算体系核算的是社会产品的生产分配、流通和消费。作为知识产权产品的社会产品,它是由生产性劳动生产出来的。因此,确定生产性劳动的范围便成了确定社会生产核算范围的一个关键问题。钱伯海(1994)提出,生产范围划在哪里,产值指标就算到哪里,中间消耗和最终使用也就算到哪里,初次分配和再分配、原始收入和派生收入,也就在哪里分界。后来的研究者均围绕以生产范围、资产范围为核心展开研究。

1. 生产核算范围

葛守中(1988)认为,要科学地确定生产劳动的范围必须从经济发展的实际出发,以马克思主义的科学理论体系为思想武装,将生产力和生产关系结合起来作统一的考察。它提出的社会主义生产劳动具体表现为:凡是能满足社会和人民日益增长的物质和文化需要的劳动便是生产劳动,因此生产物质产品的劳动是生产劳动,因为它满足人们对物质产品的需要;服务也是生产劳动,因为它满足人们对文化生活的需要。李海东(2002)提出,市场原则在确定生产范围中的作用,认为尽管国民核算的根本目的是反映人类的经济活动,但在现代社会,人们的经济活动是以市场为中心的,因此,从市场出发,考虑市场过程和市场活动以及市场的发展变化等就成为确定生产范围的重要原则。也就是说,凡是以市场交换为目的所组织的生产活动,无论其产出在市场销售还是自用,均统计为生产的产出,按此原则国民生产可分为市场化生产和自给性生产。

上述研究对本书研究知识产权产品的生产范围提供了理论基础,但由于知识产权产品生产有别于一般劳动产品的生产,因此对其生产范围的研究极为必要。

2. 资产核算范围

李明(2012)基于会计核算的视角提出无形资产的核算范围原则:一是无形资产的核算必须遵循"效益大于成本"的原则,即只有在对无形资产进行核算产生的收益大于对其进行核算的成本时,对无形资产进行核算在经济上才是可行的;二是无形资产纳入会计核算范围必须满足可计量的原则,即对于一项资产,如果不能进行准确的计量,就不应当在会计上予以确认并纳入会计核算范围;三是要根据无形资产在总资产中的重要性来确定是否应该予以计量，也即如果某项资产在总资产中占有很大的比例，或是起关键作用的资产，就应对其予以确认。洪作维（2008）也是基于会计核算的视角提出应大力拓展无形资产的核算范围，应采用研究开发费用、资本化与费用化并举的方法，统一无形资产会计核算科目，并加强知识产权保护，以防止无形资产流失。

上述研究主要从会计核算的角度对无形资产的核算范围进行了研究，虽然国民核算中的数据来源于企业会计核算的账户表，但会计核算原则毕竟与国民经济核算的原则不同。因此，有必要基于国民核算的角度对无形资产核算范围进行研究。根据 SNA（2008）已经取消了"无形资产"这一提法，而是使用"知识产权产品"概念，同时本书对原有无形资产的范围进行了扩展，即国民核算下的知识产权产品范围包括 5 类产品[①]：①研究与开发；②矿产勘探与评估；③计算机软件与数据库；④娱乐、文学和艺术原件；⑤其他知识产权产品。这里要注意的是，知识产权产品范围和其核算范围是不同的概念，因此有必要在 SNA（2008）所规定的知识产权产品范围内讨论其核算范围。由于资产是由生产投入经分配、消费最后流转的部分，因此对于资产范围的研究将结合生产范围进行研究。

（三）相关核算分类研究

1. 我国国民经济行业分类（GB/T4754—2011）与国际标准产业分类体系（ISIC Rev.4）的比较研究

确立建账对象有利于对核算对象的科学分类。目前，我国采用的标准分类是国民经济行业分类，用于对全社会经济活动进行分类，它在统计数据的采集、处理、分析以及国际比较上具有重要地位。潘强敏（2012）认为，随着我国经济的快速发展，产业结构发生了巨大变化，尤其是新型产业的发展，国民经济行业分类标准应不断完善。他对国民经济行业分类（GB/T4754—2011）中的制造业分类与联合国制定的所有经济活动的国际

---

① 联合国等. 国民账户体系 2008 [M]. 北京：中国统计出版社，2010.

标准行业分类（ISIC Rev.4）进行比较，得出两者在小类上的处理差别较大的结论，由此提出应按照科学性、可行性原则，加快制定以 GB/T 4754—2011 为基础的新兴产业分类标准。王卓（2013）通过 GB/T4754—2011 和 ISIC Rev.4 的比较，分析研究了两项分类标准的基本构成、应用原则、门类和大类的条目结构以及对照转换等方面的情况，发现两者在服务业相关活动上处理的不同，进而提出在统计分类标准的设计过程中应考虑四点因素：一是科学性的要求；二是国际可比性的要求；三是历史延续性的要求，要在体现新兴行业和经济特征的同时尽可能保持稳定，以实现与历史数据的有效衔接；四是体制决定的部门管理需求。赵耀、袁勤俭（2008）重点对国际标准产业分类体系中专业、科学和技术活动的分类演化及启示进行研究，提出与 ISIC Rev.4 中将专业、科学和技术活动的分类作为顶层一个大类进行划分不同的是，GB/T4754—2011 并没有设置专门的专业、科学和技术活动的门类。李国秋、吕斌（2010）则对国际标准产业分类（ISIC Rev.4）中的信息产业分类进行研究，认为其作为 ISIC Rev.4 中的新增门类将能够为信息产业提供全面的分类体系，并提出在信息经济研究中，首要任务是确定信息产业的范围和类型，即在现有的经济体系中，哪些部门是信息部门或准信息部门、划分信息部门和非信息部门的标准是什么，得出信息产业的分类原则和方法应是信息经济研究的基础性工作。相比之下，我国还未对信息产业进行单独分类，因此有必要对我国信息产业的统计划分进行修订。

从上述研究可以看到，我国鲜有文献涉及分类问题的研究，即使有也不够深入，尤其是没有结合具体产业或特定产品进行分类研究，使我国在核算研究中常常出现由于数据缺失、遗漏或重复而导致核算最终无法进入实证层面。基于以往的研究，本书得到以下启发，如将 ISIC Rev.4 和 GB/T4754—2011 两个分类体系进行对照性的研究，以对我国目前按 GB/T4754—2011 分类体系对知识产权产品分类造成的遗漏或重复进行讨论，同时探讨基于产品总分类（CPC）或其他分类体系来对我国知识产权产品分类进行研究，为建构我国知识产业的统计分类体系提供参考。

2. 我国统计用产品分类与产品总分类（CPC Ver.2）的比较研究

《产品总分类》（Central Product Classification，CPC）是联合国统计委员会于1989年2月正式审议通过的，是一种涵盖货物和服务的完整产品分类，意在充当一种国际标准，用以汇集和以表格形式列出各种要求给出产品细目的数据，能对有关货物、服务和资产的统计进行国际比较，为初次制定产品分类或修订现行办法的国家提供有用的准则，使其分类办法符合国际标准。最新的版本是 CPC Ver.2，意在反映自 CPC Ver.1.1 编制以来因世界范围内经济最新变化和技术的持续进步而产生的变动。张迎春（2011）提出，从长远来看，CPC 将有助于减少国际上使用的产品分类法的数目，作为一种通用的产品分类，它是今后特定经济领域产品型分类的指导方针。她进而对 CPC 和 ISIC 等分类体系进行了比较研究，提出在 CPC 和 ISIC 之间建立一一对应的关系是不可取的，因为产业及其产品之间的关系很复杂，而且在不断变化。国家统计局于2010年也编制了我国的《统计用产品分类目录》，以对全社会经济活动的产品进行标准分类和统一编码，它适用于以产品为对象的所有统计调查活动。这一分类的优势：一是以 ISIC 为基础，其产品大类与 ISIC 分类的大类保持了基本一致；二是建立了与 CPC 的转换关系。

上述研究为本书尝试对知识产权产品按其所提供的服务特性进行分类提供了参考，但2010年版的我国《统计用产品分类目录》是基于 GB/T 4754—2002 和 CPC Ver.1.0 基础上建立的分类，并没有作进一步的更新，因此有必要将其与 CPC Ver.2 建立新的转换关系。同时可进一步拓展现有研究文献中所涉及的分类体系，如考虑国际收支服务扩展分类对知识产权产品进行分类。

（四）相关资本测算方法研究

资本存量测算和资本服务测算构成了资本测算的主要内容，两者相互联系，相互影响。可以说，资本存量是资本服务的载体，而资本服务的数量也会影响资本存量价值的高低。

第一章 绪论

1. 资本存量的测算

（1）基于有形固定资产存量测算研究。王益煊、吴优（2003）根据永续盘存法（PIM）对我国 1981~1998 年所有行业的固定资本存量进行测算，其结果是缺乏应有的固定资本形成投资序列数据、缺乏与固定资本存量核算相配套的固定资产投资价格指数数据序列、缺乏各类固定资产使用寿命的准确数据以及固定资本存量核算范围不全。刘永呈、胡永远（2006）通过分析固定资本形成速度和固定资本形成指数的内在联系，在资本品按几何速率递减的假设基础上，对我国 1952~2003 年各省区市资本存量重新进行估算，构造了投资平减指数。单豪杰（2008）在中国资本存量 K 的再估算研究中，提出投资价格指数应选择与资本投资指标一致的固定资本形成总额缩减指数作为投资价格指数的衡量指标。叶宗裕（2010）在对比固定资本形成总额缩减指数与 GDP 缩减指数、商品零售价格缩减指数等价格度量指标后发现，大部分省区市（其中包括北京、福建等 14 个省份）的固定资本形成总额缩减指数都存在失准的问题，部分省份（天津、安徽、湖南等 7 个省份）的固定资本形成总额指数还存在缺失和录入错误等问题。李宾（2011）在对我国资本存量估算的比较分析中发现，折旧率的设定对估算结果影响最大，基期资本存量的影响则很小，对投资流量的选取目前还存在问题。孟望生、林军（2015）根据永续盘存法（PIM）对我国各省份资本存量及其收益率进行了估算，重点对中间变量选取与构造、数据筛选及处理进行了研究，结果显示我国的人均资本存量和资本回报率分别存在逐年递增和波动下降的趋势；人均资本存量和资本回报率的省际差异存在逐年增大和波动减小的趋势；资本回报率和人均资本存量存在反向变化关系，而且这种关系的线性敏感程度由东、中、西部区域依次递减。

（2）基于无形固定资产存量的应用研究。本书所指的无形固定资产仅特指知识产权产品，因此，以下就国内外有关知识产权产品存量测算的研究进行分析。

国外对 R&D 资本存量的核算始于 20 世纪 60 年代，Griliches（1980）

运用永续盘存法，对1960~1977年美国的R&D资本存量使用不同的折旧率进行了测算，进而对全要素生产率的下降提供了解释。Griliches（1987）通过对1966~1977年652家美国制造业企业的R&D数据进行分析得到，R&D对生产率增长有重大贡献，而其中基础研究的R&D对生产率的贡献更明显，相比政府资助的R&D作用较小。Goto和Suzuki（1989）使用永续盘存法测算了日本1970~1986年50个行业的全要素生产率和R&D资本存量，结果得到日本R&D的边际投资收益率为40%左右。Coe和Helpman（1995）对G7国家和非G7国家的R&D资本存量与R&D资本存量和R&D产出弹性进行了测算，得到的结论是一国的全要素生产率将同时取决于国内R&D和国外R&D。Bernstein和Mamuneas（2005）分别对1958~1998年美国制造业R&D资本存量、1965~1995年加拿大制造业R&D资本存量进行测算，通过使用10%的折旧率得到美国在1958~1998年这30年R&D资本存量的年均增长率是1.96%，而加拿大的年均增长率为2.93%。

相较而言，我国对R&D资本存量的研究起步较晚，最早是蔡虹和许晓雯（2005）对1987~2001年中国R&D资本存量进行了测算，研究结果显示，中国的研究开发时间约滞后4年，技术知识存量的陈腐化率约为7.14%。刘建翠等（2015）利用永续盘存法对中国1978~2012年R&D资本存量进行了测算，研究结果显示，2000年是中国R&D资本存量增长的突破点，实现了从缓慢低位增长到迅速攀升的转变；R&D资本存量占GDP份额呈现为U形走势，经历了先下降后提升的过程；而无论是中国R&D资本存量的绝对值还是中国R&D资本存量占GDP的份额，中国均明显落后于美国。在区域层面上，肖敏、谢富纪（2009）对中国31个省份2000~2006年的R&D资本存量进行测算，发现在总量方面具有集中性和沿海性的特点，但集中度总体呈下降趋势；从增长速度看，东西部地区呈现齐头并进的格局，尤其一些中西部省市增长速度非常快。彭建平、李永苍（2014）以1997~2007年各省份的数据为基础，用各地区科技活动经费内部支出扣除劳务费后的余额估计了R&D资本存量。在行业层面上，吴延兵（2006）测算了我国34个工业部门在2002年的R&D资本存量，得到各行业R&D资本存量总和为2000亿元左右。王俊（2009）对我国1998~2005年的28个制造业R&D资本存量进行测算，提出了通过知识生产函数并运用GMM估计法测算各种不同技术特征行业折旧率的方法。

从上述研究可以看到，国外对资本存量测算的研究起步较早，我国对于资本存量的研究在近10年才开始发展，但是对R&D资本存量的研究却鲜少涉及，且存在一定的缺陷，以致影响了后续研究的准确性和可靠性。其中的重要问题在于使用永续盘存法进行测算时对关键变量的确定，一是由于不同资产的折旧率在实际中是不同的，因此如何确定其折旧率有必要作进一步深入研究，尤其是对于本书所研究的知识产权产品的折旧率；二是对R&D固定资本形成总额没有作进一步的研究，仅是简单地将R&D经费中扣除劳务费后剩余部分计入当年的R&D支出，这一计算未免过于简单，因此有必要对不同类型的知识产权产品的固定资本形成总额测算进行研究。三是对于资产价格指数的研究一直没有形成一致的结论，因此有必要针对不同类型的知识产权产品的资产价格指数作进一步研究。

2. 资本服务的测算

国外研究文献对于资本服务的估算较多，最早对资本服务估算进行研究见于Hotelling（1925）对折旧的一般数学理论的论述，他开创性地分析了资本存量和资本租赁价格之间的关系，奠定了资本服务测算的基础。直至19世纪60年代，Jorgenson（1963）才首次对资本服务进行"严格意义"上的测算。具体方法是在资产分类的基础上，定义各种类型资产的资本服务流量，以资本租赁价格为权数，选用"最高指数"[①]汇总不同类型资产的资本服务得到资本服务总额。此后，Diewert（1976）、Harper（1990）、Robert和Inklaar（2010）、Jorgenson等（2011）对资本服务测算也进行了深入研究。

我国对资本服务估算的研究尚处于起步阶段。孙琳琳、任若恩

[①] 最高指数源自Diewert（1976）提出的灵活汇总形式概念，是指具有严格可变函数形式的指数。一般采用Tfrnqvist指数或Fisher指数。

(2005)在其对我国全要素生产率核算的文章中少有地采用了资本服务物量指数作为资本投入衡量指标,并在税收、折旧等方面做出了较为细致的处理。孙琳琳、任若恩(2008)对我国33个行业层次1981~2000年的资本投入指数进行了估算,得到年资本投入指数10%以上的行业主要包括第三产业和部分采选业。不同行业在改革后20年中资本积累的速度差别是很大的,第三产业是资本积累速度最快的,农业和部分制造业资本积累速度较慢,制造业大多行业资本投入指数处于在4%~8%。蔡晓陈(2009)基于年龄—效率剖面,以资本服务为指标对中国1978~2007年的资本投入进行了测量,侧重点在于对不同的指数公式选择和效率假设等对资本服务测算的敏感性分析。叶樊妮(2009)对资本服务的测算首先通过估算单一资产的生产性资本存量,其次通过使用者成本得到资本服务物量指数。而她认为作为权重的使用者成本等同于资本服务价格,如果存在完整的租赁市场,所有的资本品的租赁价格就可以在市场上经过观察得到,使用资本租赁价格等同于资本服务价格。但是,由于许多的资本品都是生产者自己拥有,无法得到资产的市场租赁价格,因此这一价格需要利用资产的购置价格进行推算。严盖、尹小兵(2011)提出了使用迪维西亚(Divisia)指数来对资本服务加总进行度量。曹跃群等(2012)则通过生产性资本存量,利用内生方法得到的资本租赁价格作为加总权数和托威斯特(Tornqvist)指数对不同类型资产进行加总,从而最终得出具有物量和价格双重属性的资本服务物量指数。其创新之处在于,利用年龄—效率函数和年龄—价格函数之间的关系,运用资产价值公式获得历年资本存量净额和折旧额,从而估算出不同资产的历年折旧率时间序列数据。

上述研究所得到的资本服务物量指数综合了资本的数量和价格双重属性,较为全面地反映了资产的服务水平。但存在一定的不足:一是没有将资本收益率与使用者成本结合得到资产服务价格;二是对资本收益率的测算主要是围绕内生或外生的方式,但它们在应用上都存在缺陷,有必要作进一步研究;三是大多采用托威斯特(Tornqvist)指数估算我国资本服务物量指数;四是在对使用者成本的核算中并未考虑税收的影响,采用的依然是未考虑税收的简单核算公式,使其估算结果有一定的偏差。

(五) 相关核算账户研究

1. 中心账户的研究

杨灿(2001)提出,中国核算体系改革的核心问题是怎样实现"基本核算表"与"国民经济账户"的有机结合,其实质是选择怎样的账户体系模式,通过比较联合国推荐的完整账户体系模式与美国采用的简化账户体系模式,认为中国应该选择SNA模式,但在实施过程中要采取"两步走"的策略。孙秋碧(2002)对我国国民经济核算账户与美国国民账户体系进行了比较研究,认为美国国民账户体系的主体——国民收入与生产账户(National Income and Product Account,NIPA)——更简约、实用性更强,极大地扩展了核算及其体系的应用空间,并提出了对我国简约账户系统设计的思考。陈汉琪(2008)对国民账户体系中的各账户功能及之间的内在逻辑关系进行了分析。许涤龙、周光洪(2009)对2008年国民账户体系中对知识产权产品核算的修订内容进行了分析研究,即知识产权产品在SNA(2008)中将是固定资产的一种重要组成形式,它不仅包括原无形固定资产的内容,还进行了扩展和补充。SNA(2008)提出,知识产权产品的具体形式包括:①研究与开发;②矿藏勘探和估价;③计算机软件和数据库;④娱乐、文学和艺术原件;⑤其他知识产权产品的结果。朱启贵(2013)在对国民经济核算体系的概念和内涵进行解读的基础上提出我国国民经济核算体系的科学发展,其中重点提到要完善R&D核算,促进创新性国家的建设。张茉楠(2013)对美国GDP统计调整的主要内容作了论述,在此基础上提出要建立中国新国民经济核算体系,加快推进与SNA(2008)接轨,但由于知识产权产品测算的难度较大,基础资料难以获得,国际上也没有通用的标准,因此在实施时,应结合中国基础资料的可获得性来确定重点研究改进的方面及优先实施的顺序。魏和清(2014)对美国2013

年 7 月实施的国民收入和生产账户（NIPAs）将 R&D 经费纳入固定资产核算范畴进行了论述，并就其对企业部门、政府部门和非营利机构部门带来的影响进行了研究。具体来说就是，由企业部门完成的 R&D 由中间消耗转计为固定资产投资，由政府部门和大量非营利机构完成的 R&D 由最终消费转计为最终投资。在此基础上，她对 R&D 从费用核算转变为资本核算后给国民账户中相关项目所带来的变化进行研究。许宪春等（2014）对资本服务的测算对于国民账户体系的影响进行了研究，认为资本服务的引入一方面能够改进对固定资本消耗和资本存量的估计，满足生产率研究和生产分析的需要，从而更好地完善国民账户中的资本测算；另一方面也对国民账户体系的诸多方面产生影响，其中涉及混合收入和其他生产税的分解问题、非市场生产者使用资产的测算问题、自然资源的估价问题、自有住房虚拟服务的估计问题等。但目前，资本服务只是以附属表的形式进入国民账户体系，未对国民账户产生实质意义的影响。[①]

上述研究显示，国民账户体系应随经济发展而不断完善和拓展，因此 SNA（2008）提出的对知识产权产品的新的处理建议将给国民账户带来影响，其中包括存量带来的影响以及资本服务流量带来的影响，有必要建立其与相关账户登录项的联系，研究其对相关账户所可能造成的影响和变化，同时也使其能够通过国民账户准确展示经济运行的全过程。

2. 附属账户的研究

随着社会经济生活的发展，国民经济核算的理论与方法也在不断发展。这些发展在很大程度上就体现在卫星账户（卫星账户又译作附属账户，Sateuite Accounts）的开发应用方面。如向书坚（2006）、王伟斌（2007）等对综合环境经济核算卫星账户（SEEA）相关的研究，以及刘丹丹（2007）、韩中（2011）等对住户卫星账户的相关研究，赵丽霞

---

① "SNA 的修订与中国国民经济核算体系改革"课题组. SNA 关于资本服务的测算及对国民账户的影响 [J]. 统计研究，2013（5）.

（2001）、康荣（2006）等对旅游卫星账户进行的相关研究。直至最近，才开始了对 R&D 卫星账户的开发。高敏雪（2001）对美国 R&D 卫星账户的开发进行了研究，得出其开发的具体步骤包括：一是建立研究与开发活动测算的指标与方法，这有助于系统地描述研究与开发活动状况。二是在此基础上，对美国在过去 40 年（1952～1992 年）的研究与开发支出进行估算，即对 NIPA's（国民收入与生产账户体系）测算所认定的研究与开发支出的估计，并在 1994 年公布了第一次估算的结果[1]，这扩展美国国民经济核算的核算范围与功能方面迈出了重要的一步。三是对知识资本存量的初步估计。为了集中统一地反映研究与开发活动，在具体估算时对 NIPA's 所使用的某些定义和分类做了调整，但其他部分仍然在统计上和概念上保持了与这些账户的一致性。邱叶（2014）对我国 R&D 卫星账户编制进行了研究，提出在构建 R&D 卫星账户中存在的问题：一是 R&D 基础数据薄弱，导致关于分产业部门的 R&D 活动的数据，在现有的资料信息中无从获取；二是指标分类不够细致，导致无法编制产业部门的投入产出表，无法反映 R&D 活动与其他产业活动的联系，然而这部分却是编制卫星账户的最终目的；三是 R&D 资本存量测算存在困难；四是未建立完善的 R&D 统计指标体系。

从上述研究可以看到，卫星账户的开发已逐渐应用于很多领域，作为对主体账户的补充，在对 R&D 卫星账户进行研究时也存在着一些问题：一是 R&D 活动基础数据无从获取，本书认为可根据弗拉斯卡蒂手册（Frascati Manual）指南对 R&D 信息进行收集；二是 R&D 资本存量测算以及 R&D 资本流量测算还未作进一步研究，有必要对包括 R&D 在内的其他知识产权产品进行资本测算的研究，这是能否成功编制 R&D 卫星账户的关键。

---

[1] 参见 Carson S. & Carol A. Satellite for Research and Development。

三、研究思路、框架与方法

(一) 研究思路

图 1-1 的研究思路是基于逆向思维推导的,即对知识产权产品核算问题研究包括了资本账户核算问题、资本测算问题、核算对象分类问题、核算范围问题和基本概念这五个问题的完整实现路径。事实上这五个问题彼此之间并不独立,而是层层递进的,也就是说第一步要明确知识产权产

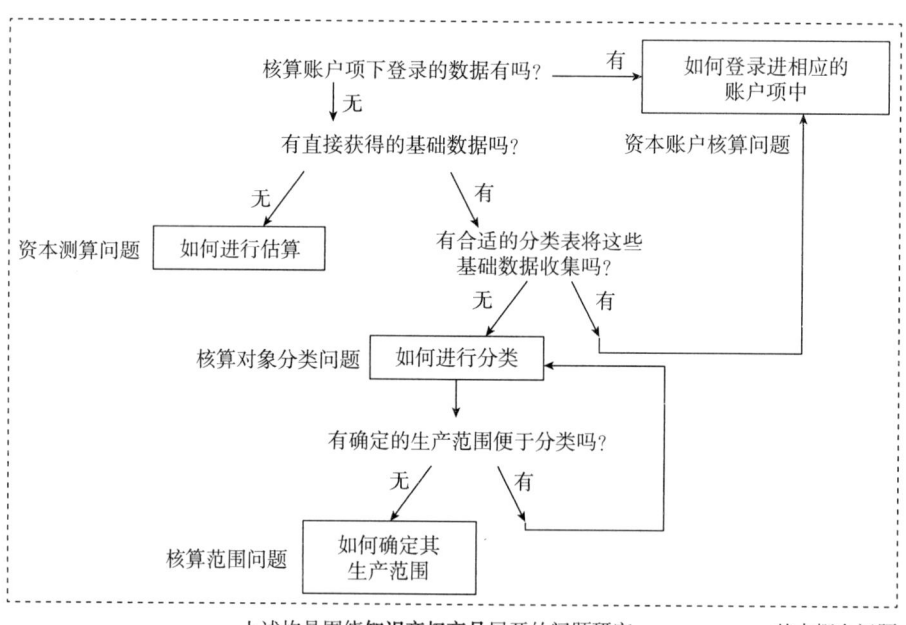

图 1-1 研究思路

品的基本概念,这是基本问题;第二步则要明确核算范围,这是根本问题;第三步则要对核算对象进行分类,这实际上是整个核算研究的核心问题;第四步则是对确定了的核算对象进行资本测算,这是核算研究的重点问题;第五步则是对测算出的数据进行核算账户的登录,这实际上是整个核算问题研究的价值所在。具体研究框架如图 1-2 所示。

(二) 研究框架

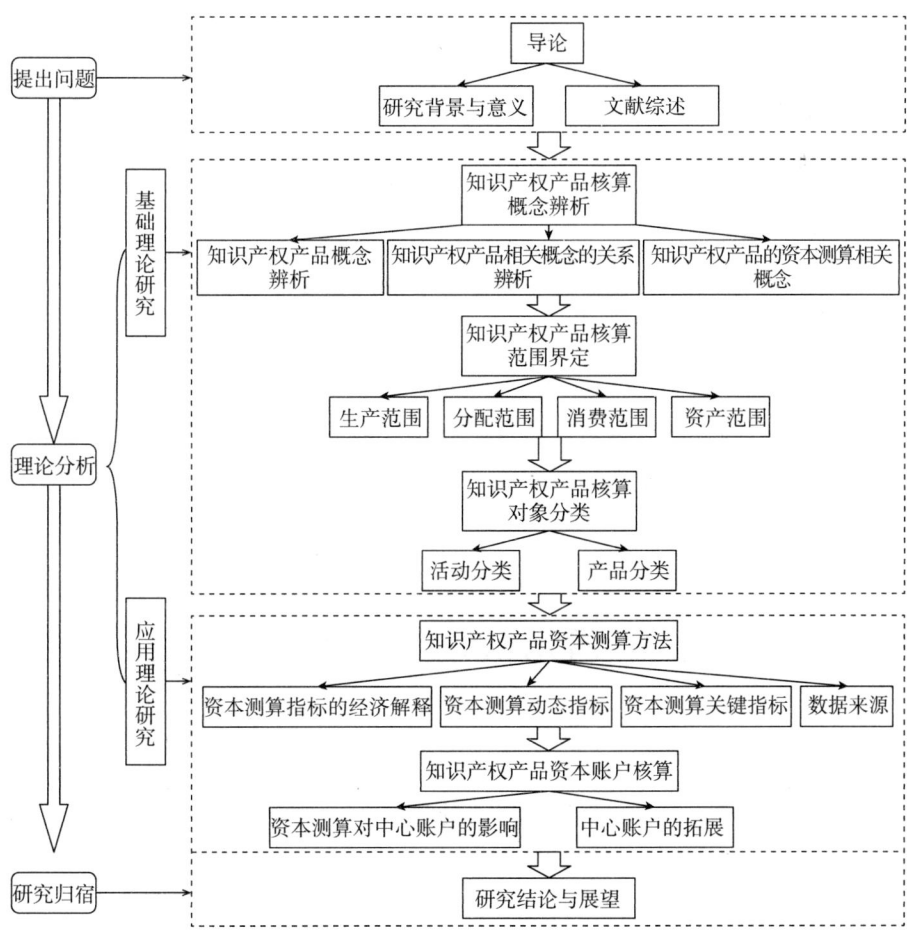

图 1-2 研究框架

(三)研究方法

在既定研究内容的基础上,参照文献的相关研究内容和研究范式,本书对相关研究方法进行概述,具体如下:

1. 文献研究法

综述了国内外相关最新理论研究成果,借助统计学和经济学的前沿理论,结合知识产权产品核算的发展提出研究框架。

2. 比较分析法

一是国际产业活动分类和国际产品分类的比较研究。二是国际产业活动分类和我国国民经济行业分类的比较研究,在对国际标准分类比较的基础上,结合我国实际情况,提出适应我国国民经济行业分类的知识产权产品分类框架。

3. 定性分析法

对知识产权产品核算概念、核算范围进行了定性研究。

4. 系统分析法

基于国民经济核算理论和资本测算方法,对知识产权产品的存量和流量各项指标进行了系统分析,并对关键指标的测算方法进行了研究,建立资本测算与国民账户之间的联系。

四、创新与不足

通过对上述所收集文献进行综述的过程中,对应本书将解决的相关问题,笔者认为存在以下创新和局限:

(一)创新点

由于知识产权产品的核算研究在我国尚处于起步阶段,因此应借鉴吸收国外理论成果，梳理、总结出适用于中国实际的知识产品核算理论框架，填补国内相关应用方法研究领域的空白，完善国民经济核算体系，为国家的发展提出更有针对性的政策建议，同时可以增强不同国家之间标准的统一性和可比性，概括起来，本书将尝试在以下三方面有所创新。

1. 理论上的创新

一是对知识产权产品、知识产权资产和知识产权资本的概念做了辨析，解决了研究中对概念的含混应用；二是对知识产权产品从不同角度进行了分类，识别出我国分类体系和国际标准分类体系的差别，并设计出了知识产权产品的分类体系框架。

2. 方法上的创新

首次系统性地对知识产权产品的资本存量和流量测算进行了整体性的研究，尤其是对 R&D、软件和数据库的资本服务、固定资本形成总额的识别、处理和估算首次进行了研究，形成了可操作性的一系列测算方法，在此基础上对我国在 R&D 数据处理和估算上的不足做了补充和完善。

3. 应用上的创新

对我国 R&D 卫星账户的编制进行了应用性的研究，构建了我国 R&D 卫星账户的相关账户列表。

（二）不足点

由于学科的驾驭并非一篇文章即可完成，而那些处于研究过程中发现的问题或未被我们发现的问题也不可能在短期内予以解决，因此本书还存在诸多的不足之处，主要表现如下。

第一，由于缺乏相关的基础数据，本书并没有给出结论性的定义，只是提出参考的建议和对策，整体上仍然侧重理论的层面，这对于亟须在实践中操作的人们是远远不够的，有待于今后进一步的实证研究。

第二，由于自身知识结构的限制，导致在进行某些内容叙述时不够准确，尤其是对于某些外文文献的翻译和理解有可能出现偏差，有待于今后研究的进一步考证。

第三，由于条件限制，致使在研究过程中所获资料不够完善，对其中有些问题的探讨不够深入。如对 R&D 卫星账户的编制应作进一步全面的考虑。

第二章
知识产权产品核算概念的辨析

在很多研究过程中,我们经常发现一个问题,即忽略对基本概念和理论的准确理解和把握,导致在后续的研究过程中出现方向偏差甚至得出错误的结论。因此,本章首先对有关知识产权产品核算问题中涉及的基本概念进行论述。

一、知识产权产品概念辨析

在由联合国、欧盟委员会、经济合作与发展组织和国际货币基金组织所编写的《国民经济核算体系2008》附录3的A3.90中这样写道:"SNA(2008)对原称为'无形生产资产'的资产进行了新的核算处理,对其澄清,改称为更加直观的'知识产权产品',并进行了扩展"。在对知识产权产品这一个概念进行解析之前,首先我们有必要对"知识产权产品"这一概念提出的必要性进行分析,这将有助于我们更好地理解知识产权产品这一概念的内涵和外延。

在SNA(2008)出版之前,各国大多是依据SNA(1993)国民经济核算体系制定本国核算体系。其中非金融资产的分类项,下分为生产资产和非生产资产:生产资产分类项下又包括了固定资产、存货和贵重物品,将固定资产细分为有形固定资产和无形固定资产；非生产资产分类项下包括了有形非生产资产和无形非生产资产。在实际发生中，由于知识作为基本生产要素的变化，这个曾经被视为经济增长外生变量的因素，已经转变为一种内生性的增长变量，并由一般性的非生产服务要素上升为首要的第一生产力因素，无形资产部分外化为有形资产，如商誉和营销资产，它的外在表现就有 Logo（商标）等有形形式，因此 SNA（2008）基于严谨的角度取消了有形和无形资产的分类。那么，如果仅仅是取消这两种分类，将必然会使有形固定资产和无形固定资产项下的所有产品直接变为固定资产的分类项下。但根据核算分类原则，应尽量细分各产品，以将基本同质的产品归为一类，便于核算处理。因此，上述取消有形和无形分类后将原下设的产品仅笼统视为固定资产是不合适的。原因是这将导致在对固定资产进行具体核算时由于这些产品同质性太差而难以处理。尤其是对于原属于无形固定资产下的产品由于其有别于有形固定资产的特殊性①，对它们进行单独分类核算极为必要。根据 SNA（1993）对无形固定资产的定义，即以知识形态存在，因此为了凸显知识这一无形基本生产要素的重要性，SNA（2008）将其定性为知识产品似乎更加准确。同时考虑到核算的可行性和现实性，应对机构单位可辨认识别的知识产品进行核算，即对通过法律认定为所有权的知识产品进行核算。其原因：一是能够获取具体而翔实的基础数据；二是 SNA 是基于所有权视角来核算具有经济意义的资产，如声誉、技能通常被认为是资产，但 SNA 不予认可，因为它们在本质上是没有经济意义的。基于以上综合分析，将 SNA（1993）资产范围下的"无形固定资产"变更为"知识产权产品"② 这一概念更为严谨。

基于哲学思维视角，事物都具有质和量的规定性，要了解一个事物，质和量两者不可或缺。所谓质，即事物的内涵和外延，是事物保持独立性与稳定性的外在属性。所谓量，是事物相对于参照物可以用数值表示的规

---

① 无形固定资产以知识形态存在，有形固定资产以实物形态存在。无形固定资产的特殊属性是无实体性、垄断性和不确定性等。
② 我国将法律保护范围内的知识性产权商品定义为知识产权产品。

定性特征，是衡量一事物发展程度的指标属性。因此，对知识产权产品的分析首先应关注其质的方面，即对知识产权产品从内涵和外延两方面进行研究。尤其是随着社会经济的发展，知识产权产品本身的内涵在不断发生变化，其外延也在不断延伸，如果外延过小则不利于对该事物的全面认识和把握，外延过大则可能侵犯其他相关领域甚至异化为另一事物。目前，人们对知识产权产品的认识既具有无限扩大的趋势，又存在限定范围过窄的问题。因此，科学而合理地界定知识产权产品概念边界，明确对知识产权产品的质的把握，对知识产权产品核算的进一步深化研究和应用研究都具有十分重要的理论意义和现实意义。

（一）知识产权产品内涵

以下分别从法学、经济学、会计学、统计学学科视角对知识产权产品内涵作具体分析。

1. 法学

相对其他学科对知识产权产品的定义，作为法律概念的知识产权产品得到的共识较多，其更强调所有权的重要性。最早源自18世纪的法国，1791年法国第一部专利法起草人德布孚拉首次使用"工业产权"一词来概括精神财产专有权，后来比利时法学界把一切来自智力活动的权利均概括为"知识产权"。刘春田在其著作《知识产权》中认为，知识产权是指智力成果的创造人或工商业标记的所有人依法享有的权利的统称。现有的研究可以得出的结论是，知识产权是无形资产的重要组成部分，但并不能囊括无形资产的全部，两者不能简单地等同。事实上，"知识产权"这一概念在不同国家表述是不同的，这一取词来源于英语中的 intellectual property，而在日本称为无形财产权法，在我国台湾地区则称为智慧财产权法或者智慧所有权法。从上述词语分析，该词均由"智慧"与"所有权"或者"财产权"两个词意组合而成。其目的在于强调智力劳动的智慧结晶是创造者享有支配权的财产。尽管大陆法系国家和英美法系国家在知识产权领域中存在着许多不同的看法，然而在这个问题上，它们却有着明确的共识（费安玲等，1999），即知识产权的本质不是用来保护知识（Knowledge）的，而是通过保护创造性（Intellectual）智力劳动成果的知识产品以及保护创造知识的劳动。基于以上分析，如果从法学视角来理解知识产权这一概念，其定义的核心是所有权和创造性劳动。

2. 经济学

经济学对知识产权产品的研究侧重把它作为一类生产要素来解释经济增长，并不关心其产品的具体存在形式和范围。著名知识产权研究专家陈昌柏教授在《知识产权经济学》一书中，就从经济学视角提出知识产权经济学这一观点。这种基于经济学视角来理解的知识产权产品更关注的是对知识产权产品这一资源效用的最大化，也可以理解为交易方对其资源分配所获得的利益最大化。而利益则是当期和未来获得生产、消费和积累的货物与服务的方式。[①] 当然，知识也像物质财产一样是财富，同样有所有权的问题（单志刚，2006）。基于以上分析，如果从经济学视角来理解知识产权这一概念，其定义的核心是利益和所有权。

3. 会计学

随着知识产权产品概念在微观经济领域中的运用，也受到会计和资产评估活动的推动。尽管会计学的理论大多建立在经济学理论基础上，但与经济学从生产要素角度理解无形资产不同，会计学领域更多的是从资产的定义出发来理解原属于无形资产的知识产权产品的内涵。早在美国通用会计制度（US GAAP）引入 FAS 141 和 FAS 142 的规定之前，"商誉"是会计行业谈论知识产权时用到的唯一词汇。会计学中对商誉的定义，是指能在未来期间为企业经营带来超额利润的潜在经济价值，或一家企业预期的获利能力超过可辨认资产正常获利能力（如社会平均投资收益率）的资本化价值。由此可见，如果从会计学视角来理解知识产权这一概念，其定义的核心是利益和资本化。当然，作为反映和计量微观经济主体经济活动过

---

① Anne Harrison, Definition of Economic Assets, Issue 30 Definition of Economic Assets, Fourth Meeting of the Advisory Expert Group on National Accounts, 30 January – 8 February 2006, Frankfurt.

程及成果的工具，会计不仅关注知识产权产品对微观经济主体的功能发挥和价值贡献，而且关注知识产权产品的具体存在形式和范围。

4. 统计学

在 SNA（2008）中提出：知识产权产品（Intellectual Property Products，IPPs）是研究、开发、调查或创新的成果，这些行为会产生知识，开发者能够销售这些知识，或者在生产中使用这些知识来获利，因为通过法律手段或其他保护手段，这些知识的使用是受到限制的。由此可见，如果从核算视角来定义知识产权产品这一概念，其定义的核心是利益和所有权。

基于上述四个学科维度对知识产权产品概念内涵进行的分析，可以认为知识产权产品概念内涵定义的核心是：利益、所有权、创造性劳动和资本化。

（二）知识产权产品外延

在 SNA（2008）中，知识产权产品是固定资产分类下的一种重要组成形式，它不仅包括原无形固定资产的内容，还在其基础上进行了扩展和补充。通过对比 SNA（1993）和 SNA（2008）核算体系，我们可以看到，扩展的内容主要为：一是将在"生产账户"中作为"中间消耗"处理的"研究与开发支出"纳入"知识产权产品"资产范围，作为固定资本形成处理，计入资本账户中。除非这项活动明确地不会给其所有者带来任何经济利益，在这种情况下，研究与开发支出则被作为中间消耗处理。由此可推测，"研究与开发支出"最终是被处理为中间消耗即费用，还是处理为固定资本形成即资本，关键在于其活动的类型和特征，只有能为研究者未来带来经济收益的研究与开发才能形成资本，因此"研究与开发支出"的资本化是有条件的资本化。同时，SNA（2008）核算体系还建议将"研究与开发支出"作为固定资产项下的"知识产权产品"列入资产负债表账户中。二是将"非生产资产"的专利权实体并入"研究与开发"项下，处理为"生产资产"项下的固定资产。三是将"矿藏勘探"更名为"矿藏勘探和评估",这暗示 SNA(2008)核算体系在核算矿藏勘探支出时,除了在按照 SNA(1993)核算体系中提出的计价基础上(与机构单位签订合同者按合同实际支付金额计价或自给自用时按实际发生的费用计价,凡过去进行而尚未注销的勘探部分则按当时现行价格或成本重新计价),加上为商业勘探所发生的评估和再评估费用。四是将"计算机软件"替换为"计算机软件和数据库",并进一步细分为"计算机软件"和"数据库"两个子类。这是因为如果没有数据库管理系统(DMBS),不可能独立开发出计算机数据库,DMBS 本身就是一种计算机软件,因此,计算机软件和数据库应被归为一类,这也暗示 SNA(2008)核算体系将所有数据库纳入资产范围。同时,SNA(2008)还提出将所有在一年以上的有效期内储存数据的数据库确认为固定资产,相较而言,SNA(1993)只是把大型数据库确认为资产。五是将娱乐、文学和艺术原件作为知识产权产品的具体形式之一,对其的定义相对 SNA(1993)没有改变,但首次明确提出了如何对原件及复制品进行处理的具体方法。六是将 SNA(1993)中所定义的"其他无形固定资产"① 重命名为"其他知识产权产品",其他知识产权产品是指没有在其他具体类目反映的所有构成固定资产的产品。② SNA(2008)没有给出其他知识产权产品详细的分类目录,这有待于后续进一步的补充。在此基础上,SNA(2008)明确提出关于知识产权产品的具体形式,主要包括:①研究与开发;②矿藏勘探和估价;③计算机软件和数据库;④娱乐、文学和艺术原件;⑤其他知识产权产品。

---

① SNA(1993)在第 13 章的附件中提到,其他无形固定资产包括没有在其他地点分类的新信息、专业知识等,它们在生产中的使用仅限于在其上建立了所有权的单位,或由其授权使用的单位。

② Updated System of National Accounts 1993 (1993 SNA): Volume1: Chapters 1 – 17 [R]. Statistical Commission Thirty – ninth session, 26 – 29 February 2008: 6 – 49.

二、知识产权产品相关概念的关系辨析

（一）知识产权产品与一般产品

根据上述对知识产权产品内涵的分析，该定义的核心是创造性劳动、所有权、利益和资本化，可见相对于一般产品，知识产权产品限定更多、范围更窄。即首先它必须是创造性劳动所生产，其知识既可以作为一种单独的产品而存在，也可以蕴含于其他产品之中。如果是后一种情况，那么相对于同类产品而言，蕴含知识的产品会获得一个更高的市场价格。其次，知识这一产品的使用是受到限制的，必须经由法律手段或其他保护手段来确认其所有权，一般认为是其经济所有权；在明确所有权的基础上，这些机构单位将获得该实体持续的利益，但对于这一持续利益的测算一般是间接的，对于它的生产和积累所产生的利益通常是在未来时期显现。因此，将其利益从一个核算期转移到另一个核算期的方式必须被识别出来。最后，利益识别的关键是资本化价值，即按照其在正常经营中所能产生的未来现金流入净额的贴现价值，可见对于知识产权产品这一无形资产如何确定其贴现率尤为重要。这将在本书的后续章节中进行具体分析。

（二）知识产权产品与知识产权资产

知识产权产品和知识产权资产的不同主要体现在产品和资产两个关键词上。

从 SNA 定义来看，所谓产品包括货物与服务（含知识载体产品），它们是生产过程的结果，即生成的成果。它们可用于交换和其他各种目的，包括作为其他货物服务生成的投入、作为最终消费品和投资品。不同的目

的将导致核算处理的不同,这将在后续章节中进行研究,此部分仅对它与资产的区别进行详述。所谓资产是一种价值储藏手段,它代表经济所有者在一段时期内通过持有或使用该实体所生产的一项收益或系列收益。根据上述定义可以看到,产品的内涵比资产内涵更大,即产品包括了资产。这一点在 SNA(2008)附录 1 中 A1.14 的交易分类中也可以证明,其中提到产品交易分类中是包含生产资产交易分类的,但要注意的是这里将非生产资产交易从产品交易中单列出来,由此我们可以认为 SNA 中的产品更准确地说应是包括了生产资产,而将非生产资产独立出来。当然,SNA 做出这种区分只是基于 SNA 核算目的的考虑,即着重于对生产资产的关注。

因此,从产品这一实体变为资产,或者更准确地说是变为生产资产需要一些必要条件:一是该产品要明确其所有权归属。二是使用或持有的这一产品主体具有排他性,应属经济所有者(当然很多时候,法定所有者和经济所有者属于同一个人)。三是产出收益要持续一段时间,一般认为要一年以上。四是收益归经济所有者,而不是法定所有者以及其他单位。

至此,我们有理由推测知识产权产品应经过必要条件转换之后,才属于知识产权资产,即成为生产资产。针对知识产权产品在何时转变为资产,SNA(2008)的 10.98 一节中也有所提示,即"一旦知识的使用为其所有者创造了某种垄断利润,知识就成为资产;但如果知识不再受保护或者由于后来的发展而过时了,它就不再是资产"。由于现实中知识产权产品的使用情况极为复杂,如何将其属于资产特性的知识产权产品识别出来,有必要做更细致地分析研究,这将在本书的后续章节中进行说明。即使我们最终能将知识产权资产从知识产权产品中识别出来,也并不能满足 SNA(2008)核算的需求,原因是在 SNA(2008)的账户体系中,知识产权产品是被作为生产资产下的固定资产分类项记录的。根据 SNA(2008)的 10.11 一节对固定资产的定义,它是生产过程中被反复或连续使用一年以上的生产资产。我们可以推测,作为产品的一种——知识产权产品,要转变为固定资产还应满足一定的必要条件,即知识产权资产要被反复或连续使用,且时间应在一年以上的,才可以被识别为固定资产,否则就应作为中间消耗处理。

（三）知识产权资产与知识产权资本

上文已对知识产权产品与知识产权资产做了比较与分析，确定了 SNA 中只对知识产权产品中属于知识产权资产的那一部分进行核算，并将其中转化为固定资产的那部分记录在资本账户中。那么在资本账户中，它将如何记录，又记录在哪里呢？根据 SNA（2008）附录 2 中账户系列的资本账户条目可以看到，它被列入"分资产类别的固定资本形成总额"项目下进行记录，据此我们可以进一步思考，资产与资本之间到底有着什么样的联系。事实上在很多国外文献中，也时常交错出现知识产权资产（Property）与知识产权资本（Capital）的字句，通过对现有相关知识产权产品的国外文献研究可以发现，在论述一般性知识产权产品的特征及属性时一般使用的是 Property，即知识产权资产的术语，在讨论对知识产权产品的测算时，则一般使用的是 Capital，即知识产权资本的术语，如"Handbook on Deriving Capital Measures of Intellectual Property Products"和"Intellectual Capital Measuring the Immeasurable"。在国内的文献研究中，包括对上述相关国外文献的翻译研究，大多含混不清，表现出对两者概念的混淆。事实上，对这两者概念的澄清，无论对有效理解核算知识产权产品，还是有效理解、翻译国外现有研究成果都具有重要意义。

从经济学角度理解，资产作为一个经济学术语而被定义，即"某一特定经济主体所获得或控制的预期的未来经济利益，是具有经济权利关系的各种财富的价值组合形式，通过它可以直接或间接地获取未来收益，也可以用于非生产性的消费"。对于资本的定义则一般有以下两种解释：一是资本能够带来剩余价值的价值（马克思，1930），这是马克思基于剩余价值论提出的，他认为资本不是物，而是一种生产关系。二是资本是人们保留起来已取得收入的一部分资产（斯密，1776），这是基于资产的角度而提出的，与马克思观点不同的是，斯密认同了"资本是通过投资而产生的物品"这一观点。

根据马克思对资本的理解，资本和资产实际上是同一经济关系的两个不同方面，即资本描述的是一种生产关系，是人们在物质生产过程中形成的不以人的意志为转移的经济关系。而资产指的是一种生产力，是构成生产的基本要素，两者体现的是生产关系和生产力的辩证统一。根据斯密的观点，资产和资本分别强调了人类财富的不同经济学侧面，即资产强调了经济学中财富分配的权利归属与权益表现形态，价值会因消费而减少、因投资性使用可能增值或因市场交易增值贬值；资本强调了经济学中财富的生产与再生产等投资性使用的基金特性，其价值因使用具有收益和折旧。可以说，这里资产的概念要比资本更宽泛。

从会计学的角度理解，资产作为会计最基本的要素之一，与负债、所有者权益共同构成会计等式，成为财务会计的基础。它是由企业过去的交易所形成的由企业拥有或控制，预期给企业带来经济利益的资源。在这里，资产被认为是一种资源，根据经济学研究假设，资源具有稀缺性。由此我们可以认为资源是和价值相联系的，资产在这里也是和价值相联系的，但资源的概念外延要大于资产。会计资本一般指的是所有者权益，在数量上等于企业全部资产减去全部负债后的余额。可以说，这里的资产概念也要比资本的外延宽泛，或者说它是资产经一定条件转化而来的。

基于经济理论基础，又与会计核算有着一定程度相似性的国民经济核算，对资本和资产的定义是否存在不同？从核算角度理解，资产的定义可以在保证与经济学定义同步的基础上，进一步写成（邱东、蒋萍，2008）：资产是实体，其经济所有者通过在一段时期内持有或使用该实体，在未来核算期内从中获得一项利益或一系列利益；或者其经济所有者已在过去时期获得利益，并在本期仍获得利益。这里，资产被认为是表示未来利益的存量，所以它可以被看作是价值储备，这种将资产与价值相联系的观点与经济学和会计学中对资产的定义是基本一致的，不同的是在国民经济核算中只对在所有权意义上具备经济属性的资产进行识别和记录，如声誉、技能等虽描述为资产，但由于它们在所有权意义上不具有经济属性，因此在SNA中没有被识别。基于以上分析，SNA对资产的特性可以表述如下：

第二章　知识产权产品核算概念的辨析

①资产是一种独立存在物；②资产会给经济所有者带来预期经济利益；③资产是所有者拥有或者控制的资源；④资产的所有者指的是经济所有者；⑤SNA的资产指的是经济资产；⑥资产的所有权可以归私人所有，也可以由政府所有；⑦资产由过去的交易或者生产所形成。

在国民经济核算中对资本的定义却较为模糊，并没有明确提出，本书借鉴经济学中对资本的定义，即资本是用来生产其他产品和服务的有形或无形财富的存量，泛指用于生产活动的一切经过人加工改造的自然物（蒋萍，2011）。随着经济学理论的发展，提出了将资本与知识相结合的知识资本论，作为与知识价值论相对应的一个理论创新趋势，它提出了知识在资本的运行尤其是价值的增值过程中，不仅具有了资本的属性（能使价值增值），而且已是新增资本最为核心的构成要素。

由此可见，资本的特性可以表述如下：①资本是一种存量；②资本必须经过生产活动转化而来；③资本转化的过程，即资本化，是可以实现价值增值的；④价值增值的过程并不直接消费其资本本身，而是利用它去生产和创造新的产品和新的价值。

根据上述对资产和资本概念的理解，本书将资产定义为资本的存在形态，而资本则是能够带来剩余价值的价值。资本价值增值应是经济所有者追求的最终目标，其增值程度的大小需要数据进行量化。国民经济核算的目的正是测算经济的流量和存量。由此我们可以认为，要了解知识产权产品所能带给经济所有者利益的多少，或者说要了解其经由生产的最终产出给所有者带来了多少价值增值，应锁定的是对其知识产权资本的测算，这也是国民经济核算的目的所在。可见，SNA中对知识产权产品的核算，落脚点应是对其知识产权资本的核算。

（四）知识产权资本和知识产权资本化

上文中我们已经提及了国民经济核算目的是测算经济的流量和存量，本部分我们进一步思考，对于知识产权资本的测算到底是应测算其流量还是存量？SNA（2008）中指出，机构单位从事着大量的经济行为，包括生产、消费、储蓄、投资等，这些行为被归纳为各种经济流量，通过这些流量（分门别类为工资、税、固定资本形成等）创造、转换、交换、转移或清偿了经济价值，并牵涉到机构单位的资产或负债的物量、构成价值的变化。上述描述有两个关键语句值得关注，即"通过这些流量"和"牵涉到机构单位之资产或负债的物量"，后者实际上就是存量的概念，由此说明了任何一个经济行为都包括了在存量基础上的流量变化，可见，对知识产权资本的测算应既包括流量，又包括存量。

如果说资本属于国民经济核算测算的存量，那么资本化的过程则属于国民经济核算测算的流量，由于所有的存量都是建立在流量的基础上，因此国民经济核算的核心是测算经济的流量。对于知识产权产品核算问题的核心应是对其流量的测算，而流量也是其资本化的过程，即知识产权资本化。据此，我们可以理解为知识产权资本属于存量的概念，知识产权资本化则属于流量的概念。

然而，知识产权资本化是如何在生产中实现的？根据上述分析，本书认为知识产权资本化的过程即是资本形成的过程，或者可以理解为是知识产权资产转变为知识产权资本的过程，由于知识产权资产属于固定资产分类项下，因此，可以进一步理解为其资本化的过程即是固定资产形成固定资本的过程，也就是固定资本形成过程。那么，固定资本形成过程会涉及哪些流量呢？这些流量又该如何观测呢？SNA（2008）的 10.33 一节中指出："所有通过生产、进口或生产资产处置而提供给经济体的货物和服务，一定会用于出口、消费（中间消耗或最终消费）或者作为资本形成的一部分"。上述内容用数学表达式可表述为：进口的产品 + 新生产的产品 + 原生产资产的处置产品 - 出口 - 消费 = 资本形成。也就是保留在本经济体中的产品，一部分作为消费（消耗）使用，剩下的部分才作为资本形成。SNA（2008）的 10.33 一节中指出，它们之间的界限正是资产界限。具体有关知识产权产品资产范围的研究将在下文中阐述。在实际操作中，用资产的界限来区分资本形成和消费（消耗）有时是比较困难的，因此，区分资本形成和消费的标志主要是看谁持有这些资源及持有的目的。凡被生产者持有、拟进一步作为生产的手段或投入物者都可作为资本形成，否则应作为消费；同样的，资本形成也不同于中间消耗，区别两者的关键是看其在机构单位所行使的职能。中间消耗是生产者职能的体现，它与当期产出的计量有关；资本形成体现的则是资产所有者的职能，是各单位投资的方式之一和宏观最终产出的使用方式之一（蒋萍等，2014）。

将资本形成区分出来之后，我们还要做进一步的处理。原因是，资本形成包括固定资本形成总额、存货变动和贵重物品的获得减处置，而知识产权产品是记录在资本账户下的"分资产类别的固定资本形成总额"项目下，因此还有必要进一步将固定资本形成总额识别出来。根据 SNA（2008），固定资本形成总额的构成如下：

固定资本形成总额 = 固定资产获得减处置 + 非生产资产所有权转移费用

其中，固定资产获得减处置 = 新固定资产获得 + 现有固定资产获得 - 现有固定资产处置

因此，固定资本形成总额构成可以进一步细化为：

固定资本形成总额 = 新固定资产获得 + 现有固定资产获得 - 现有固定资产处置 + 非生产资产所有权转移费用

由此可见，固定资本形成过程可能会涉及的流量包括新固定资产获得、现有固定资产获得、现有固定资产处置以及非生产资产所有权转移费用这四个变量产生的流量。那么，这些流量又该如何观测呢？SNA（2008）提出，某些流量可能是不可观测的，某些经济流量则是可以以价值形式被直接观测，如为了自给性消费或固定资本形成而提供的产出。因此，原则上可以认为固定资本形成总额是可以以某种形式直接被观测到的，实际中是以投入代产出的形式获取，即通过对固定资产支出的观测等同于对固定资本形成总额的观测。

由此我们可以厘清一个基本脉络，即对知识产权产品的识别和记录应是经过知识产权产品到知识产权资产再到知识产权资本的过程，国民核算中最后只对资本化的知识产权资产即知识产权资本进行核算和记录。由于

资产的经营者所追求的是经济利益，不仅是现在的经济利益，更重要的是未来的经济利益。当资产投入后，有一个流通（流动）的过程，即将资产资本化的过程，使对一项资产的未来经济利益的追求是必然且必需的。当有证据说明某项资产已失去效用，不能为企业产生新的经济利益时，就不能再作为资产，必须转作费用处理。而有效的资产则被认为是资本化的过程，进入固定资本形成总额中记录。

三、知识产权产品的资本测算相关概念

由以上可知，资本化的知识产权资产记录进 SNA 流量账户下的资本账户的"固定资本形成总额"项目下。但在实际中，固定资产在核算期期初到期末可能会由于自然退化、正常淘汰或正常事故损坏而引起固定资产存量现期价值的下降，即固定资本消耗，如果从固定资本形成总额中减去固定资本消耗的部分，就得到固定资本形成净额。因此，知识产权资本的流量测算中除了"固定资本形成总额"，还包括"固定资本消耗"的测算。这一流量在 SNA 中被认为是不可观测的，建议采取间接获取的方式。但上述两个流量测算的只是知识产权资本的交易流量，那实际中是否还存在非交易流量呢？SNA（2008）至少提供了两种属于非交易流量的情况，一是 SNA（2008）的 12.32 中提出的有关"合约、租约和许可的订立和解除"，这一项与固定资本形成总额相关，原因是其构成部分之一的"非生产资产所有权转移费用"涉及资产的合约、租约和许可。SNA（2008）建议，当持有者在满足一定条件时，其所持有的经营租约、资源租约、许可和服务合同才代表资产，如上文所述，只有属于资产范围内才可能记录为资本形成，成为必然条件的是要当其被出售时才记录这类资产，在出售之前应先被记录为库存，显示在资产物量其他变化账户中，这一账户是记录非交易

流量的。除此之外，SNA（2008）的 12.32 还提出，作为一项资产的合约、租约或者许可，其价值等于通行价格超出合同价格部分的净现值，随着约定期限的接近，通行价格会产生变化，由此所导致的合约、租约和许可价值的变化则应记录在重估价账户中，这一账户也是记录非交易流量的。二是 SNA（2008）的 12.51 中提出，由于固定资本消耗的计算可能存在误差，因此建议应在资产物量其他变化账户中予以调整。如涉及有关自然退化的处理，其中属于意外环境退化导致的固定资产价值的下降应记录在资产物量其他变化账户中，同样的，如由于战争或不常发生的严重自然灾害所造成的固定资产价值的下降也应计入资产物量其他变化账户中。但这里要注意的一点是，非生产资产所有权转移费用也要提取固定资本消耗。原因是，所有固定资产都要在其用于生产的每个年份提取固定资产消耗，由于所有权转移费用包括终期费用，都已被视为固定资产，所以对它们也要提取固定资本消耗。

由上述流量分析可以看到，知识产权资产的流量测算涉及了固定资本形成和固定资本消耗的测算。与其相关的账户则分别是资本账户、资产物量其他变化账户、重估价账户，有关账户的处理将在后续章节中做进一步探讨。

（一）非生产资产所有权转移费用的理解

在实际发生中，无论是固定资产的获得还是处置都可能产生费用，SNA（2008）提出所有这些与资产获得和处置相关的费用都可以视为所有权转移费用，其中包括当一项固定资产的所有权发生改变时，所产生的有关税款的支付。SNA（2008）建议，所有这些所有权转移费用都应视为固定资本形成总额。这里要注意的是，上述所指的"所有权转移费用"是特指生产资产的所有权转移费用。那么非生产资产所有权转移费用又包括哪些，以及如何处理呢？

SNA 对"非生产资产所有权转移费用"并没有明确定义，但根据 SNA（2008）的 10.176 中提到的将"土地改良与土地有关的所有权转移费用视为固定资产，而且要单独列示"以及 10.188 中提到的"与自然资源一样，与合约、租约和许可获得与处置有关的所有权转移费用应作为固定资本形成，且单独列示"，上述 SNA 所建议的对于自然资源、租约和许可的所有权转移费用的处理，正好对应 SNA（2008）的 10.97 中提出的有关"非生产资产所有权转移费用"的说明，即将其作为固定资本形成的一个单独类别予以列示。这里要注意的是，SNA（2008）之所以将"非生产资产所有权转移费用"作为固定资本形成是因为 SNA 将一些重要的服务种类也列入资产范围，因为所提供的服务对新资产或现有资产的价值有很大影响，其中就包括资产所有权转移成本。

由此，我们可以认为"非生产资产所有权转移费用"应包括非生产资产的所有权转移所产生的费用。根据 SNA（2008）对非生产资产的分类，或者更准确地说是非生产非金融资产的分类，它包括了自然资源、租约和许可、商誉和营销资产。也就是说，包括土地等自然资源所有权转移费用以及与合约、租约和许可获得与处置有关的所有权转移费用都应属于"非生产资产所有权转移费用"。在具体记录时，SNA（2008）的 A1.38 还特别指出，虽然非生产资产所有权转移费用这一流量是存在的，并且被作为固定资本形成总额的一部分，即固定资产的获得。但当单独记录资产的存量时，这一费用应包括在其相应的非生产资产中。本书中知识产权资产所涉及的"非生产资产所有权转移费用"只可能是与"合约、租约和许可"发生联系的费用。对于它们的相关探讨将在下文结合各个知识产权资本做具体分析。

（二）资本服务的理解

SNA（2008）提出，任何一种特定的资产，从过去投资累计的存量中都有一个生产服务流量建议应根据资本在整个生产过程中提供的服务流量价值，来最终确定资本的存量价值。由此可见，资本服务的测算是与资本存量价值测算相关的。有关资本服务的定义，SNA（2008）虽未直接给出，但对资本服务的基本思想进行了详述，其中提到了四点：一是如同生产中所投入的劳动贡献被视为雇员报酬，资本对生产的贡献也应被重视和衡量。二是这些对生产有贡献的资本如何计算以及如何在账户中记录这种贡献。三是与雇员报酬是劳动投入的补偿方式一样，资本投入的补偿方式认为包括两部分：一是投入生产中使用的资本资产作为生产的手段所得到的补偿，这里对于固定资产的补偿记作固定资本消耗；二是投入生产中使用的资本资产作为营业盈余的来源，即对企业盈利能力的贡献所得到的补偿，至于这个盈余如何产生，SNA没有做进一步的说明，但提出如果引用"资本服务"理论可以对此予以解释，这部分即可理解为资本对生产的真正贡献，在企业会计中一般用营业盈余总额来表示。但实际上，"资本服务"价值与营业盈余总额是不完全等同的，其价值只是暗含在其中，所以资本服务可以被记为营业盈余总额的子项目。四是在上述基础上，进一步提出"资本服务"不是生产性服务，或者从账户记录角度将其理解为："资本服务"是以此方式在生产账户和资产负债表中记录用于生产过程的资产价值的变化。由上述分析可以看到，对"资本服务"的测算是与"营业盈余总额"相联系的，至于其具体的处理则在后文进行阐述。

（三）固定资本形成总额的再认识

SNA（2008）的10.32中指出，固定资本形成总额（Gross Fixed Capital Formation，GFCF）是指生产者在核算期内获得的固定资产减去处置的固定资产，再加上对附着于非生产资产价值上的某些服务的特定支出，后者处理为非生产资产所有权转移费用。由上述定义进一步分解可以看到：①固定资本形成总额的覆盖范围："固定资产"加上"非生产资产所有权转移费用"。②固定资本形成总额的计价范围：新生产的固定资产的获得、现有固定资产的获得（要包括所有权转移所产生的费用和现有固定资产的重大改良）、现有固定资产的处置（要包括所有权转移所产生的费用）、非生产资产所有权转移费用（与上述所有权转移产生的费用是不同的，上述统一称为生产资产所有权转移费用）。③固定资本形成总额的记录原则：是在当固定资产所有权转移到打算在生产中使用它们的单位时记录的，或者是虽未实施所有权转移但事先已经有订购协议而制造。而对未出售的新资产则应按生产者的制成品存货增加记录。用图 2-1 具体表示如下：

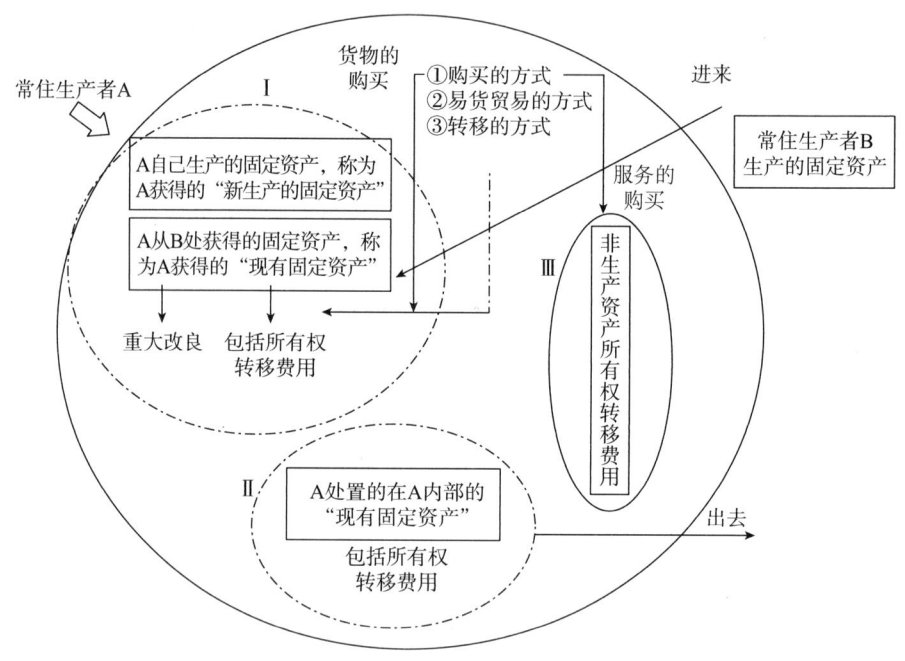

图 2-1　固定资产形成总额流程

这里要注意的是，现有固定资产与新生产的固定资产在 SNA 中是不同的。现有固定资产指的是这类资产价值已经在本核算期较早时点或以前某核算期被国内至少一个生产单位包括在其固定资本形成总额里。在测算新生产的固定资产价格和现有固定资产价格时会出现不同的价格，一般来说，新生产的固定资产价格是按照现期市场价格来观测，现有固定资产价格则是按照固定资产当年的历史价格来观测，有必要将它们的交易区别对待，尤其在后续的永续盘存法的应用中，要对现有固定资产价格调整为等同于新资产的价格。

(四) 固定资本消耗的再认识

固定资本消耗可以一般地界定为:在核算期间,因自然变质(或破损)、正常的过时和正常意外所导致的生产者拥有和使用的固定资产存量现期价值的下降。由上述定义进一步分解为:①固定资本消耗的覆盖范围:包括自然退化所导致的价值下降(也包括因为技术进步和新替代品的出现导致的对其服务需求减少而使其价值下降)、正常或预料内的意外损坏所导致的固定资产价值的损失(不包括因意想不到的技术进步所造成的固定资产的损失,这一损失应记入资产物量其他变化账户中)。②固定资本消耗的计价原则和范围:它是针对生产者所拥有和使用的固定资产计算的。又由于它表示的是固定资产存量现期价值的下降,这首先说明它是不能脱离存量数据而单独计算的,其次它表示的是现期价值的下降,因此就不应按最初获得时的价格来计算,而应按资产当前通行的实际价格或估计价格以及租金来计算。基于上述原因,从企业会计中所获得的固定资产折旧无法提供计算固定资本消耗所需的数据,即使不得不使用,也应将前者从历史价格调整为当前价格。同时,SNA(2008)也提出,出于纳税考虑的折旧扣除额,总体会受企业主观性的操控,以影响对外投资率,因此,在实际中,一般不予采用。为此,它建议应结合资本存量的估计值,单独计算固定资本消耗的估计值。我们知道,对于资产所有者而言,其资本存量价值表示的是它在某一个时点的经济价值,而固定资本在任何一个时点的价值都是由该资产在预计剩余使用年限内能够提供的资本服务的现值(未来租金流的贴现值总和减去运营成本的贴现值总和)所决定。这里引入了"资本服务"的概念,并将其与"固定资本消耗"和"资本存量"的测算相联系,有必要在下文做进一步分析。③固定资本消耗的记录原则:由于定义界定的是在核算期内,因此固定资本消耗至少在原则上不是一种在后续核算期内分摊固定资产已发生成本的方法。它体现的是本核算期初与期末之间剩余预期未来收益留现值的下降。既然它是由未来事件决定的现期价值，就不得不考虑在计算固定资本消耗的未来收益现值中是否将通货膨胀因素包含进来，不包含则使用的是名义贴现率，包含则使用的是实际贴现率。当然，这两种方法计算所得到的结果都应是以当期价格来反映的现值。

第三章
知识产权产品核算范围的界定

核算范围是国民经济核算中最基本的理论和实践问题之一。它包括核算的主体范围和客体范围,范围不明确必然造成描述经济运行过程的一系列指标口径范围的模糊,国民经济内部不同单位、部分之间的相互联系和相互作用的范围以及对外交易范围的变化不定,会失去国民经济核算的意义(许宪春,1996)。因此,对有关知识产权产品核算范围问题的研究是一切研究的起点和基础。

核算范围中的主体范围即核算的国民范围,指的是国民经济活动参加者的范围,SNA称之为常住机构单位,它决定了客体范围的边界,也就是核算主体范围所从事的经济活动涉及的流量和存量的范围,具体包括生产范围、分配范围、消费范围和资产范围。由于经济运行以生产为起点和核心,因此生产范围划在哪里,产值指标就算到哪里,中间消耗和最终使用也算到哪里,初次分配和再分配、原始收入和派生收入就在哪里分界(钱伯海,2003)。由此可以认为生产范围决定了分配范围和消费范围。从国民账户体系组成而言,它们所涉及的是生产账户、收入分配账户和收入使用账户,这些都属于流量账户,或者更准确地说属于流量账户下的经常账户,反映的是生产、收入分配和使用的全过程,不直接引起资产负债存量的变化。因此,在SNA中,生产核算是作为SNA流量序列账户核算的起点,也是经常账户的起点。基于这个意义,生产核算可以说是整个SNA核算框架展开的起点和基础,也是我国国民经济核算理论中最重要的环节之一。

至于资产范围,与上述不同的是,它是以经济所有权为判断边界,即只要该资产能为某单位所拥有,并持续一段时间后为其带来经济利益,无论其是否属于生产范围,都属于资产范围,如矿藏、原始森林等非经生产而自然产生的资产,只要某单位能对其行使所有权,并能从中获利,它们也应属于资产范围。因此,从国民账户体系组成而言(高敏雪等,2007),这里所涉及的账户不是经常账户,而是表示资产存量和变化的账户,它包括记录存量变化的积累账户和记录资产在期初、期末两个时点的资产负债账户,两者结合形成资产负债变化表。其中积累账户具体包括非金融投资记录的资本账户、金融投资记录的金融账户,以及不属于交易也会导致资产负债存量发生变化的资产其他物量变化和价格变化,两者分别在资产其他物量变化账户和重估价账户中予以记录。如果说,对上述生产、分配和消费的核算范围的确定有利于了解国民经济在某个核算期的整体经济运行过程,那么对于资产范围的确定则有利于我们观察它们在某个时点上资产的存量是多少,包括从期初到期末,由此反映经济总体可自由支配的资产总规模,以衡量一国的富裕状况。

根据生产核算和资产核算各自支配的范围,两者连接就是对整个经济体系及其当期过程的完整描述,即以资产负债存量为起点和终点的生产—分配—消费(包括投资)的过程。因此,对于生产范围和资产范围的确定是本书核算范围的重点。

一、知识产权产品生产范围

国民经济核算的生产范围限定在经济学意义上的生产范围内,但又比其更窄,限定更多。原因是国民经济核算是以经济学为理论依据,同时考虑到核算的学理性和可实现性以及测算结果的经济意义,使有些属于经济

第三章 知识产权产品核算范围的界定

学意义上的生产不纳入国民经济核算范围内。基于以上原则，以下对知识产权产品的生产范围做深入研究。

（一）一般生产范围

它是非经济生产和经济生产的界限。这里我们认为知识产权产品首先必须是具有经济意义的生产。所谓经济意义的生产是指在机构单位控制和负责下，利用劳动、资本、货物或服务作为投入生产另外一些货物或服务的活动。该定义包含了三个层次的含义。

1. 由谁控制

事实上，为了在核算体系中描述流量和存量，首先确定的就是对那些按存量核算或受流量影响的经济价值具有要求权的参与人进行确定，SNA称其为机构单位，也被认为是SNA识别的基本单位，是能够从事所有交易，并能够以自己的名义拥有资产、发生负债的经济单位。该定义包含了两个层次的含义：一是能够从事所有交易的单位。实现交易的前提是机构单位双方达成一致意见，包括彼此独立的机构单位之间和机构单位内部之间的认同。这里的认同包括自愿性的认同和法律强制性的认同，如纳税虽是强制性的，但仍被视为交易。二是能够以自己的名义拥有资产和发生负债的单位。这说明即使单位可能由其他单位控制，没有自主行为能力，但只要它能够依法独立持有资产和负债，依然属于SNA中识别的机构单位。按从事经济活动的属地原则，它又可分为常住机构单位和非常住机构单位。SNA建议的核算主体范围仅包括常住机构单位，非常住机构单位仅在其与常住单位发生交易时才被包括进来。这里需要注意的是，SNA中所谓的常住机构单位指的是在本国经济领土内具有经济利益中心的单位，它包括本国大陆的领土、领海、领空，以及位于国际水域本国具有捕捞和海底开采管辖权的大陆架和专属经济区；还包括本国在国外的所谓领土"飞地"，但不包括本国地理边界内的"飞地"。在实际处理和识别中仍会面临一些复杂的问题，如对于跨领土企业和非常住单位的分支单位所进行的交易如何核算和处理，这一问题在SNA（2008）中已提出了具有指导性的意见。

上述分析将有助于我们进一步识别知识产权产品的机构单位。SNA 对于不属于机构单位内或不被机构单位控制的知识产权产品是不进行核算的，即使它实施了知识产权产品生产这一行为。根据上述定义，在对知识产权产品是否进行核算和记录时，首先应确定哪些是属于机构单位内的产品，尤其是在识别跨领土企业和非常住单位的分支单位所进行的生产时，这在 SNA（2008）之前是不明确的，因此有必要在此特别提出。一是对于跨领土企业，在 SNA（2008）中明确提出，尽管这类公司在多个经济领土内从事实质性的活动，但由于其活动一般是无法分割、无分立账户或无独立决策能力的活动，因此不能拆分为不同的分支机构。如果无法将其视为分支机构，应将其活动在各个独立的经济领土内按比例分配。根据 BMP6，具体的分配比例应根据可反映真实贡献程度的一些可获得的信息进行，如产权比例、共同分担或工资水平等；二是对于非常住单位的分支单位，SNA（2008）中明确提出非常住单位在一国经济领土上从事了一段时间显著的实质性经营运作，但却没有独立的法律实体地位的时候，该分支单位应视为准公司性质的独立机构单位。三是应当确定这些属于机构单位内的产品是否可以被控制，如地下矿产虽是自然形成，但若有机构单位得到开采权进行开采而使地下矿产属于其机构单位控制之下，那么它就应属于生产核算范围内。

2. 怎么控制

从语义学来理解，经济意义的生产是借由劳动、资本、货物或服务三种生产要素作为投入来进行控制。下面对这三种要素分别进行具体分析。

（1）劳动。商品经济学鼻祖亚当·斯密（Adam Smith, 2007）认为，"一个人总是要靠他的劳动来生活。"由此可见，经济学最早是从人的劳动开始的。马克思在劳动价值论中提出，劳动创造价值，那么以上基于资本主义条件下对商品生产和商品交换的分析中所得出的结论是否仍适用于社会主义条件下的商品生产呢？答案早在马克思所著的《资本论》第一卷第一篇中揭晓，书中在阐述劳动价值论时提出，其研究的是一般商品的生产，而不是特指资本主义商品的生产。他认为，只要存在商品生产，无论是在什么社会制度下,价值都是由劳动创造的,而且只有抽象劳动才能创造价值。可见,马克思的劳动价值论揭示的是商品生产、商品交换和市场经济发展的一般规律,与社会制度的性质没有关系。很显然,马克思的劳动价值论不仅适用于资本主义条件下的市场经济,而且也必然适用于我国社会主义市场经济。但是这里要注意的是,马克思是以"物质生产"领域为对象研究劳动价值理论,对"知识生产"是没有提及的,原因在于当时知识生产在 GDP 中所占的比重极其有限,被忽略不计。随着人类社会分工从简单机械的产品生产劳作分工逐渐过渡到复杂精细的高技术与信息分工,"知识生产"开始越来越重要。基于"知识生产"的劳动和基于"物质生产"的劳动到底有何异同呢?

相同的是它们生产的成果,即知识产品和实物产品都是由劳动创造的。不同的,一是用于物质产品生产的可以是各种各样的劳动,包括创造性的和非创造性的,而用于知识产品生产的必然是创造性的劳动;二是物质产品是具有排他性和竞争性的,而知识产品具有非排他性和非竞争性(杜月,1999)。因此,在论及"知识生产"的劳动时,应限定在创造性劳动的范围内,只有对创造性劳动内涵的准确理解和把握才能使我们对知识产权产品的生产范围进行准确的界定。具体而言,创造性劳动与一般性劳动的差异体现在以下几个方面(曾绪宜,1994;2002)。

一是创造性劳动的最终效果与劳动时间无直接关系。即它可能在很短的劳动时间内就可以收获成功;也可能需要耗费极长的时间却仍旧失败。而一般性劳动的最终效果一般都可以归结为与劳动过程进行的时间直接相关,对创造性劳动成果的评价在理论上却无法引入"平均必要劳动"或"社会必要劳动"的概念来进行。不能求社会平均,这是创造性劳动最本质的特征。

二是创造性劳动的主体一般具有不可换位性。由于每一种创造性劳动都是独特的、异质的,因此是不具可换性的。属于一般性劳动的相同种类的每一具体劳动主体所从事的劳动大小都是无差别的和基本同质性的,因此是具有可换位性的。

三是创造性劳动创造价值具有不确定性。即同样工作时间内，一般性劳动创造的价值总量是劳动复杂系数与工作时间的乘积来表示其创造的产品价值，其价值是可以确定的。创造性劳动在同样的工作时间内却可能创造出更高的价值或极低的价值。

四是创造性劳动具有可转移性。当技术进步使创造性劳动丧失新颖性、独创性和先进性时，它将转化为一般性复杂劳动甚至转化为简单劳动，当然创造性劳动也可能在一般性劳动中孕育滋生。

（2）资本。由上述分析我们可以看到，知识产权产品的生产范围首先应界定于创造性劳动范围内，然而知识生产的过程除了依靠创造性劳动（劳动力），还需要依赖一定的劳动条件（生产资料），这与一般性劳动是一样的。例如，一个新产品的研究与开发，需要开发前的数据调研、开发中所需要的技术手段以及设备材料、开发后的测试，甚至批量生产后的维护与保养。这一整个创造性劳动过程必然伴随大量的物质等生产资料的消费，甚至需要一般性劳动的双重投入，由此引起了劳动者个人对生活资料的消费。同时，创造性劳动主体在一定时间内创造的价值总量减去所耗费的生产资料、生活资料与一般性劳动的双重投入量之差额即为"创造性劳动剩余价值"（曾绪宜，1994；2002）。但这种所谓的"剩余价值"一般情况下是不确定的或可变的。那么下面我们再来看看创造性劳动所依赖的上述这些劳动条件与资本有什么关系？

马克思在《资本论》中提出在资本主义生产中，资本包括两个部分，即转化为生产资料的资本 C 和转化为劳动力的资本 V，也就是在生产资料形态上的资本和在劳动力形态上的资本[①]，同时根据不同资本投入在价值增值过程上机能的不同，将 C 和 V 分别定义为不变资本和可变资本。这些资本最后通过劳动进一步转化成了新生产物的价值构成部分，两者在量上是相等和对应的，但其符号所代表的意义却不同。作为新生产物价值构成

---

① 这里要注意的是此处的"劳动力形态上的资本"指的是一般性劳动的投入。

部分的 c[①] 只是用来补偿生产过程中消耗掉的不变资本 C 的；作为新生产物价值构成部分的 v[②] 是用来补偿生产过程中消耗掉的可变资本 V 的。那么新生产物的价值是否就等于 c+v 呢？如果是，那么这种生产仅仅是投入的资本等于产出的价值，这与资本主义社会生产的目的是不符的，因此新生产物价值构成中必然还包括一个超过额 m。这与上述我们所分析的创造性劳动所依赖的劳动条件以及其所创造的剩余价值是对应的，可见这些劳动条件正是资本主义社会中理论意义上的"资本"概念，即创造性劳动所依赖的物质条件 = 资本 = C + V（这只是经济意义上的等量，并不具备数学意义上的等价关系）。

（3）货物或服务。如果说上述"资本"要素的投入是从货币形式来讨论其与劳动的结合，表现的是产出的 G′ > 投入的 G。这种完整的营业循环容易掩盖社会主义生产的真实目的，使人们执着于为获得更多的货币而生产和经营。那么讨论"货物或服务"要素的投入则是基于产品形式来讨论其与劳动的结合。从这个角度似乎更能体现出社会主义生产是为满足人们需要的目的，即对产品使用的需求。那么人们对产品到底是如何使用的呢？事实上，"货物和服务"是生产过程的结果，或者更准确地说是在前一时期投入累积的"资本"和"劳动力"转化形成的最终产品。那么这一凝结了前期资本和劳动的"货物和服务"下一步又用于何处呢？在实际发生中，它们既可作为下一时期新的货物服务生产的投入来使用，也可作为最终消费品使用，还可以作为投资品使用。这里的前两种实际上都是作为经济生产的投入来使用，第一种是生产的直接投入，第二种是生产的间接投入，即为维持劳动力的投入。原因是与资本主义社会生产将劳动力作为他人的商品同资本家相对立不同，在社会主义生产中劳动者是自己的主人，为维持他们劳动力的个人消费实质上也属于生产的消费。因此，上述两者使用方式都应属于经济意义的生产范围内。至于作为投资品使用的产

---

① 此处为区别于不变资本 C，特用小写字母 c 表示，但在数值上，C = c。
② 此处为区别于可变资本 V，特用小写字母 v 表示，但在数值上，V = v。

品，其在前一时期经由生产所产生的价值应核算进生产范围内，但后期由于投资而增值的价值不应核算进生产范围内，此处不做进一步讨论。

由于社会主义生产的目的是要最大限度地生产产品，以使这些产品用于交换以满足生产消费（包括劳动力再生产的消费）所需的各种产品，这里表现出的是 P····W′—G′—W····P（其中，P 为生产资本，W 为商品资本，G 为货币资本，W′ = W + ΔW，ΔW 表示投入生产中的商品 W 的增加值，这个增加值属于剩余价值；G′ = G + Δg，Δg 表示原预付资本的增加额，这个增加额就是剩余价值）的产品价值运动形式，是一个把社会主义生产表现为再生产的过程。作为再生产的方式，P····P 的运动包括了简单再生产和扩大再生产，反映了满足需要的生产目的和价值的现实变化。基于本书所提出的为生产知识产权产品所投入的货物和服务，即创造性劳动的过程则需要耗费或利用先前积累的劳动成果或知识形态的创造性劳动产品。如软件开发可能是基于之前产品基础上的再开发，但要注意的是在核算其产出时，应减去为之前产品开发所投入的成本。以下我们将对这种知识形态的创造性劳动产品进行探讨。

事实上，创造性劳动产品具有区别于一般劳动产品的特征。原因是，创造性劳动产品以知识形态存在和运行，既可以作为一种单独的产品存在，也可以蕴含于一般劳动产品之中。如果是后一种情况，那么相对于同类一般劳动产品而言，蕴含知识的一般劳动产品有一个更高的价格。当这种知识的使用能为其所有者带来某种形式的垄断利润，那么它就变为了资产，当其不再被保护或者随着发展而过时的时候，将不再作为资产处理。① 这种创造性劳动产品当被作为资产处理时具有区别于一般劳动产品的特征。主要包括：①通常是一次性的（独特的），但可再生；②通常是为自用而生产的产品；③并不像传统的资产一样，它是不受磨损的；④是可以

---

① Updated System of National Accounts 1993（1993 SNA）：Volume1：Chapters 1 – 17 [R]. Statistical Commission Thirty – ninth session, 26 – 29 February 2008：6 – 49.

最小成本复制的。[①]

3. 控制什么

从语义学来理解，经济意义的生产控制的是活动。可以说，生产活动范围一经确定，则国民产出的规模和构成、分配的水平与途径、使用的内容及方式等都将随之被相应规定。因此，生产活动范围的界定，是国民经济核算中的一个基本理论问题（李海东，2002）。

由于经济学研究的生产指的是社会生产，社会生产是以社会分工为前提，因此判断一个具体的活动是否属于经济意义的生产，应观测其控制的活动是否由分工完成。其判断标准主要是观测该活动是否由第三方生产，包括已实现和未实现的，已实现的指该活动已经由第三方完成，不由消费者本人生产；未实现的指能够由第三方生产但未由第三方生产而由消费者本人生产的活动，这些都属于具备经济意义的生产活动。

（二）SNA 生产范围

这是一种适用于进行全面性分析的生产范围，它界定了 GDP 估计应包括的生产性经济活动的范围（吴润生，1999）。SNA 的生产范围要比经济意义上的一般生产范围更严格。原因是基于国民经济核算的生产范围不仅要考虑学理的要求，还要考虑可操作性和测算结果的经济意义，有些活动即使符合经济意义的生产，但在实际中可能是由于无法测算或现阶段很难测算，甚至有些即使测算出来意义也不大。因此，SNA 生产范围的界定实际上是一种妥协，其前提是不能违背经济意义的生产。

1. 劳动

SNA 中提出知识产权产品投入的劳动应属于经济意义上的创造性劳动，但不是所有的创造性劳动都属于知识产权产品劳动，这里要注意的是住户部门为自身最终消费与使用而进行的创造性劳动仅有部分计入 SNA

[①] OECD. Handbook on Deriving Capital Measures of Intellectual Property Products [M]. Paris: OECD Publishing, 2010.

中。它包括了住户部门为自身最终消费和使用而进行的创造性劳动下所生产的所有货物（自产自用的货物），但排除了住户部门为自身最终使用而进行的创造性劳动所生产的服务（除为最终消费所进行的住房服务的生产之外）。如住户为自身最终使用所进行的计算机软件服务 SNA 则不予记录。

2. 货物或服务

SNA 将货物和服务（含知识载体产品）统称为产品，并认为产品是生产的结果。在 SNA 中通常不需要将货物和服务做明确的区分，但在本书中对其进行区分是极有必要的，原因在于：一是有必要弄清 SNA（2008）将知识产权产品归为服务类下而不是货物类下的依据。二是有必要弄清货物和服务在使用数据上的不同，目前对于货物的核算数据一般采用直接调查和观测的方式，但缺乏对服务尤其是非市场服务的直接核算数据。三是有必要弄清货物和服务在处理方法上的不同。如计算产值指标时，货物产品要计算全部价值，服务产品则不包括劳动对象的价值，仅计算追加价值。这主要是由于货物产品要体现各行业间的联系，如生产中间消耗产品的产业，即使要在计算中被扣除，也应记录和体现。

根据 SNA（2008）对货物的定义，即对它有某种需求并能够确定其所有权的有形生产成果，这种所有权可以通过市场交易从一个机构单位转移到另一个机构单位。SNA（1993）将服务定义为："不是能够确定其所有权的独立存在实体"，SNA（2008）在此定义的基础上，对服务有进一步的解释："它是生产活动的结果，通过这些生产活动可以改变消费单位的状况或促进产品、金融资产的交换"，即将服务分为增值服务和变化促成服务两类。根据上述定义我们可以对货物和服务做几点基本区分：①货物是能够确定其所有权的，服务是不能够确定其所有权的。这表示服务是不能够通过交易转换所有权的，而货物可以。②货物是能够独立存在的有形实体，服务是不能够独立存在的无形实体。这表示服务是不能脱离生产单独交易的，货物的生产可以与其随后的销售或转售分离。③货物是有形生产成果，既可用于满足住户社会需求，也可用于再生产。服务是生产活动的结果，直接提供给消费者。这表示货物的生产既可用于最终消费，也可用于中间消耗。而服务只能构成最终消费，不能用于再生产，生产一旦完成，服务必定已经提供给了消费者，即服务的生产与消费是同时进行的。根据上述分析，对比创新性劳动产品（含知识产权产品）的特征，SNA（2008）将其归入服务似乎更为合理，原因在于服务既有物化的特征，又有服务的特征。但有一点 SNA 是存在矛盾的，即服务本是不能确定所有权的，而知识产权产品却是可以确定所有权的。

3. 生产活动

SNA 的生产活动范围也必然限制在上述经济意义的生产活动之内，但却未将其全部列入国民经济核算的生产范围内，其差别主要体现在住户部门，即排除了为自身最终使用的服务（不包括为最终消费所进行的住房服务的生产）。除此之外，SNA 对于单方面的经济活动所可能产生的对其他经济单位的影响这一外部性不予记录，即对于属于单方行为和非交易的外部效应不计入 SNA 生产范围。根据以上原则，我们可以对整个社会生产下属于 SNA 核算范围的生产活动进行明确，但在实践中，整个社会生产活动是根据不同企业或单位所实施的生产活动由下而上累加而得，就单独的企业或单位而言，其生产活动的领域应该是具体的。为此，SNA 提出应将单独企业的生产活动按其所占份额分为主要活动、次要活动和辅助活动，其划分的意义在于：划分出生产活动的基础核算单位将有利于在更加同质的基础上汇总出行业总量指标与三次产业总量指标。需要注意的是，生产性活动和分配性活动的区别，实际上只有前者对 GDP 估计产生影响。为了确保 GDP 估计的全面性，对两者活动进行识别也非常重要和必要的。当然，对于知识产权产品生产活动的具体分类将在后文中深入研究。

根据 SNA（2008）的 6.27 所包括的五类活动，知识产权产品的生产范围也必然限制在 SNA 所包括的五类活动中，但范围更窄，具体包括在图 3-1 中。

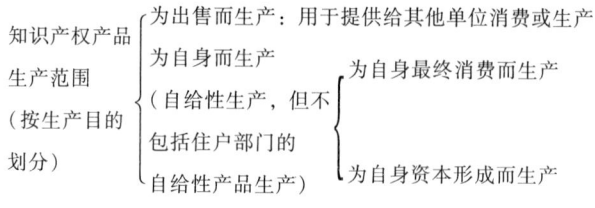

图 3-1　知识产权产品生产范围

二、知识产权产品分配范围

国民经济运行过程如图 3-2 所示，始于生产，止于使用（最终消费、中间消耗、投资等），如此循环往复，运行不止。由生产到使用必须经过产品流通和收入分配环节，即产品流动和收入流动。同理，作为创造性劳动的知识产权产品由投入生产到最终消费，也要经过其作为实物的流通过程和它作为价值载体的分配过程。这里要注意的是，在当前市场经济条件下的流通与分配不仅包括国内还应包括国外，这一记录要在国外账户中予以体现。

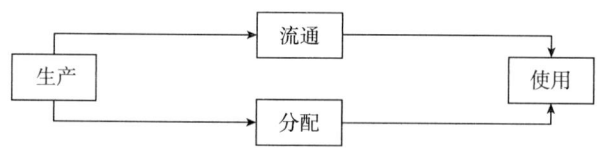

图 3-2　国民经济运行过程示意

由于分配实际上是生产过程新创造价值的分配，即生产范围决定了创造价值的生产活动的范围，因而基本上决定了分配范围，也可以说决定了初次分配和再分配范围（许宪春，1996）。它包括在 SNA 生产范围内所创造的新增价值在参与生产过程中的要素分配（劳动者报酬、资本要素所有者所获得的财产收入）和因从事生产向政府缴纳税收以及从政府获得的补贴（生产和进口税净额），以及除此之外的经常转移，前者属于初次分配范围，后者属于再分配范围。其形式既包括实物分配，如实物报酬、实物税金、其他实物转移等，也包括资金分配，只是在资金分配上前者（初次分配）分配的是生产性收入，后者（再分配）分配的是转移性收入。除此之外，再分配可进一步区分为二次分配和实物再分配。二次分配主要通过非实物社会转移进行收入再分配，实物再分配则通过实物社会转移进行。

根据上述分配原则，知识产权产品的分配应该也遵循上述分配流程，具体分配范围如图3-3所示。

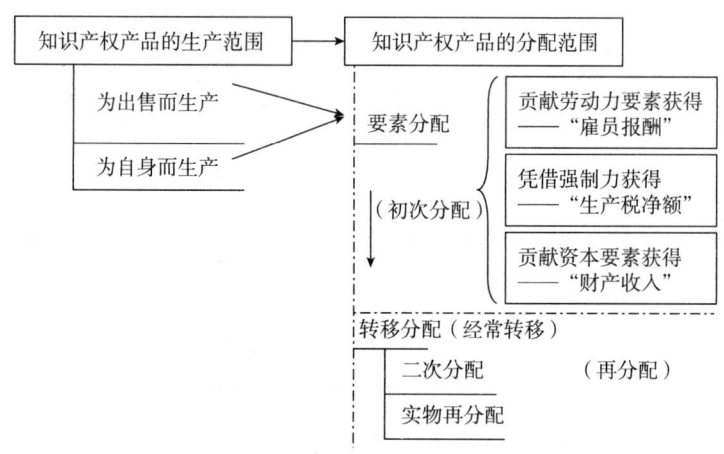

图3-3 知识产权产品从生产到分配的过程

由图3-3可以看到，在确定了知识产权产品生产范围之后，经过生产过程得到的产品需经过分配环节才能最终到达使用者手中。虽然在实际发生中是要经过两次分配的，但真正与生产直接相关的只有初次分配，原因为它是依据生产中各要素投入所产生的不同贡献而进行分配的，以保证在生产中所投入的要素获得补偿。第二次再分配则是在机构单位内部的重新分配，分配的原则与生产无关，其目的只是实现社会的相对公平，避免贫富两极分化过于严重，缓解社会矛盾，提高社会整体福利水平。因此，本书重点关注的仅仅是初次分配中所涉及的要素分配，这里要注意的是对从事知识产权产品生产的雇员所可能获得的雇员股票期权应计入其雇员报酬中。这一点，在 SNA（2008）中是作为新修订的内容提出的，在此之前国民经济核算对于雇员股票期权的处理一直没有明确统一的规定。对于从事知识产权产品生产的雇员报酬相比其他产品生产所获报酬更高，也必然使这一产业的雇员股票期权价值更高，如根据相关统计资料显示在深圳市从事 R&D 的雇员报酬占总雇员报酬的 60% 左右。

三、知识产权产品消费范围

生产作为一种经济活动要实现其价值必须经过消费这一活动，尤其对于服务而言，没有消费者消费的服务，其生产者所提供的服务是毫无价值的，即生产和消费过程的统一，用于最终消费的知识产权产品只能是限制在生产范围内的知识产权产品，生产范围和消费范围保持一致，生产边界划分在哪里，消费边界也就划分在哪里，而生产范围不包括的内容，消费范围也不包括。例如，由于 SNA（2008）的生产范围中不包括住户部门的自给性知识产权产品的生产，因此也就不包括住户部门自给性知识产权产品的消费。这里要注意的是，住户部门对知识产权产品的生产与对一般性产品生产处理的不同，SNA（2008）中认为，住户部门自给性（自产自用）货物的生产应是算作 SNA 的生产，只有住户为自身最终使用的服务（除为最终消费所进行的住房服务的生产之外）不算作 SNA 的生产（蒋萍等，2014）。原因主要在于住户内部服务的自给性生产与市场依赖性相对较低，对经济中其他部门的影响也有限，但其货物则有可能用于个人消费后有所剩余再用于市场出售和交换，服务则不存在这种可能，它一经生产出即被消费。正是由于服务不能用于交换，也不存在市场价格，对其估价就很困难。这里所指的货物或服务只是对于一般产品生产的处理，而知识产权产品的生产在住户部门是不进行核算的，无论是作为货物的生产，还是作为服务的生产。原因是SNA（2008）将知识产权产品的生产暂定是一种服务的生产，所以根据上述原则，住户部门的服务生产自然不需要进行核算。当然，在实际中，对于住户部门的知识产权产品的生产是否应当进行核算有待于我们进一步考证。如住户为自身最终使用所创新的软件产品是否应当计入SNA中，具体处理建议将在后文进行分析。图3-4显示的是生产范围如何决定消费范围的过程。

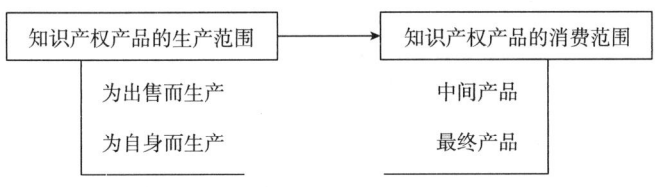

图3-4 知识产权产品生产到消费过程

由图3-4可以看到，知识产权产品的消费范围不外乎中间产品或最终产品。如果是最终产品，那么它是用于投资还是用于消费，即它行使的是消费的职能还是投资的职能，SNA（2008）中建议将这部分"投资"流转记录为资本形成。这也是本书要研究的重点。这里要注意的是，知识产权产品在空间和时间上的处理，即哪些知识产权产品作为消费、哪些作为投资，以及知识产权产品在何时作为消费、何时作为投资，是我们首先需要把握的。根据前文的SNA（2008）对知识产权产品的定义和分类，目前只有研究与开发、矿藏勘探和估价、计算机软件和数据库、娱乐文学和艺术原件、其他知识产权产品，这五类知识产权产品可能行使投资的职能，提供的形式包括定制品、标准品、复制品以及专利品四种不同类型。其消费主体包括政府、企业、住户；其消费方式可以是购买、免费获得、自产自用。具体描述如图3-5所示。无论是上述何种消费方式都会涉及对于正常品的使用维护保养以及过时品的处置。有关这方面的详细讨论将在后文进行，同时由于其提供的形式以及可供消费的组合方式较为复杂，它们在何时处理为投资、何时处理为消费也将在后文进行详细阐述。

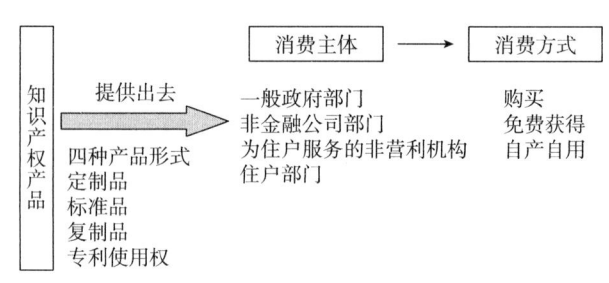

图3-5 知识产权产品的消费范围

四、知识产权产品资产范围

SNA是根据所有权原则来判断资产范围的，所有权承载于不同机构单位内，由此可以理解为根据核算主体——机构单位的所有权来判断资产范围。机构单位按类型可以分为非金融公司部门、金融公司部门、一般政府部门、为住户服务的非营利性机构部门、住户部门，因此资产范围应限定在这五个部门内所提供的资产。但是，资产作为一种物体或独立存在物一般都有一个法定所有者和经济所有者，SNA（2008）规定，资产的所有者应是经济所有者，即使很多时候法定所有者和经济所有者是相同的。原因是经济所有者是指由于承担了有关风险而有权享有该实体在经济活动期间内运作带来的经济利益的机构单位，而法定所有者只是有法律资格的机构单位,名义上它们是依法享有与该实体有关的经济利益,实际上如果它们采取某种交易方式让渡这种权利和风险,那么SNA认为这种情况下资产就不记录在法定所有者资产项目下,而应记录在其让渡给的经济所有者资产项目下,如融资租赁,而经营租赁则不然。具体分析将会在后文进行阐述。至此,SNA认为应将资产范围限定在经济活动中真正使用和拥有所有权的资产,对于没有所有者的自然资源以及很难确定所有权的人力资源则不包括在SNA的资产范围内,这样做可能会遗漏一国大量的产出,这将有待后续研究的改进。

至于真正从生产到分配再经消费留存下来的资产到底有多少,它们又该如何确定,则需要从流量到存量变化的全过程进行考量。由于分配范围属于各机构单位内部所进行的交易,不影响由生产决定消费的本质,同时为了更直接地显现生产与消费以及资产之间的关系,此处未将分配范围列示出来。具体关系如图3-6所示。

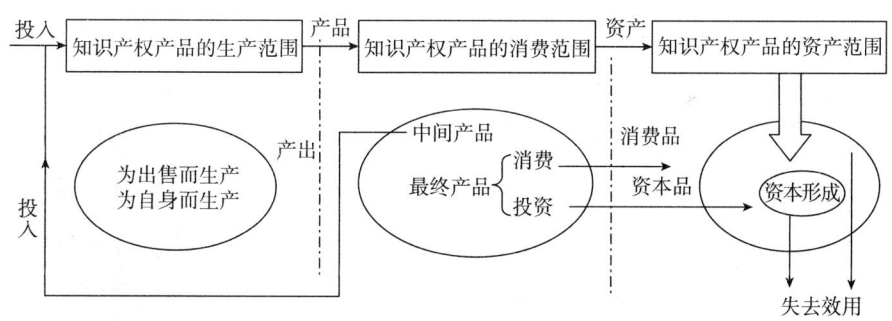

图3-6 知识产权产品资产范围的流转过程

通过上述分析可以看到,基于生产范围而言,在经济理论上,生产指的是安排有价值的投入来取得有价值的产出。其中,投入是以失去的其他机会成本[①]来衡量的,产出则是以有人愿意付出的数额来衡量的(马克卢

---

① 机会成本意为将投入用作生产其他的产出来代替现有的实际产出。

普，2007）。由此我们可以认为，如果安排给某种活动的投入（劳动力和劳动条件）是免费的，使没有其他产出可以丧失，就不应该作为生产。例如，传递知识的动作就是知识生产，但如果知识传递者只是为了好玩才这样做，没有损失可用于其他用途的时间和劳动力，并且知识的接受者以及第三者对此毫无兴趣，那么这个传递知识的动作就不是知识生产。在实际发生中，即使是为了好玩或消遣，知识的传递仍然会损失其机会成本，即损失其可用于其他用途的时间和劳动力，因此在统计操作上规定，如果无法提供有关知识传递者的牺牲成本（机会成本），或无法找到知识接收者为获得满足所做出的有关知识生产动作的任何线索，也应被排除在生产范围之外。这一点，正好佐证了 SNA（2008）为什么提出将住户部门的家务劳动（家庭做饭等）排除在生产范围之外。因此，判定知识的生产是否属于国民账户体系中核算的生产范围应该取决于：这一生产是否由需付款的劳动作出或使用了需付款的设备和物资，使其成本可以计算出来，或者这项劳务是否由其被服务者或第三者（如政府）付款，那么这些所付的款项可被解释为所提供服务的价值表现。

在生产范围中一旦确定了哪些应该属于 SNA 核算的产出，下一步要确定的是在消费范围中，哪些应该划分为投资、哪些是消费，哪些是用于生产其他产品的中间产品。弗里茨·马克卢普（1962）认为，当知识的生产目的或预期的目的是使其使用资源的生产率能在可以预见的将来获得增长，那么这种知识就可以被看作投资，SNA 将这类投资支出作为资本形成计入资本账户中。至于在实际中如何区分投资还是消费，马克卢普认为这在统计分析中是比较容易确定的。他认为只要国家商务部的国民收入司把这项知识看成是最终产品（这里所说的最终产品是特指"资本品"），那么它所发生的费用就是投资费用，就可将其计入"国民生产总值"和"国民收入"账目中。在我国利用这种方法的可操作性在目前仍然不高，建议判断这一产出是列入消费、投资还是非最终产品，应看是谁为它付费以及它在付费者的账户中是如何处理的。一般来说，由个人消费者支出、政府支出和企业账户中列入资本资产的支出，都作为最终产品支付的费用，在企业账户中列入销售成本的费用则看成是中间产品支付的费用。然而，如果采用这种方法又会产生一个问题，即从企业会计中所获得的数据，可能会把研究与开发费用作为经常支出，新技术的生产可能被看作中间产品作为现在生产产品的成本，实际上在我们的研究中，它应该被看作是投资。当然，我们也不能把企业用于研究和开发的全部费用都作为现时生产的必要成本，尽管税法是容许的。但由于这些费用是用来改进或保证企业"将来的"竞争地位的（通过降低成本或改进产品），所以，从经济学的观点来看，它们是投资性费用，尽管它们已经花费了，而不是资本化了。当研究和开发的费用是由政府支付时，无论它们是进行投资还是消费，都将其作为最终产品（这里所说的最终产品是特指资本品）。如果有一部分费用是无效的或被浪费掉了，它又显然是有用的费用中不可分的部分，那么研究和开发的全部费用都应作为投资计算。至于真正作为中间产品的处理则要复杂很多，即把知识作为生产其他产出的中间服务之用，问题主要在于对它们成本的估计。当然如果存在下述情况那是可以解决的，即当公司专业化于生产企业所有的知识，并集团化为有销售总额书面报告的专门的服务产出。如公司制企业把软件服务卖给制造电脑产品的公司企业时，统计上只产生于那些销售给非企业的买主，即消费者的部分，至于这些产品公司把买来的服务是用于生产消费品还是生产资本品（耐久的用于生产的产品），这同我们的研究是无关的。在国民生产总值的统计中，这些中间产品的成本将计入其他产品的成本之中，而不单独立项，否则会造成重复计算。在实际发生中，创新性劳动和一般性劳动是结合在一起的，很难将其单独分开进行核算，那么最稳妥的就是将其作为整体不要分解。

经过生产范围和消费范围，真正流转到资产范围的就是上述所说的投资而形成的最终产品，即资本品。但是这里要注意的是，作为资产的经营者，所追求的是持有它们所获得的持续的经济利益，即是说如果这个资本品随着时间因各种原因不能为企业产生新的经济利益时，就不能视为资产。可见，SNA中的资产与一般经济意义上的资产有所不同，准确来说，SNA中的资产是资本化的资产，也就是资本资产，即能带来剩余价值的资产。

  但无论知识产品是用于投资、消费还是用于正在生产中的其他产品的中间产品，都不应把它同知识生产中所需的耐用品投资相混淆。如一个科研机构所建立的实验室，也就是对耐久性资产的投资，这些资产在以后的年份将被用于生产能提高企业生产率的知识产品。因此，它属于为生产知识产品而投入的投资，这种生产属于知识中的"投资"。

第四章
知识产权产品核算对象的分类

统计分类是经济统计工作的基础和起点，它对于数据采集以及核算处理均具有极重要的基础性研究意义。从另一角度来理解，知识产权产品作为非金融生产资产，在对其进行核算时，如何与其他产品区别开来，如何对其组别下产品进行再分类，使其以统计数据形式对经济现象进行准确描述，也需要通过有效的系统分类将它们的特性分离出来并进行分组，它对于研究经济现象更是具有极强的现实意义。

根据现有分类体系，结合知识产权产品作为服务产品的特性，主要从动态维度和静态维度两个维度对产品进行分类。

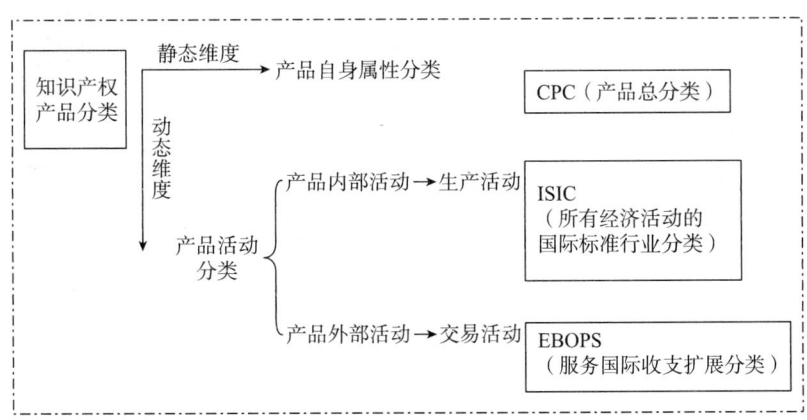

图 4-1 分类原则

根据图 4-1 的分类原则，以下将依据 CPC、ISIC、EBOPS 分类体系分别从不同角度对知识产权产品进行分类。

一、基于 ISIC Rev.4 和 EBOPS 的活动分类

（一）知识产权产品的生产活动分类框架

国民核算体系包含三种相关分类标准，即资产分类、机构部门分类和所有经济活动的国际标准产业分类（International Standard Industrial Classification of All Economic Activities，ISIC），而无论是资产分类还是机构部门分类都是建立在对经济活动种类进行分类的基础上的，因此作为国际标准产业分类的 ISIC 成为世界各国按经济活动进行数据分类的标准分类方法。

1. 知识产权产品活动分类原则

基本上，ISIC 是遵循国民账户体系（SNA）中定义的从事经济生产的单位所进行的分类，如现行 ISIC Rev.4 版本的范围亦是根据国民经济核算体系所定义的生产边界进行分类（除去小类 9280——未加区分的私人家庭自我服务提供活动），但这种按经济活动分类的方法却不区分市场活动和非市场活动，而这个区别在国民经济核算体系中是非常重要的。不过按这一原则细分的经济活动类别凡是为在市场和非市场基础上所发生的活动，收集增加值数据都是有用的。因此，SNA 这一标准应该同 ISIC 的类别进行交叉分类。如非市场服务往往是由 ISIC 门类中的教育、卫生、社会工作等领域的政府组织或非营利组织提供的。除此之外，由于 ISIC 不是直接以所有权种类、法定组织类型或者经营方式进行区分，而是在按经济活动种类划分的类别基础上，再建立按法定所有权种类、组织类型或经营方式划分的类别，因此它与 SNA 中的机构部门分类并不存在严格的联系。

由于 ISIC Rev. 4 分类主要用于根据统计单位（如基层单位和企业）从事的经济活动进行归类，因此如果要对知识产权产品进行单独分类，就必须对这些经济单位从事的活动进行观测，以识别出各统计单位从事的与知识产权产品相关的生产活动。而 ISIC Rev. 4 中识别的生产活动仅指为使用各种投入（如资本、劳动力、货物或服务等）来产生产出的行为，将从活动中得到的产出通过市场或非市场交易向其他单位转移或销售、储存或由生产单位自行利用的行为排除在 ISIC 的"生产活动"范围之外。这与国民账户体系（SNA）所核算的生产边界范围是不一样的，SNA 是通过对经济中各主体之间出于各种目的所发生的一切交易进行测算，即识别出经济体中的机构单位，针对货物服务在生产和最终消费过程中从一个阶段到另一个阶段的相关交易来构造各个账户，由此对相关活动予以识别，可见，SNA 所核算的生产边界既包括 ISIC 中的生产活动，也包括被 ISIC Rev. 4 排除在外的这类活动，即从生产活动中得到的产出通过市场或非市场交易向其他单位转移或销售、储存或由生产单位自行利用的行为，一般认为这类活动属于交易活动。可见，在按 ISIC Rev. 4 的分类原则对统计单位的知识产权产品进行归类时，只能将在生产活动中可被识别的知识产权产品进行归类，却无法将处于交易活动的应被识别的知识产权产品归类进来，如与知识产权产品相关的非生产资产所有权转移费用也应被识别和记录。因此，本书在对知识产权产品按活动进行分类时，不仅包括 ISIC Rev. 4 分类，还应包括国际收支服务扩展分类（Extended Balance of Payments Services，EBOPS）。如此，才能与国民账户体系一致。至于交易分类将在文中进行具体分析。

由于 ISIC 在对统计单位进行归类时，主要考虑的是单位实际进行的生产活动，并非根据生产单位所有权、组织类型或运营方式进行区分。因此，只要确定了各统计单位的生产活动就可将其归类进 ISIC 中。然而，在实际中，大部分统计单位发生的活动常常会表现出活动的交叉性或多样性，可是在理论上它们又只能归类进一个类别中，且 ISIC 又只含有限类别。针对这种情况，可采用以下两种方法解决：一是按单位主要活动将其归入 ISIC 的类别范畴中，目前采取的是这种方法；二是 ISIC 扩展的单独分类。这一点在 ISIC Rev.4 中首次作了明确的表示，即提出在确定现有门类时还应考虑的另一个主要问题是活动的相对重要性，尤其是随着经济发展，可能会出现某种常见的活动种类、对世界和地区经济具有特殊或重要意义的活动，这些应被单独分类。这意味着对当前而言，越来越显示出对经济具有重要意义的活动，如知识产权产品生产活动，原则上是允许也被支持进行单独分类的。以下将基于上述两种方法进行探讨。

（1）按单位主要活动将其归入 ISIC Rev.4 的类别范畴中。也就是从机构单位从事的活动中识别出与知识产权产品生产相关的主要活动，按现有 ISIC Rev.4 的分类明确其归入的相应组别中。在实际操作中应明确以下几方面的内容：

1）基于主要活动的归类方法。基于现实情况下大多数生产单位从事的活动都具有混合性质的特性，对其主要活动的鉴别对将该单位划入某一类别十分必要。原则上，一个经济实体的主要活动是指对该实体增加值贡献最大的活动，ISIC 建议可以根据一个单位所出售的货物或所提供服务的增加值来确定该单位的主要活动。相关的价值概念是基本价格基础上的总增加值，即为以基本产出价和购买者中间消费总额的差值。这里要注意的两点：一是对增加值贡献最大的活动并不意味着这一活动要占该单位增加值总额的 50% 或以上，也不一定其增加值要超过该单位任何其他活动的活动。二是由于单位可能会受到主要活动变化风险的影响，在确定一个单位的主要活动时，需要考虑到该单位过去两年至三年的活动比例。理论上，当单位的主要活动确定之后，将其划入相应的类别是由 ISIC 中的组别决定的，原因是组中包括了单位的主要活动或活动范围。具体操作步骤如表 4-1 所示。这里选择应用的是 ISIC 提出的自上而下的分类方法，即先列出单位的全部活动，然后再分步确定活动所属组别。

第一步：确定增加值比例最大的活动所属门类。

第二步：在该门类内再确定增加值比例最大的活动类别。这里应按 ISIC 中对单个类别的描述和解释性说明以及 ISIC 中的类别来确定一个单位所进行的活动,包括产出结构、投入结构和生产工艺。

表 4 – 1 利用自上而下的分类方法确定的主要活动

门类	类	大组	组	组描述	增加值比例(%)
C	25	251	2512	油罐、水箱和金属容器的制造	7
C	28	281	2816	起重及装卸设备的制造	8
C	28	282	2821	农业和林业机械的制造	3
C	28	282	2822	金属成型机械和机械的制造	21
C	28	282	2824	采矿、采石及建筑机械的制造	8
C	29	293	2930	汽车及发动机零件和配件的制造	5
G	46	461	4610	在收费和合同基础上的批发	7
G	46	465	4659	其他机械、设备的批发	28
M	71	711	7110	建筑和工程活动及相关技术咨询	13

资料来源:ISIC Rev. 4。

第三步:在该类别内,继续确定增加值比例最大的活动所属大组(但批发和零售业活动除外)。①

第四步:在该大组内,确定增加值比例最大的活动所属组别。

但在按上述原则进行实际操作时会遇到一个问题,即很难获得不同活动所得增加值的相关信息,即使从理论上可以根据 ISIC Rev. 4 获得不同类别活动的增加值比重,但实际上一般是通过使用替代指标来确定各活动分类。对此,ISIC Rev. 4 提出了两种思路,即产出替代指标和投入替代指标。其中产出替代指标有两种:一是归于与这些活动种类相关联的货物或服务的单位总产出比例;二是按每类活动的产品组合的销售价值及载运货物价值。投入的替代指标则分为三种:一是为不同活动分配的薪资;二是为不同活动分配的劳动时间;三是按一个单位各类雇员比例确定的就业率。原

---

① 就批发和零售业而言,如果在《国际标准行业分类》所有组别中没有一个增加值占到 50%,则在上述流程的第三步中,需要考虑附加一些步骤,这样就可以与分类的附加层级相对应。具体可参照 ISIC Rev. 4。

则上，使用替代指标并不改变确定主要活动的方法，也并不改变自上而下排序的规则。替代数据只是在可行性范围内与增加值最为相近的结果。但是，在替代指标的结构与（未知的）增加值不成正比的情况下，以上替代指标的使用有时可能会引起误解。本书基于知识产权产品作为"服务"产品的特性，建议在实际操作中一般采用投入替代指标。

具体步骤：

第一步，确定门类。

门类 C（增加值比例） = 7 + 8 + 3 + 21 + 8 + 5 = 52

门类 G（增加值比例） = 7 + 28 = 35

门类 M（增加值比例） = 13

由上述可以看到，门类 C 是增加值比例最大的活动。

第二步，确定类。即在第一步的基础上——门类 C 中确定类。

门类 C 下的类：

类 25（增加值比例） = 7

类 28（增加值比例） = 8 + 3 + 21 + 8 = 40

类 29（增加值比例） = 5

由上述可以看到，类 28 是增加值比例最大的活动。

第三步，确定大组。即在第二步的基础上——类 28 中确定大组。

类 28 下的大组：

大组 281（增加值比例） = 8

大组 282（增加值比例） = 3 + 21 + 8 = 32

由上述可以看到，大组 282 是增加值比例最大的活动。

第四步，是确定组。即在第三步的基础上——大组 282 中确定组。

大组 282 下的组：

组 2821（增加值比例） = 3

组 2822（增加值比例） = 21

组 2824（增加值比例） = 8

因此，此单位主要活动的编码为 2822（金属成型机械和机械的制造），该单位应归入门类C——制造业中。原则上讲，自上而下可以确认一个单位的主要活动到分类等级的最低层级；而实际上，只有在较低层级上才需要使用这种方法，如类或大组层级上，这取决于所采用的相应规则。而对于知识产权产品这一服务类产品，对它的生产活动的识别更多地在小类层次上，原因是ISIC Rev.4在小类层次上更注重产品的生产过程和技术，尤其是与服务相关的类别；在更高层次上，生产特点以及生产用途则更为重要（张迎春，2013）。因此，对于知识产权产品的归类使用自上而下的方法是合适的。

2）基于主要活动、次要活动与辅助活动的识别方法。由表4-1可以看到，主要活动并不一定非要占一个实体增加值总额50%或以上，或其增加值超过该实体任何其他活动的活动。原因是主要活动产生的产品既可以是主要产品也可以是副产品，后者是生产主要产品时必然产生的产品。而次要活动是最终为第三方生产产品的各种单独活动，这种活动不是有关实体的主要活动，次要活动的产出必然是次要产品。大多数经济实体至少会生产某些次要产品。但主要活动和次要活动如果没有若干辅助活动（如运输、储藏、维修等）的支持也是无法进行的。因此，辅助活动是实际存在的提供全部或主要供一个实体使用的非耐用品或服务以支持一个实体主要生产活动的那些活动。在实际中，人们虽能较容易地分辨出主要活动和次要活动，但对辅助活动却难以定性和分离。ISIC Rev.4认为，如果一个基层单位从事的辅助活动可以从数据中观察出来，即其生产有独立的账目，或者与其服务的基层单位所在地并不同，那么可将其视作一个独立单位，并划入与其主要活动相同的行业分类中，这种情况相对比较理想。但是ISIC Rev.4同时建议在没有合适的基础数据情况下，不要付出大量的努力人为地为这些活动建立独立的基层单位，如其产出一项是供同一实体内作中间消耗的则通常不单独记录。但是ISIC Rev.4也在对现有辅助活动定义的基础上提出了四种不应视为辅助活动的活动，它包括：

①生产的货物或服务成为固定资本形成的一部分。

②产出虽然供主要活动或次要活动中间消耗，但大部分在市场上出售。

③生产的货物成为主要活动或次要活动产出的有形部分，如一个企业部门生产供自身包装用的箱盒。

④研究和发展活动。在 SNA（2008）中被视为固定资本形成的一部分。

这里要注意的是，虽然大多数辅助活动提供的是服务，但是作为例外，有些货物的生产活动可能被视为辅助性活动。一般来说，辅助活动与它们所支持的主要活动相比，规模通常较小。上述对主要活动、次要活动和辅助活动的识别能够有助于对知识产权产品生产活动的理解，如对于 R&D 而言，对其生产活动的识别，不仅包括其最终产品产出的行为，还应包括前期的研究与发展活动，后者不应视为辅助活动，也应属于 R&D 主要活动。基于这种观点，在以下对知识产权产品活动的分类中也把相关的辅助活动并入知识产权产品主要活动中。

在实践中，上述这些活动在机构单位内部一般表现为横向混合或是纵向混合，不同形式的混合活动的处理不一样。例如，横向混合活动是指同一单位使用相同生产要素同时进行的产出不同的活动。由于在统计上不可能将这类混合活动分成不同的过程以及分配给不同的单位，或为这些活动单独提供简易的数据，因此可依靠上述所提到的按增加值分配或类似尺度的规则来处理，如备选产出替代指标，但是由于缺少一般规则，无法确定能充分体现这种横向混合活动整合后的单一活动。ISIC Rev. 4 建议可为它们的处理提供明确的规则或将横向混合活动整合成单一活动列入同一组中，即使可能，不同产出的有形产品差别较大。但要注意的是，在一些情况下，有些活动的生产要素相同，但却独立存在，即不能彼此提供投入，也不能将其中一个视为另一个活动的副产品。若两种独立进行的活动规模都较大，出于统计上的需要，一般不将它们划入同一个组。具体情况下，还应采用增加值替代指标来确定其主要活动，以进行正确的分组和归类。而纵向混合活动是指同一单位相继从事不同阶段的生产，一个过程的产出作为下一过程的投入。例如,软件生产与计算机生产的结合,某一单位首先对软件进行研发生产,之后再将生产的软件装入计算机中。这类生产活动就属于纵向整合活动。ISIC Rev.4 建议,纵向整合活动的处理应与其他多样化活动的处理相同,从事一系列相关纵向整合活动的单位应根据该活动链中主要活动,即根据自上而下顺序确定的、该单位中贡献增加值比例最大的活动的类别进行分类。在具体操作时要注意,这里的"活动"指的是生产过程的每个步骤,对应单独划入 ISIC Rev.4 中的组中,无论每个步骤的产出是否以出售为目的。在数据的获取中,如果不能直接从单位所保存的账目中得到纵向整合工艺各个阶段的增加值或替代指标,则可以中间产品或最终产品的市场价格为基础对该单位和其他单位进行对比。若仍不能确定生产系列活动中各个阶段的增加值(或其替代指标),则应参照 ISIC 和产品总分类(Central Product Classification,CPC)必读指南[1],采用典型纵向整合缺省赋值。由于在实践中,R&D、计算机软件与数据库的生产活动一般在机构单位内部表现为纵向混合的方式,因此对于这两类知识产权产品的分类可以根据纵向混合活动的处理原则,这就有必要对生产 R&D、计算机软件与数据库的机构单位的生产过程中的各阶段进行调查研究,以得到各阶段的相关活动的增加值,对应归类进 ISIC Rev.4 的现有分类中。具体数据的获取将在后文论述。

(2) ISIC Rev.4 扩展单独分类。事实上,ISIC Rev.4 之所以对 ISIC Rev.3.1 进行修订,其实也正是为了凸显之前没有被识别的重要经济活动,也就是说 ISIC Rev.4 在决定分类的基本原则、范围的制定和应用的方法上与 ISIC Rev.3.1 保持了基本一致,但对某些重要活动进行了单独分类。其新增门类包括门类 E(供水:污水处理、废物管理和补救活动)和门类 J(信息和通信)。那么我们是否可以根据其分类原则也将知识产权产品进行单独分类呢?在实际操作中这是不可实现的,原因是知识产权产品所涉及

---

[1] 《国际标准行业分类》和《产品总分类》必读指南,《统计文件》,F 辑,第 101 号(联合国出版物)。

的行业太多，很难将其作为一个单独的门类进行区分，那么这是否意味着对知识产权产品的分类只能使用上述的第一种方法呢？通过对第一种方法的初步研究我们可以看到，通过从各机构单位中进行识别出来再分别归类进不同的门类中，可能导致知识产权产品数据收集的困难，加剧了核算处理的难度。因此，本书认为可以借鉴 ISIC Rev.4 对修理和维护的分类处理，原因是它与知识产权产品具有某种程度的共性，如它们都可能涉及各个行业领域，也都被认为是服务类产品。根据 ISIC Rev.4 对它的处理，即它对各类货物的修理单独做了分类，但并不是将它们统一归入一个高级类别以涵盖所有维修活动，而是将不同货物或服务的修理和维护分别划入不同的组中，具体分类如表 4-2 所示。

表 4-2　根据所维修货物的种类，对维修活动所做的分类

- 汽车和摩托车的修理分别划入 4520 组和 4540 组中
- 电脑和通信设备的修理和维护划入 951 大组
- 个人和家庭用品的修理划入 952 大组
- 其他机械和设备的修理划入 331 大组
- 楼宇和其他建筑的维护划入 43 类

2. 知识产权产品活动分类方法

基于上述分类方法可以建构对知识产权产品的单独分类。但它需要从现有 ISIC Rev.4 分类中进行提取。因此，有必要对现有 ISIC Rev.4 分类中涉及知识产权产品相关的组别进行识别，并单列出来。

在总体分类结构上，ISIC Rev.4 将所有单个类别归并入 21 个门类中，具体如表 4-3 所示。通过分析比较，本书认为有门类 B、门类 C、门类 D、门类 E、门类 H、门类 J、门类 M、门类 N、门类 R 等可能与知识产权产品生产活动相关，将进行重点论述。

表 4-3　国际标准行业分类（ISIC Rev. 4）

门类	类	说明
A	01~03	农业、林业及渔业
B	05~09	采矿和采石
C	10~33	制造业
D	35	电、煤气、蒸气和空调的供应
E	36~39	供水；污水处理、废物管理和补救活动
F	41~43	建筑业
G	45~47	批发和零售业；汽车和摩托车的修理
H	49~53	运输和储存
I	55~56	食宿服务活动
J	58~63	信息和通信
K	64~66	金融和保险活动
L	68	房地产活动
M	69~75	专业、科学和技术活动
N	77~82	行政和辅助活动
O	84	公共管理和国防；强制性社会保障
P	85	教育
Q	86~88	人体健康和社会工作活动
R	90~93	艺术、娱乐和文娱活动
S	94~96	其他服务活动
T	97~98	家庭作为雇主的活动；家庭自用、未加区分的物品生产和服务活动
U	99	国际组织和机构的活动

资料来源：ISIC Rev. 4。

（1）门类 B——采矿和采石。采矿和采石总体上包括了自然产生的固态（煤和矿石）、液态（石油）或气态（天然气）矿物的采掘。具体包括：

1）可用多种不同的方法开采，如地上或地表开采、矿井运行以及海底采矿等。这里从事的活动可能属于矿产勘探生产活动。

2）旨在制备用于市场销售的粗加工物资的辅助活动，如矿石的粉碎、分类、选矿等。此处属于辅助活动，不作进一步分析。

3）作为一种工业服务为第三方提供的与开采有关的技术活动。注意这里从事的生产活动可能属于R&D生产活动。

但不包括：所采原材料的加工（见门类C——制造业），以及所采原材料未经进一步加工在建筑业上的直接使用（见门类F——建筑业）。

具体分类如图4-2所示。

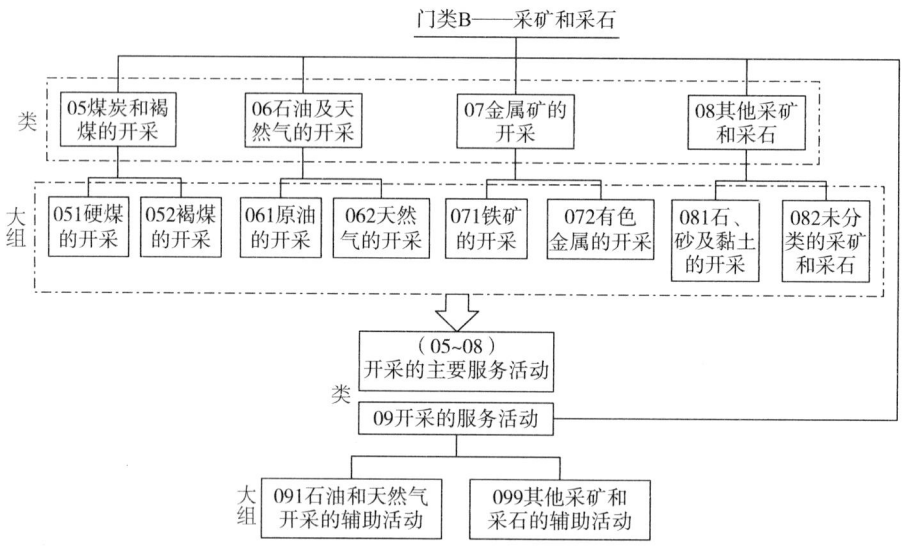

图4-2　门类B细分

其中，类05~08均属于对石油及天然气和其他矿产进行开采的主要服务活动，类09则属于对它们开采的辅助服务活动，包括了收费或合同基础上进行的采矿相关的专业化辅助活动。

通过上述分析可以认为，矿产勘探与评估活动可以部分划入类05~08。R&D（研究与开发）活动可以部分划入类09。但这里要注意的是，通过观察05~08下的组分类，并未包括评估活动的分类，同时也未涉及矿业权的交易活动（这需要在交易活动分类中进行研究），而这两个都应

第四章 知识产权产品核算对象的分类

是知识产权产品分类下"矿产勘探与评估"①需要核算的内容,原因是在"矿产勘探与评估"中,不仅有形的矿产品是商品,可以给所有者带来经济利益,探矿权、采矿权等无形资产作为凝聚了人的活劳动并用来交易的产品也是商品,可以在运动过程中实现增值,同样也可以给所有者带来经济利益。

(2) 门类C——制造业。制造业包括从事将材料、物质或成分经物理和化学处理后转化成新产品的活动的单位,但这并不能成为定义制造业的唯一通用标准,产品的实质性变化、革新或重建一般被认为属于制造业的范畴。其下包括农业、林业、渔业、采矿业或采石业以及其他行业制造活动的产品。由此可以认为,R&D(研究与开发)活动可以部分划入门类C下的类10~33中。原因是知识产权产品分类下的R&D(研究与开发)活动可以应用于上述任何一个行业中。通过对其下各类别的观察可以看到,类18中与"娱乐、文学和艺术原件"的复制品的生产活动相关。具体如图4-3所示。

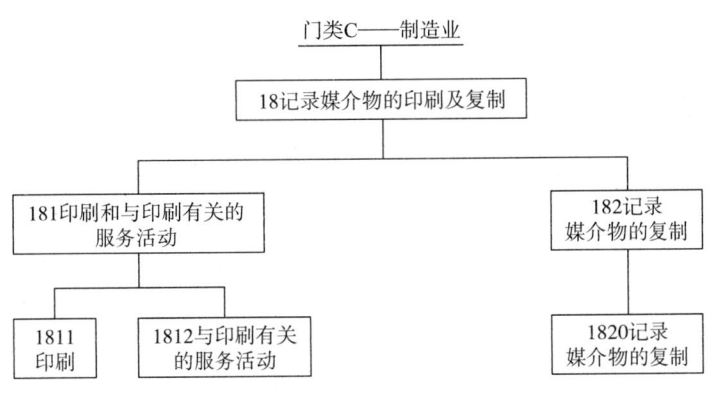

图4-3 门类C细分

---

① 事实上矿产勘探与评估一般是紧密联合在一起的,统称为矿产勘探。其主要活动包括勘探和圈定矿体总的分布并计算其储量、测定并研究矿石物质组成、试验研究矿石的选矿(或冶炼)加工技术性能、综合勘探和综合评价、勘探并研究矿区水文地质条件、矿床技术经济评价等。

类18包括书籍、期刊、报刊等产品的印刷，同时还涉及一些辅助活动，如制版服务和数据成像等。本类还包括记录媒介物的复制，如光盘、视频记录、光盘中的软件、磁带、唱片等。本类不包括出版活动（门类J），如软件的出版见5820类。尽管印刷和出版可由同一单位进行（如报纸），但在同一物理位置进行这些不同活动的情况越来越少。

由于类18是记录媒介物的印刷及复制，而"娱乐、文学和艺术原件"也正是记录或体现戏剧表演、广播电视节目、音乐表演、体育比赛、文学和艺术作品等影片、录音、手稿、磁带和模型等（蒋萍等，2014）。根据类18下的大组181和大组182，与其相关的应是大组182下的组1820（记录媒介物的复制）。本组包括：

1）将音乐或其他声音记录从母带复制到唱片、光盘和磁带上。
2）将电影或其他录像从母带复制到记录装置、光盘和录像带上。
3）将软件和数据从母带复制到磁盘和磁带上。

本组不包括印刷品的生产，见1811；软件的出版，见5820；电影、录像带和DVD影片或类似媒介的出版，见5911、5912和5913；用于影剧院放映的影片的复制，见5912；用于制作唱片或有声材料的母带的生产，见5920。

因此，门类C中包括了R&D的大部分生产，组1820包括了"娱乐、文学和艺术原件"中的一部分，是对其复制品的记录，其原件的生产不包括在此门类中。

（3）门类D——电、煤气、蒸气和空调的供应。这是所有知识产权产品生产活动所必需的，即知识产权产品生产的辅助活动应归类进门类D中。

（4）门类E——供水；污水处理、废物管理和补救活动。其下组3600（集水、水处理与水供应）既是知识产权产品生产活动所必需的，也是属于知识产权产品生产的辅助活动，归类进门类D中。

（5）门类H——运输和储存。与上述同理，门类H也是属于知识产权产品生产的辅助活动归类。

(6) 门类 J——信息和通信。这是 ISIC Rev. 4 的新建门类，目的在于将信息和文化产品的生产和配送活动结合起来；提供产品、数据或通信的传播手段；信息技术活动；数据处理和其他信息服务活动。对于信息和通信活动的新处理是建立在活动特征的基础上，因而是一致性更强的一种归类方法。本门类包括了从信息产生到传输的整个产业链角度进行分类。具体包括信息和文化产品的生产和发行，为传送或发行这些产品以及数据或信息提供的手段，信息技术活动，数据处理和其他信息服务活动。主要包括类 58——出版活动，类 59——电影、录像和电视节目的制作、录音及音乐作品出版活动，类 60——电台和电视广播，类 61——电信活动，类 62——计算机程序设计、咨询以及类 63——信息服务活动。以下仅对与知识产权产品相关的活动类别进行分析。具体结构如图 4-4 所示。

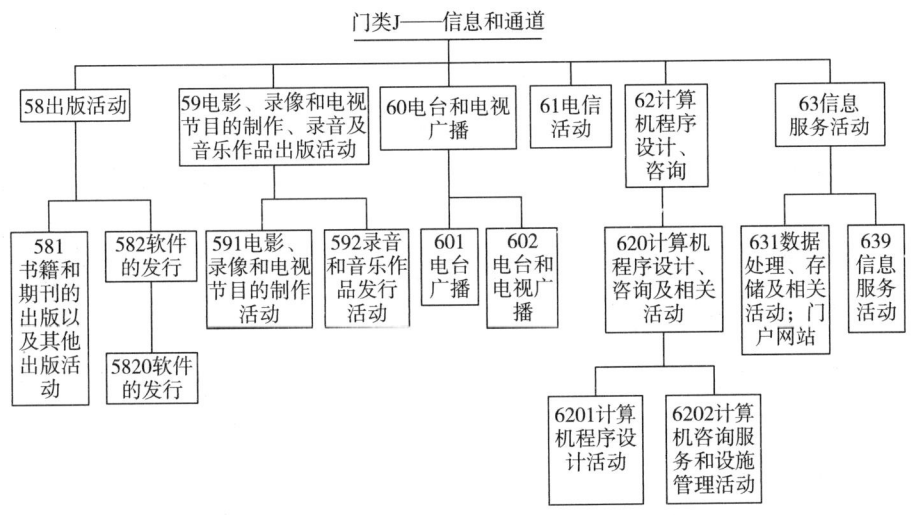

图 4-4 门类 J 细分

1) 类 58 包括书籍、报纸、杂志和期刊以及软件的出版。出版活动包括内容（信息产品）版权的获得，以及通过对该内容进行不同形式的复制和发行使广大公众能够享用。所有出版形式（印刷、电子或音频、网络、多媒体产品如 CD 参考书等）都包括在本类中，但动画片的出版除外。本类不包括动画片、录像带和 DVD 或类似媒体音像产品的发行（类 59）和唱片或音频资料原版磁带的制作（类 59）；也不包括印刷（见组 1811）和录像媒介的大量复制（见组 1820）。

类 58 下分大组 581 和大组 582。其中大组 581 指书籍和期刊的出版以及如照片、雕刻物等作品的出版和艺术作品的复制。这些作品是在发展中的智力创造，通常是有版权保护的。但不包括作家个人的活动（见组 9000），音乐书籍和未装订书籍的出版（见组 5920），此类包括了"娱乐、文学和艺术原件"中的原件生产。大组 582 指软件的发行，其组 5820 包括现成软件（非顾客定制的软件）的发行，如操作系统、商业应用软件和其他应用软件、用于所有平台的电脑游戏等。记录了其现成软件（非顾客定制的软件）的发行，但不包括软件的复制（见组 1820）。

2）类 59 包括电影、录像和电视节目的制作、录音及音乐作品出版活动。本类包括能直接在剧院放映或在电视上播放的戏剧和非戏剧电影的制作，还包括动画片和其他影制品发行权的买卖。还包括录音活动，如制作、发行、推销和销售原声带、发行音乐制品以及在制片厂或其他地方提供录音服务等。

类 59 下分大组 591 和大组 592。其中，大组 591 包括电影、录像和电视节目的制作活动，下分组 5911、组 5912、组 5913、组 5914。其中组 5911 包括电影、录像、电视节目或电视广告的出版，但不包括：为影剧院发行的电影的复制（见组 5912），声音录制和磁带书的录制（见组 5920），制作完整的电视频道节目以及电视广播（见组 6020），戏剧或艺术私人代理或代理机构的活动（见组 7490），向一般公众出租录像带、DVD（见组 7722）。组 5912 包括电影、录像和电视节目的后期制作活动以及电影资料馆等的活动，但不包括电影胶片复制（向影剧院发行的电影胶片复制除外）以及原版拷贝复制音像带、CD、DVD 盘（见组 1820），已录制的录像带、CD、DVD 的批发（见组 4649），录像带、CD、DVD 的零售（见组 4762），不属于电影制造业的胶片加工（见组 7420），自由演员、动画家、导演、舞台设计师及技术专家等的活动（见组9000）。组5913包括向影剧院、电视网络和电台及电影展举办方举行的影片、录像带、磁带、DVD和类似产品以及获得影片、录像带和DVD的发行权。组5914包括电影放映活动。

大组592包括录音和音乐作品发行活动，其组5920包括原版录音带的制作、录音室或其他地方的录音服务活动以及音乐作品的发行，如取得并注册音乐作品版权，推广、认可并通过录音、广播、电视、电影、直播节目、印刷媒体和其他媒体使用这些作品，把录音带销售给批发商、零售商或直接销售给公众。从事这些活动的单位可能拥有版权或代表版权所有者对音乐作品版权加以管理。不包括原版音乐复制品或其他录音带的复制（见组1820），录制的音频磁带和磁盘的批发（见组4649）。由此分析，组5920包括"娱乐、文学和艺术原件"中音乐产品原件的生产。

3）类60 电台和电视广播。包括编排节目内容或获得节目内容发布权，以及随后对节目内容进行播放的活动，还包括在预订或收费基础上为第三方进行的小范围节目制作（如新闻、体育、教育或面向年轻人的节目），包括节目制作后向公众播放。

类60下分大组601和大组602，其中大组602包括电台和电视广播，下分组6020包括完整电视频道节目的创作，如购买节目内容（如电影、纪录片等），自己制作电视节目内容（如本地新闻、体育直播），或两者兼有，不包括电视节目成分的制作（如影片、纪录片、商业片），见组5911。由此分析，组6020包括了"娱乐、文学和艺术原件"中电视节目原件的生产。

4）类61包括提供电信和相关服务活动，如传输语音、数据、文档、音频和录像。传输设施可能通过单一技术或综合技术来完成传输活动。本类中的活动有一个共同点，既传输内容，但不参与创作。包括611有线电信活动、612无线电信活动、613卫星电信活动、619其他电信活动。由此分析，类61包括了R&D和软件与数据库的传输活动。

5）类62 计算机程序设计、咨询及相关活动。包括下列在信息技术领域提供专门技术的活动，如软件程序的写作、更正、测试和支持；规划并设计能集成计算机硬件、软件和通信技术的计算机系统；对客户电脑系统或数据处理设施的实地管理和操作；以及其他与计算机相关的专业和技术活动。

类62下分大组620，其下分组6201、组6202、组6209。其中组6201包括为创制和使用某些软件（如系统软件、软件应用程序）进行必要的计算机结构和内容设计或计算机编码以及软件定制（如对已有的应用软件进行修改和配置），使之能在客户的信息系统环境中应用；组6202包括规划和设计能集成计算机硬件、软件和通信技术的计算机软件并为其使用者安装和培训，还包括对客户电脑系统或数据处理设施以及相关辅助服务的实地管理和操作。组6209包括未另分类的其他信息技术和相关计算机活动。由此分析，组6201包括了"计算机软件和数据库"中"计算机软件"的开发活动。

6）类63 信息服务活动。本类包括数据处理和保存活动，以及其他主要提供信息的活动。

类63下分大组631和大组639。大组631包括数据处理，存储及相关活动，其下分组6311、组6312。其中组6311包括数据处理活动（如对客户提供的数据进行完整处理、根据客户提供的数据编制专用报表）、提供数据输入服务和应用服务；组6312包括对门户网站的操作。大组639包括新闻机构的活动和其他已有的信息服务活动，其下分组6391和分组6399。由此分析，组6311包括了"计算机软件和数据库"中的"数据库"的处理活动。

（7）门类 M——专业、科学和技术活动。本门类包括各种专业和科技活动。主要包括类69——法律和会计活动；类70——总公司的活动，管理咨询活动；类71——建筑和工程活动，技术测试和分析；类72——科学研究与发展；类73——广告业和市场调研；类74——其他专业、科学和技术活动；类75——兽医活动。以下仅对与知识产权产品相关的活动类别进行分析。具体结构如图4-5所示。

1）类71 建筑和工程活动，技术测试和分析。本类涵盖建筑服务、工程服务、制图服务、建筑检验服务、调查与地图绘制服务，同时还包括物理、化学等的分析测试服务。其中包括地下勘查活动，但不包括与开采有关的试钻，见组0910和组0990。由此分析，组7100包括了矿产勘探与评估的评估活动。

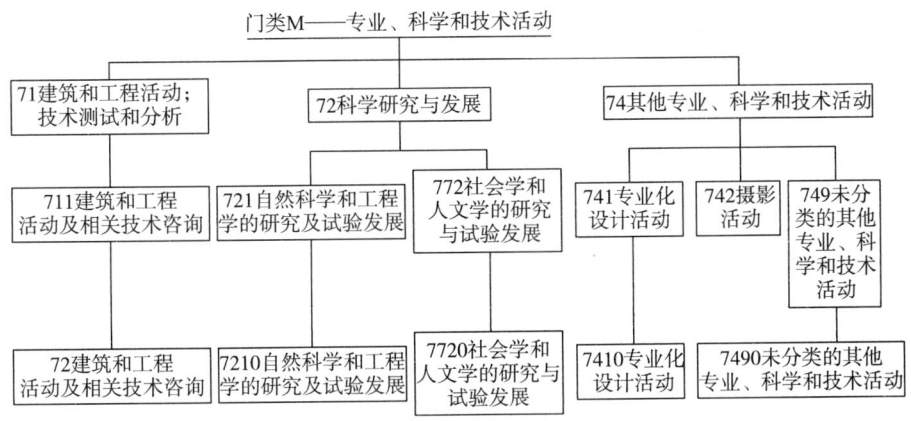

图4-5 门类M细分

2）类72科学研究与发展。本类包括三种研究与发展类型：一是基础研究。主要为获得有关现象和观测事实内在机理的新知识而进行的实验或理论工作，它不以具体的应用或现时使用为目的。二是应用研究。为获得新知识进行的原始研究，以具体的实用为主要目的。三是试验开发。利用从研究或实践经验中获得的现有知识进行的系统工作，目的在于生产新的材料、产品和设备，设置新的工艺、系统和服务并实际改进那些已生产或设置的东西。本类中的研究与试验发展活动主要分为自然科学与工程学、社会学与人文学两类。本类不包括市场调研（见组7320）。

类72下分大组721和大组722。其中大组721包括自然科学和工程学的研究及试验发展。下分组7210包括自然科学、工程技术、医学、生物技术、农业科学以及跨学科（主要是自然科学与工程学）的研究与发展。大组722包括社会学和人文学的研究与试验发展，下分组7220包括社会学、人文学和跨学科（主要是社会学与人文学）的研究与发展。由此分析，组7210和组7220包括了R&D（研究与开发）的研究与试验活动。

3）类74 其他专业、科学和技术活动。本类包括（除法律和会计活动、建筑与工程活动、技术测试和分析、管理与管理咨询活动、研究与发展活动以及广告活动之外的）其他专业、科学和技术活动。类74下分大组741、大组742、大组749。其中大组749下分组7490，包括未另分类的其他专业、科学和技术活动，如专利经纪活动（安排专利的购买和出售）；评估活动，但房地产和保险除外（古玩或珠宝等）。由此分析，组7490包括了"矿产勘探"评估活动。

（8）门类N——行政和辅助活动。本门类包括各种主要商业运营辅助活动。由于这些活动的主要目的不是转让专业知识，因此不同于门类M中的活动。主要包括类77——出租和租赁活动；类78——就业活动；类79——旅行社、旅游经营者、预订服务及相关活动；类80——调查和安全活动；类81——为楼宇和院落景观活动提供的服务；类82——办公室行政管理、办公支持和其他企业辅助活动。以下仅对与知识产权产品相关的活动类别进行分析。具体结构如图4-6所示。

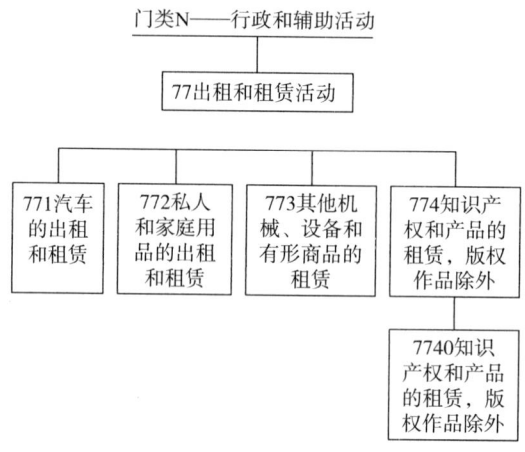

图4-6 门类N细分

由图 4-6 可以看到，只有组 7440 与知识产权产品活动相关。本组包括允许他人向知识产权产品和类似产品所有者（如资产所有者）支付版税或许可费用后而使用其产品的活动。对这些产品可进行各种形式的租赁，如再版许可，在后续加工或产品生产中使用，企业特许经营等。目前的所有者可能已经或还未创造出这些产品。具体包括知识产权产品的租赁（版权作品除外，如书籍或软件）。具体可以从下列使用中收取版税或许可费，如有专利权的实体、商标或服务商标、品牌名称、矿物勘探和评估以及特许经营协议。

本组不包括版权的获取与出版，见类 58 和类 59；生产、复制和发行版权作品（书籍、软件和胶片），见类 58 和类 59；有形产品（资产）的租赁，见大组 771、大组 772、大组 773；录像带和磁盘的租赁，见组 7722；书籍的租赁，见组 7729。

（9）门类 R——艺术、娱乐和文娱活动。本门类包括为满足公众的文化娱乐需求而经营的设施和提供的服务。主要包括类 90——艺术创作和文娱活动；类 91——图书馆、档案馆、博物馆及其他文化活动；类 92——赌博和押宝活动；类 93——体育、娱乐和文娱活动。以下仅对与知识产权产品相关的活动类别进行分析。具体结构如图 4-7 所示。

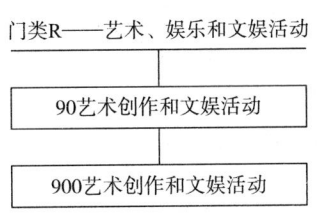

图 4-7 门类 R 细分

类 90 艺术创作和文娱活动。下分大组 900 包括艺术创作和娱乐活动，其下分组 9000，包括雕塑家、画家、漫画家、雕刻家及蚀刻家等的活动；所有体裁（包括小说创作和科技写作）作家的活动；艺术作品（如画作等）的修复；艺术作品与博物馆收藏品的修复等。由此分析，组 9000 包括了"娱乐、文学和艺术原件"中的艺术创作和娱乐活动。

根据上述对 ISIC Rev.4 现有结构的初步分析，大致可以将知识产权产品生产活动分别归入上述 9 个门类中。具体包括类别如表 4-4 所示。

表 4-4 依据生产过程，对知识产权产品所做的分类

知识产权产品分类		ISIC Rev.4 组	ISIC Rev.4 门类
R&D（研究与开发）		基于采矿行业的研发划入类 09 中	B
		基于不同制造行业的研发分别划入类 10~33 中	C
		基于自然科学和工程学的研究与试验发展划入组 7210 中	M
		基于社会学和人文学的研究与试验发展划入组 7220 中	M
		维持活动所提供的水、电等能源供应服务分别划入类 35~39	E,D
		提供运输和储存服务的分别划入类 49~53	H
		提供技术传输服务的划入类 61 中	J
		R&D 产品租赁划入组 7740	N
计算机软件与数据库	计算机软件	软件原件（非顾客定制的软件）的生产用于发行的划入组 5820	J
		软件原件（客户定制的软件）的生产不用于发行的划入组 6201	J
		软件复制品的生产划入组 1820	C
		维持活动所提供的水、电等能源供应服务分别划入类 35~39	E,D
		提供运输和储存服务的分别划入类 49~53	H
		软件的开发划入组 6201 中	J
		软件的安装和培训划入组 6202 中	J
		软件租赁划入组 7740	N
	数据库	数据处理活动划入组 6311	J
矿产勘探与评估		不同种类的矿产勘探活动分别划入 05~08 类	B
		矿产勘探评估活动划入组 7100	M
		维持活动所提供水、电等能源供应服务的分别划入类 35~39	E,D
		提供运输和储存服务的分别划入类 49~53	H
		矿产勘探与评估的租赁划入组 7740	N

续表

知识产权产品分类	ISIC Rev.4 组	ISIC Rev.4 门类
娱乐、文学和艺术作品原件	文学、艺术作品原件的复制划入组 1820	C
	艺术创作和文娱活动划入组 9000	R
	文学、艺术作品原件的租赁划入组 7740	N
	电视节目原件的生产划入组 6020	J
	音乐产品原件的生产划入组 5920	J
	电影、录像、电视节目或电视广告的出版划入组 5911	J
	书籍和期刊的出版划入组 581	J
	维持活动所提供水、电等能源供应服务的分别划入类 35~39	E, D
	提供运输和储存服务的分别划入类 49~53	H

上述对知识产权产品在各阶段的生产过程进行归类，以达到全面描述知识产权产品生产活动的目的，但是这里可能会存在两个问题：一是实际中这些活动可能会彼此交叉，要准确识别各阶段的活动并分离出来比较困难；二是即使都能识别并准确记录，也不能将其直接用于 SNA 对知识产权产品的核算，因为上述某些活动可能并不纳入核算范围内，至于不同的知识产权产品处理是不一样的，本书后文仅针对 R&D、软件与数据库的核算进行重点阐述。

针对上述问题，并基于任何统计分类都体现着一些理论原则同实际考虑之间的折中，下面将尝试通过对 ISIC Rev.4 现有结构内的各项不同级别的多项备选归并而加以解决。而这一思路也得到了 ISIC Rev.4 的认可，因为它也认为每一项备选归并都是为了满足某一类用户的需要，这些用户希望根据主要由用户确定的并且得到国际承认的标准总类提供按照 ISIC Rev.4 的数据。符合这一原则指导，本书所需要的正是能被国际承认又能按照 ISIC Rev.4 所提供的知识产权产品相关数据。在实施归并的过程中，为了便于后续数据的收集以及研究分析，有必要将生产过程的各个阶段（从原材料生产到制成品生产）与服务生产活动区分开来。另外，对市场生产、非市场生产和自产自用生产进行区分也很重要。

3. 知识产权产品的备选归并

这里要注意的是，对知识产权产品的备选归并要考虑两个问题：一是如何在ISIC Rev.4内将其进行归并，即上文提到的将其生产过程的各个阶段（从原材料生产到制成品生产）与服务生产活动区分开来；二是要注意其与我国分类体系的结合和对应，以达到立足于我国分类体系来收集知识产权产品活动数据。以下将针对上述两个问题进行两步归并：

第一步：在ISIC Rev.4内的归并。

尽管ISIC Rev.4中一些类和组中对知识经济下知识产权产品相关的所有活动已经做了说明，但是对于各组的解读和知识产权产品本身的界定仍未形成定论。以下将根据SNA（2008）对其内容的定义，在保持ISIC Rev.4原则不变的基础上在表4-4的基础上进行归并，具体如表4-5所示。

表4-5 知识产权产品分类归并

	生产过程活动（门类）	服务生产活动（门类）
R&D	B, C, E, D, M	H, J, N
计算机软件与数据库	J, C, E, D	H, N
矿产勘探与评估	B, M, E, D	H, N
娱乐、文学和艺术作品原件	C, R, J, E, D	H, N

第二步：ISIC Rev.4和GB/T4754—2011的归并。

两者分类结构对照如表4-6所示。

表4-6 中外标准的分类结构对照

分类层次	ISIC Rev.4		GB/T4754—2011	
	数量	编码	数量	编码
门类	21	A-U	20	A-T
大类	88	01~99	96	01~96
中类	233	011~990	396	011~980
小类	419	0111~9900	913	0111~9800

资料来源：《世界经济统计研究新动向及对中国的启示》。

第四章 知识产权产品核算对象的分类

由于我国在数据收集上一般是使用三次产业分类，因此在表4-6的基础上，本书引入三次产业分类进行对比，以更好地反映我国三次产业的发展情况，满足国民经济核算、服务业统计及其他统计调查对三次产业划分的需求。具体如表4-7所示。

表4-7 国民经济行业、国际标准行业、三次产业分类结构对照

三次产业分类	《国民经济行业分类》(GB/T 4754—2011)			《国际标准产业分类》(ISIC Rev.4)		
	门类	大类	名称	门类	类	
第一产业	A	01~04	农、林、牧、渔业	A	01~03（部分）	农业、林业及渔业
第二产业	B	06~10 12	采矿业	B	05~08	采矿业
	C	13~42	制造业	C	10~33（部分）	制造业
	D	44~46	电力、热力、燃气及水生产和供应业	D	35	电、煤气、蒸气和空调的供应
				E	36~39	供水；污水处理、废物管理和补救活动
	E	47~50	建筑业	F	41~43	建筑业
第三产业（服务业）	A	05	农、林、牧、渔服务业	A	01~016	农业及收获后的辅助活动
					02~024	林业辅助服务
	B	11	开采辅助活动	B	09	开采辅助服务活动
	C	43	金属制品、机械和设备修理业	C	18~181	印刷和与印刷有关的服务活动
	F	51~52	批发和零售业	G	45~47	批发和零售业；汽车和摩托车的修理
	G	53~60	交通运输、仓储和邮政业	H	49~53	运输和储存
	H	61~62	住宿和餐饮业	I	55~56	食宿服务活动
	I	63~65	信息传输、软件和信息技术服务业	J	58~63	信息和通信
	J	66~69	金融业	K	64~66	金融和保险活动
	K	70	房地产业	L	68	房地产活动

续表

三次产业分类	《国民经济行业分类》(GB/T 4754—2011)			《国际标准产业分类》(ISIC Rev.4)		
	门类	大类	名称	门类	类	
第三产业（服务业）	L	71~72	租赁和商务服务业			
	M	73~75	科学研究和技术服务业	M	69~75	专业、科学和技术活动
	N	76~78	水利、环境和公共设施管理业	N	77~82	行政和辅助活动（包括租赁和商务服务业）
	O	79~81	居民服务、修理和其他服务业	T	97~98	家庭作为雇主的活动；家庭自用、未加区分的物品生产和服务活动
				S	94~96	其他服务活动
	P	82	教育	P	85	教育
	Q	83~84	卫生和社会工作	Q	86~88	人体健康和社会工作活动
	R	85~89	文化、体育和娱乐业	R	90~93	艺术、娱乐和文娱活动
	S	90~95	公共管理、社会保障和社会组织	O	84	公共管理与国防；强制性社会保障
	T	96	国际组织	U	99	国际组织和机构的活动

根据表 4-7，继续对表 4-5 进行归并，得到如表 4-8 所示。

表 4-8 知识产权产品的中外标准归并

R&D	生产过程活动（门类）		服务生产活动（门类）	
	ISIC Rev.4	GB/T 4754—2011	ISIC Rev.4	GB/T 4754—2011
	B, C, E, D, M	B, C, D, M	H, J, N	G, I, N, L
计算机软件与数据库	J, C, E, D	I, C, D	H, N	G, N, L
矿产勘探与评估	B, M, E, D	B, M, D	H, N	G, N, L
娱乐、文学和艺术作品原件	C, R, J, E, D	C, R, I, D	H, N	G, N, L

根据表 4-8 可以得到我国相关知识产权产品的分类。目前，我国仅对 R&D 进行了分类和调查，具体分类如表 4-9 和表 4-10 所示，我国分别是从全部工业企业数据调查和重点服务业数据调查中收集 R&D 经费情况。

从表 4-9 和表 4-10 可以看到，我国目前对 R&D 的分类与上述分析

第四章 知识产权产品核算对象的分类

表 4-9 全部工业企业 R&D 经费情况

代码	R&D经费内部支出合计	(一)按活动类型分组			(二)按支出用途分组				(三)按资金来源分组				R&D经费外部支出	对境内研究机构支出	对境内高等学校支出	对境外支出
		1.基础研究支出	2.应用研究支出	3.试验发展支出	1.经常费支出 人员劳务费	2.资产性支出 ①土建工程		②仪器设备	1.政府资金	2.企业资金	3.境外资金	4.其他资金				
乙	1	2	3	4	5	6	7	8	9	10	11	12	13	14	15	16	17
甲、按国民经济行业大类分组																	
B 采矿业																	
07 石油和天然气开采业																	
11 开采辅助活动																	
C 制造业																	
13~42（注：具体门类此处略）																	
D 电力、热力、燃气及水生产和供应业																	
44 电力、热力生产和供应业																	
45 燃气生产和供应业																	
46 水的生产和供应业																	

资料来源：国家统计局国务院经济普查办公室。

表 4–10 重点服务业企业 R&D 经费情况

甲	代码乙	R&D经费内部支出合计	（一）按活动类型分组			（二）按支出用途分组				（三）按资金来源分组				R&D经费外部支出	对境内研究机构支出	对境内高等学校支出	对境外支出
			1.基础研究支出	2.应用研究支出	3.试验发展支出	1.经常费支出	人员劳务费	2.资产性支出	①土建工程	②仪器设备	1.政府资金	2.企业资金	3.境外资金	4.其他资金				
			1	2	3	4	5	6	7	8	9	10	11	12	13	14	15	16	17
三、按国民经济行业大类分组																		
G 交通运输、仓储和邮政业																		
53 铁路运输业																		
54 道路运输业																		
55 水上运输业																		
56 航空运输业																		
58 装卸搬运和运输代理业																		
59 仓储业																		
60 邮政业																		

第四章 知识产权产品核算对象的分类

续表

代码	R&D经费内部支出合计	(一)按活动类型分组			(二)按支出用途分组				(三)按资金来源分组				R&D经费外部支出	对境内研究机构支出	对境内高等学校支出	对境外支出
		1.基础研究支出	2.应用研究支出	3.试验发展支出	1.经常费支出 人员劳务费	2.资产性支出 ①土建工程		②仪器设备	1.政府资金	2.企业资金	3.境外资金	4.其他资金				
I 信息传输、软件和信息技术服务业																
63 电信、广播电视和卫星传输服务																
64 互联网和相关服务																
65 软件和信息技术服务业																
L 租赁和商务服务业																
71 租赁业																
72 商务服务业																
N 水利、环境和公共设施管理业																
76 水利管理业																

续表

代码	R&D经费内部支出合计	(一)按活动类型分组			(二)按支出用途分组				(三)按资金来源分组				R&D经费外部支出	对境内研究机构支出	对境内高等学校支出	对境外支出
		1.基础研究支出	2.应用研究支出	3.试验发展支出	1.经常费支出	2.资产性支出 人员劳务费	①土建工程	②仪器设备	1.政府资金	2.企业资金	3.境外资金	4.其他资金				
77 生态保护和环境治理业																
78 公共设施管理业																
R 文化、体育和娱乐业																
85 新闻和出版业																
86 广播、电视、电影和影视录音制作业																
87 文化艺术业																
88 体育																
89 娱乐业																

资料来源：国家统计局国务院经济普查办公室。

是基本一致的，但对比发现，主要存在两个不同：一是 ISIC Rev. 4 的大类 M——科学研究和技术服务业未被包括进去；二是我国将大类 R——文化、体育和娱乐业包括进来，而根据上述分析，R 是没有被包括进 R&D 的分类中的，在 ISIC Rev. 4 中它主要是对"娱乐、文学和艺术作品原件"的归类。也就是说，如果上述分析是对的，那么基于目前对 R&D 的统计数据就应进行重新调整。以下本书将继续通过对知识产权产品的交易活动分类进一步验证上述分析的准确性。

由上可以看到，ISIC Rev. 4 是经济生产活动的一个标准分类并尽可能与按单位组织的经济过程的方式联系在一起，也因此行业一般被定义为主要从事相同或类似经济生产活动的生产单位的总称，它重视的是生产阶段的活动，而事实上对一个活动的完整阐述不仅包括内部的生产活动，还有对外的交易活动。

（二）知识产权产品的交易活动分类框架

上述这种基于活动而进行的产业分类存在一个问题，就是它是基于单位内部实际所进行的生产活动，更多关注的是其产品生产的细节，必然忽略单位外部所进行的交易活动，尤其是对于服务类产品，随着地区间和国家间服务贸易联系的加深，其交易的广度不仅发生在企业内部和国内各单位之间，更多地向企业外部和国外扩展。因此，在按产品活动进行分类时，不仅要考虑内部生产活动，即根据《所有经济活动的国际标准产业分类》（ISIC）对知识产权产品的生产活动特征进行分类，也要综合考虑外部交易活动，又由于知识产权产品归属于产品的服务类下，所以对其交易活动分类应根据现行服务统计体系进行研究。相关的主要统计架构包括国民经济核算体系（SNA）、第六版《国际收支手册》（Balance of Payments Manual，BPM）及《服务贸易总协定》（General Agreement on Trade in Service，GATS）、2010 年版《国际服务贸易统计手册》（Manual on Statistics of International Trade in Services，MSITS），然而上述手册大多是基于常住单位与非常住单位之间的服务贸易进行的指导，对于本国常住单位之间的交易却没有阐述。原因在于，常住单位之间的交易是一国经济体内部的行为，因此它影响的只是不同机构单位之间的分配，对于一国经济总体是不受影响的，只有常住单位与非常住单位之间的交易才会对一国经济总体产生影响，后者随着国家间经济往来的频繁已经变得越来越重要。但是即使如此，本书还是有必要首先对常住单位之间的交易进行简要的描述，其原因在于对内部交易活动的深入理解将有助于在一国经济体内部从产业关联的角度，将 R&D 活动与相关产业结合起来进行细化分类。

1. 常住单位之间的交易

SNA（2008）认为，交易是机构单位从事生产、消费、积累三种经济活动中所出现的流量。根据 SNA 的定义，交易可分为货币交易和非货币交易，其中，货币交易又可分为有对应物的交易、没有对应物的交易、分割交易；非货币交易又可分为双边交易和内部交易。其中，没有对应物的交易属于转移。转移既可以是货币转移，也可以是非货币转移（许宪春，1998）。如果转移采取货币形式时称为现金转移，采取非货币形式时称为实物转移。SNA（2008）还根据是否会发生资产所有权的转移或导致一方或双方有义务获得或处置其资产，将转移进一步区分为经常转移和资本转移。它们都既可以是现金转移也可以是实物转移。如资本税和投资补助金就是资本转移，所得税和社会福利就是经常转移。具体分类如图 4-8 所示。

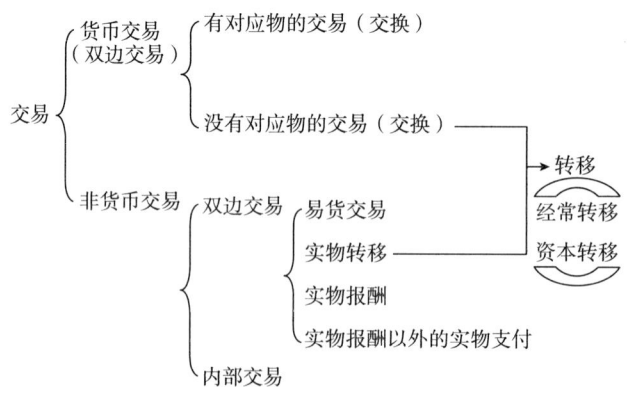

图 4-8 交易分类

根据上述交易分类,可进一步对知识产权产品的交易在不同情况下所表现出的不同形式进行分析,具体如表4-11所示。

表4-11 知识产权产品的交易分类

货币交易		非货币交易				
		双边交易				
有对应物的交易	没有对应物的交易	易货交易	实物转移	实物报酬	实物报酬以外的实物支付	内部交易
A单位购买B单位生产的知识产权产品	政府或非营利机构免费将现金转移给生产知识产权产品的B单位	A单位将自己拥有的某种资产与B单位生产的知识产权产品交换	B单位将生产的知识产权产品免费提供给A单位	B单位将生产的知识产权产品免费或减价的方式提供给其雇员	B单位将生产的知识产权产品以实物报酬以外的实物支付给其雇员	B单位中的H部门将生产的知识产权产品提供给E部门

表4-11分析可以看到,实物报酬和实物报酬以外的实物支付的交易也类似于机构单位内部交易,不影响常住单位之间的交易,因此可排除在外。由此可见,知识产权产品的内部交易活动只可能发生在货币交易和除实物报酬和实物报酬以外的实物支付交易外的双边交易。

2. 常住单位与非常住单位之间的交易

国民账户体系中专门设置了反映国内机构单位与国外之间发生经济往来的对外交易账户,在这个账户内设有"货物和服务对外账户",分别记录货物贸易和服务贸易,从而揭示一国在对外经济活动中货物和服务的得失,为对外经济政策的调整提供依据。随着近年来服务贸易成为对外贸易活动的"后起之秀",开始在对外经济往来中占有越来越重要的地位。由于常住单位与非常住单位之间的服务交易一般称为国际服务交易,而国际服务交易在实际工作中往往被称为服务贸易①，因此，为了进一步准确记录国际服务交易的流量，以及服务交易所引起的资产和负债的存量变化，由联合国、欧洲共同体、国际货币基金组织、经济合作与发展组织、联合国贸易和发展会议、世界贸易组织6个组织在原则保证与SNA（2008）、第六版《国际收支手册》（BPM6）一致的基础上，编制了2010年版《国际服务贸易统计手册》（MSITS 2010），以更加全面和更加协调一致的办法解决了与服务交易有关的统计问题的需求，得到了广泛应用。

基本上MSITS 2010与SNA（2008）对服务的定义是相一致的，即服务是一项生产活动的成果，它改变了消费单位的状况，或是促进了产品或金融资产的交换，这两类服务分别称为促成改变的服务和增值服务。前者是订制产出，通常由生产者按照消费者的需求进行活动，从而改变消费单位的状况，也可称为转化服务，这种服务不是独立实体，不能确定其所有权，不能脱离生产单独地进行交易，待到生产完成时，服务必然已经提供给消费者。SNA（2008）的6.18～6.19进而对这类服务的表现形式做了描述，即包括改变消费品的状况、改变消费者身体的状况以及改变消费者精神的状况三种形式。这些改变可能是暂时的，也可能是永久的。由于服务是按照消费者的要求来生产，改变通常被视为一种改善。这种改善不是属于生产者的独立实体，而是往往体现在消费者自身或其所有的货物当中，因此生产者无法将这种改善作为存货持有，也不能脱离生产而单独交易。对于后者，SNA（2008）的6.21提出，在某一机构单位的协助下，货物、知识产权产品、某些服务或金融资产的所有权在另外两个机构单位之间发生改变，即形成增值服务。这类服务类似于促成改变的服务，同样也不是独立实体，不能确定其所有权，也不能脱离生产而独立交易，待到生产完成时服务必定已经提供给消费者。但是SNA（1993）中也提出了一种特殊的服务，即有这样一组产业部门，它们生产的产出具有货物的许多

---

① Department of Economic and Social Affairs, Manual on Statistics of International Trade in Services 2010 (MSITS 2010) [M]. Paris: OECD publishing, 2010, 36 – 37.

特征，它们是最广泛意义上的供应、储存、交流和传播信息、咨询意见和娱乐的产业部门，它们是生产一般或专业信息、新闻、咨询报告、计算机程序、电影音乐等的产业部门，这些产业部门的产出可以确定所有权，经常储存在有形物体——纸、磁带、软盘等之中，它们像普通货物一样可以进行交易，无论定性为货物还是服务，这些产品都具有基本的共同特征，可以由一个单位生产并供应给另一个单位，因此使劳动分工和市场的出现成为可能。SNA（2008）进而将上述这些服务分别归入"娱乐、文学和艺术原件"和"计算机软件和数据库"类别下，并统一称为知识产权产品，划分在服务类产品下。由此，我们可以根据《国际服务贸易统计手册》（MSITS 2010）（以下简称《手册》）对知识产权产品的外部交易进行分类。

（1）知识产权产品外部交易的地理位置识别。针对这一点，《手册》原则上是根据SNA（2008）中对常住性的识别进行判断。SNA（2008）在新修订的内容中，一是提出了对于跨领土企业常住单位性质的确认，这将有助于扩展服务贸易的核算。在此之前的版本，即SNA（1993）对此没有提出指导性的意见。而在SNA（2008）中明确提出，尽管这类公司在多个经济领土内从事实质性的活动，但由于其活动一般是无法分割、无分立账户或无独立决策能力的活动，因此不能拆分为不同的分支机构。如果无法将其视为分支机构，应将其活动在各个独立的经济领土内按比例分配。根据BMP6，具体的分配比例应根据可反映真实贡献程度的一些可获得的信息进行，如产权比例、共同分担或工资水平等。这一变化的实施将会影响国际合作和交易规模较大国家的相应核算指标，包括各国GDP等经济总量指标。二是将外国控股公司确定为两个机构部门（金融公司和非金融公司）的分部门，其定义相对《手册》更宽泛，SNA（2008）认为，非常住者的投票所有权在10%~50%的某些"联合企业"属于外国控股企业（例如，对于董事会或其他理事机构的控制，对于重要人员的任命和解职的控制，或是对于公司重要委员会的控制），而《手册》则建议重点关注由多数所有权控制下的企业。换言之，《手册》建议将联合企业排除在外。

由此可见，依据 SNA（2008）的定义，国外分支机构统计涵盖的企业是外国控股企业的一部分。《手册》将国外分支机构统计系统定义为控制多数所有权，即在所有权链的各个环节均拥有超过 50% 的投票权，并提出了在不同所有权结构下如何确定统计范围。

（2）知识产权产品外部交易的服务内容分类。由于本书所研究的知识产权产品属于服务类产品，因此以下仅对常住单位与非常住单位之间的服务交易内容进行研究。根据《手册》第三章对居民和非居民之间的服务贸易所做的论述，其中最为启示性地提出了以《国际收支与国际投资寸头手册》第六版（BPM6）的框架为基础所构建的《2010 年国际收支服务扩展分类》（EBOPS 2010），为本部分的后续研究提出了方向性的指导。

《2010 年国际收支服务扩展分类》（EBOPS 2010）是按服务类型划分的详细交易分类体系，在这个分类体系中提出了比 BPM6 更多的细目，反映出人们已经认识到服务贸易的需求主要是为满足《服务贸易总协定》所开展的贸易谈判的需求，以及服务在全球化研究中的重要性。《手册》提出，编制人员应当依据 EBOPS 2010 的说明，对服务内容进行分类，以便反映出各项服务内容对于本国经济体的经济重要性。而 EBOPS 2010 中统计的范围则取决于《国际收支与国际投资寸头手册》第六版提出的服务内容的范围，共包括 12 个服务类别：①对他人拥有的有形投入进行的制造服务；②别处未包括的保养和维修服务；③运输；④旅行；⑤建筑；⑥保险和养恤金服务；⑦金融服务；⑧别处未包括的知识产权使用费；⑨电信、计算机和信息服务；⑩其他商业服务；⑪个人、文化和娱乐服务；⑫别处未包括的政府货物和服务。EBOPS 2010 在上述基础上，提供了进一步详细分类，并收录了多个增补项目和补充分组，其中某些内容超出了服务贸易类目。①《手册》还提出，假如统计编制国选择在《国际收支服务扩展分类》类别的基础上进一步分类，则应尽可能遵循《产品总分类》

---

① 《国际收支与国际投资寸头手册》第六版中的某些增补项目是《2010 年国际收支服务扩展分类》的标准项目，这是由于后者的分类更为详细。

第二版（CPC Ver. 2）。虽然，EBOPS 2010 与 BPM6 都是主要以产品为依据对服务进行分类，在大多数情况下，都可以从 CPC Ver. 2 所载的国际产品分类的角度进行阐述，但是，EBOPS 2010 中仍有多项内容无法与 CPC Ver. 2 建立对应关系，这些领域分别是旅行、建筑以及别处未包括的政府货物和服务，原因是 EBOPS 2010 中的这三个领域强调货物和服务的交易方或消费模式，而不看重消费产品的类型，即它是以交易商或消费模式为分类基础，而不是按照产品分类。本书对此不再做进一步解释，仅对与知识产权产品相同的服务分类进行研究，即仅对⑧（别处未包括的知识产权使用费）、⑨（电信、计算机和信息服务）、⑩（其他商业服务）和⑪（个人、文化和娱乐服务），这四个服务内容进行重点分析。EBOPS 2010 对上述四个分类细目以及相关的补充分组如表 4-12 所示。

1）别处未包括的知识产权使用费。这与 BPM6 的分类是一致的。它主要包括了两部分的内容，即专利权使用费（如专利、商标、版权、工业程序等）和复制和/或销售蕴含在产品原件或原型当中的知识产权的许可费（如书籍和手稿版权、计算机软件、电影作品以及相关权利，如电视和卫星转播的权利）。但在对第一部分产品价值的识别上较为困难。原因是这些专卖权收费、商标收益、购买品牌使用权等项都包含了财产收入（将非金融、非产出资产交由另一机构处置）和服务内容（如技术支持、产品研究、市场推广和质量控制等动态过程），理论上，应将收入项目和服务项目区分开来，只记录服务项目。但这样做并非普遍可行，一般是采取惯例，即将全部价值划归知识产权使用费。但假如可以得到分类所需的更多资料，最好进行分类处理。EBOPS 2010 在 BPM6 分类的基础上，对"别处未包括的知识产权使用费"进一步分类，由此得到了表 4-12 中的分类细目：其中 8.1 专卖权和商标许可费，包括为使用商标和专卖权而支付的所用款项和收费；8.2 研发成果使用许可，包括源自研发的专利权的使用费和收费；8.3 复制和/或销售计算机软件许可，包括（通过许可协议）特许复制和/或销售产出的软件原件的费用。这里所指的销售不是批发和零售。个人或企业购买、用于个人使用的计算机软件包副本的销售，不属

表4-12 部分2010年国际收支服务扩展分类细目

一级分类	二级分类	2010年国际收支服务扩展分类(EBOPS 2010)		
		三级分类	四级分类	五级分类
8 别处未包括的知识产权使用费	8.1 专卖权和商标许可费			
	8.2 研发成果使用许可			
	8.3 复制和/或销售计算机软件的许可			
	8.4 复制和/或销售音像产品及相关产品的许可	8.4.1 复制和/或销售音像产品的许可		
		8.4.2 复制和/或销售其他产品的许可		
9 电信、计算机和信息服务	9.1 电信服务			
	9.2 计算机服务	9.2.1 软件服务	9.2.1.a 软件原件	
		9.2.2 其他计算机服务		
	9.3 信息服务	9.3.1 通讯社服务		
		9.3.2 其他信息服务		

续表

2010年国际收支服务扩展分类（EBOPS 2010）

一级分类	二级分类	三级分类	四级分类	五级分类
10 其他商业服务	10.1 研发服务	10.1.1 系统开展的旨在大知识存量的工作	10.1.1.1 提供订制及非订制研发服务	
			10.1.1.2 出售源自研发的专利权	10.1.1.2.1 专利
				10.1.1.2.2 源自研发的版权
				10.1.1.2.3 工业程序和工业设计
				10.1.1.2.4 其他
		10.1.2 其他		
	10.2 专业和管理咨询服务	10.2.1 法律、会计、管理咨询和公共关系服务		
		10.2.2 广告、市场研究和民意调查服务	10.2.2.1 会议、博览会和展组织服务	
	10.3 技术服务、贸易相关服务和其他商业服务	10.3.1 建筑、工程、科学和其他技术服务		
		10.3.2 废物处理及消除污染、农业和采矿服务		
		10.3.3 营业租赁服务		
		10.3.4 与贸易有关的服务		
		10.3.5 别处未包括的其他商业服务	10.3.5.1 就业服务，即人员的研究、安置和供应服务	

续表

2010年国际收支服务扩展分类（EBOPS 2010）

一级分类	二级分类	三级分类	四级分类	五级分类
11 个人、文化和娱乐服务	11.1 音像服务和相关服务	11.1.1 音像服务	11.1.1.a 音像原件	
		11.1.2 艺术相关服务		
	11.2 其他个人、文化和娱乐服务	11.2.1 保健服务		
		11.2.2 教育服务		
		11.2.3 遗产和娱乐服务		
		11.2.4 其他个人服务		

20.0 年国际收支服务扩展分类（部分补充分组）

C.1 音像交易
其中：C.1.1 音响产品使用许可
C.2 文化交易
C.3 计算机软件交易
其中：C.3.1 计算机软件产品使用许可

资料来源：EBOPS 2010。

于销售许可范围。个人或私人使用的软件的销售属于计算机服务项目。通过有形媒介出售的、享有永久使用权的软件属于货物；8.4 复制和/或销售音像制品及相关产品许可，这个项目可进一步细分为如下两部分：

①复制和/或销售音像制品许可，包括通过许可协议，特许复制和/或销售产出的音像制品原件或原型（如电影作品和录音）的费用和收费。此外还包括与复制和/或销售现场表演录音以及广播、电视、光缆和卫星转播有关的权利。体育赛事的转播权也包括在内。补充分组音像交易提供了关于音像制品的更多资料。

②复制和/或销售其他产品许可，包括通过许可协议，特许复制和/或销售作家、画家、雕塑家等人原作（如翻译权）的费用和收费，与音像制品有关者除外。

在此基础上，《手册》还论述了没有列入表 4-12 中的知识产权产品。具体如下表 4-13 所示。

表 4-13　知识产权产品及其处理方法

	知识产权的使用		知识产权所有权的买卖
专卖权和商标	别处未包括的知识产权使用费		资本账户国际收支
研发成果	别处未包括的知识产权使用费		研发服务
计算机软件产品、音像制品及相关产品	除复制和销售外的使用许可	复制和/或销售许可	
（a）各种类型的订制产品	相关服务项目		
（b）下载或通过其他电子方式递送的非订制产品	相关服务项目	别处未包括的知识产权使用费	相关服务项目
（c）通过定期缴纳许可费的有形媒介提供的非订制产品	相关服务项目		
（d）通过享有永久使用权的有形媒介提供的非订制产品	货物		

资料来源：EBOPS 2010。

表4-13中：a. 包括了相关知识产权的经济所有权发生整体变更，卖方对于相关知识产权不再享有任何权利或义务；以及知识产权的第二次及后续无条件出售。b. 包括的一种情况是在提供具体产品的同时提供了蕴含其中的知识产权的使用权，但不得复制以用于继续销售。这种交易应划归相关的货物和服务项目。c. 包括的一种情况是复制和/或销售知识产权的权利由其所有者授权。d. 相关项目属于计算机服务或音像制品及相关产品，视所提供内容的性质而定。

例如，大规模生产、个人购买后用于安装在一台计算机上的软件包副本的买卖可以得到使用许可，不包括复制和销售；按照产品的不同（见表4-13）关于软件的举例b、c和d，这种情况可以记录在货物或服务项目下。假如生产商购买相关权利，有权将软件安装在其生产的计算机上，相当于购买了复制和/或销售许可（原件所有者提供的知识产权的使用费）。

通过对表4-12和表4-13的进一步比较可以看到：

表4-12显示出，大部分知识产权产品的生产一般都要经过两个阶段（如书籍、电影、软件等物品的生产）：首先是创造原件，而后是生产并使用原件的副本。第一阶段的产出是原件本身，可以通过版权、专利或保密状态来确定其法律所有权或实际所有权。资产所有者可以直接利用原件来生产副本，让购买者得到使用权。或者，所有者可以授权其他生产商复制和销售其中内容。而对于后一种情况的处理是相对复杂的。原因是资产所有者授权其他生产商复制和销售其中内容一般是以接受许可方的支付为补偿的，而在实际中支付的款项可以有多种名称，如使用费、手续费或版税。为有效解决这一问题，表4-13进而对知识产权产品流通的处理方式做了说明。如临时性使用权就属于为知识产权使用所支付的使用费，归入"别处未包括的知识产权使用费"中，但专利、有关研发成果的版权以及工业程序和工业设计的无条件出售则是属于研发服务，不应归入"别处未包括的知识产权使用费"中。

由此，我们可以判断表4-12中的"别处未包括的知识产权使用费"项目下的二级分类8.2研发同8.3和8.4的软件、音像制品及相关产品类别之间存在着处理方式上的不同。原因是，理论上研发的副本是可以永久性地出售的，但仅限于用户自用，这样做是可行的，虽然可能性不大。这就类似于买家可以购买软件和音像制品及相关产品的副本，但仅限于买家自用（使用许可但不包括复制和出售）。不同的是，付款购买研发相关产品的副本的使用权，应属于研发成果使用许可，归入"别处未包括的知识产权使用费"中，而只有当研发成果被购买时才应归入"研发服务"中。这一点是与付款购买软件或音像制品及相关产品不同的，他们应视所提供内容的性质而定（具体处理见表4–13中的相关项目d）。

2）电信、计算机和信息服务。其中计算机服务和电信服务是按服务性质确定的，而不是按提供服务的方式。例如，某些服务即使是通过计算机或互联网来提供的，但却可能隶属于其他商业服务项目下的相应分项下；还有下载内容也属于其相关服务项目。由于电信服务不属于知识产权产品相关核算内容，此处不做解释。

①计算机服务。它包括硬件及软件相关服务和数据处理服务，其下分为软件服务和其他计算机服务两个子类。表4–13对于软件产品及其相关知识产权使用费的各种不同安排做了分类处理。从表中可以看出，某些形式的软件属于货物。以下对软件服务作进一步分析。

a.1——软件服务。软件包括普通商业生产软件、计算机游戏软件和其他应用软件。具体包括五大类：一是出售订制软件（无论其提供方式如何）和相关使用许可；二是开发、生产、供应和编写按照具体用户要求制作的订制软件，其中包括操作系统；三是（大规模生产的）非订制软件，可以下载或通过其他电子方式提供，无论是定期支付许可费还是一次性支付；四是通过磁盘或CD–ROM等存储装置提供的、需要定期缴纳许可费的（大规模生产的）非订制软件的使用许可；五是软件系统及其应用的原件和所有权的买卖。但是，存储装置中的、提供永久使用许可的非定制软件不属于服务，而是普通商品。考虑到国民账户体系核算，最好能分别确定计算机软件原件会有所帮助。

EBOPS 2010提出了一个补充分组——计算机软件交易，其中包括涉计算机软件的所有交易，无论是服务交易还是货物交易（见第3.292段至第3.293段），其目的是利用这一补充分组进一步细分统计编制经济体，推进其与《产品总分类》第二版的兼容。EBOPS 2010的每个补充分组均配备有服务（或货物）项目清单，说明相关交易应划归哪些项目下。但这并不意味着全部交易项目都应列入补充分组，也不代表其他相关交易不能列入其他项目下。

根据表4-12，EBOPS 2010补充分组C.3计算机软件交易包含了与计算机软件货物和计算机软件服务有关的交易。从这个意义上讲，它包括属于如下类别的交易：

·计算机软件服务；

·复制和/或销售软件的许可；

·上述项目以外的计算机软件货物（清单中的项目定义应该与服务类别中的产品定义保持一致）。

具体而言，计算机软件交易包括了出售订制软件（无论提供方式如何）和相关使用许可；开发、生产、供应和编写订制软件，其中包含满足具体用户需求的操作系统；下载或通过其他电子方式递送的非订制（大规模生产）软件，无论需要定期缴纳使用费还是一次性付费；通过物理介质提供，并且需要定期缴纳使用费的非订制（大规模生产）软件；软件系统及应用系统的原件和所有权的买卖；复制和/或销售成品计算机软件中蕴含的知识产权的许可费；以及通过物理介质提供，并且享有永久使用权的非订制软件。如果考虑到国民账户核算的需求，最好能分别确定所有各项计算机软件产品使用许可，因此在软件服务分类下又增加了9.2.1.a软件原件的分类。

a.2——其他计算机服务。它主要包括以下九类：一是硬件及软件的咨询和安装服务，包括分包计算机服务管理；二是硬件及软件的安装，包括主机和中央计算器的安装；三是计算机及周边设备的保养和维修；四是数据恢复服务，就计算机资源管理事项提供咨询和协助；五是分析、设计和编写为客户提供即可使用的系统（包括网页的开发和设计），与软件有关的技术咨询；六是系统养护和其他支持服务，如开展培训，作为咨询的一部分；七是数据处理和数据托管服务，如数据输入、制表和分时处理；八是网页托管服务（在互联网上提供服务器空间，接纳客户的网页）；九是提供应用软件、接纳客户的应用软件以及计算机设施管理。

这里要注意的是，并非针对具体用户制订的计算机培训课程和不配备操作人员的计算机租赁不属于计算机服务（前者属于教育服务项目下的其他个人、文化和娱乐服务，后者属于营业租赁服务）。复制和/或销售软件的许可费也不包括在内，而是属于别处未包括的知识产权使用费。

②信息服务分为通信社服务和其他信息服务两部分，其中通信社服务包括向媒体提供新闻、图片和专题报道；而其他信息服务包括数据库服务，如构建数据库、数据存储以及数据和数据库的传播（目录和邮件地址清单），传播方式包括在线传播、磁力、光学和印刷媒体以及网络搜索门户网站（包含在客户输入关键词查询后为其寻找互联网地址的搜索引擎服务）。此外还包括其他在线内容提供服务等其他方式。这里要注意的是，除软件、音像制品及相关产品以外的其他下载内容均属于信息服务。由此分析，数据库服务属于其他信息服务分类下。

3）其他商业服务。EBOPS 2010 中的其他商业服务与 BPM6 的相关内容完全一致，只是分类更加详细。EBOPS 2010 提出了三个分项：一是研发服务；二是专业和管理咨询服务；三是技术服务、与贸易有关的服务和其他商业服务。此外还提出了多个细目，下面仅对与知识产权产品交易相关的分项——研发服务做进一步分类，另外两个分项此处不做解释。但要注意的是在"技术服务、与贸易有关的服务和其他商业服务"项目中所提到的营业租赁和金融租赁的区别。在金融租赁中，承租人要承担大部分或全部的所有权风险和利益，虽然法定所有权仍归物主所有，但经济所有权发生变更。金融租赁类似贷款，从这个意义上讲，相关交易不属于服务。这有可能涉及与知识产权产品相关的租赁行为，由此加以特别指出。

研发服务，是指同新产品及新程序的基础研究、应用研究和实验开发有关的服务，涉及物理科学、社会科学和人文科学方面的活动。此定义与 CPC Ver. 2 采用的研发服务的定义，相较《弗拉斯卡蒂手册》（Frascati Handbook）[①] 的定义要更为宽泛一些（SNA 借用后者来界定资本形成规模）。《手册》采用的这一定义还包含可能形成专利的其他测试和其他产品开发。为反映出它与 SNA（2008）涵盖范围上的差异，EBOPS 2010 建议将研发服务划分为两个亚组：即系统开展的旨在扩大知识存量的工作（反映出 SNA 所指研发服务的范围）和其他（包括别处未包括的测试和其他产品/程序开发活动，此处不做进一步解释）。

其中系统开展的旨在扩大知识存量的工作可进一步分为两部分：

①提供订制及非订制的研发服务：是指提供订单式研发服务（订制）以及开展非订制的研发服务，专利权的出售以及复制或使用许可的出售不包括在内。原因是，复制和使用研发成果的许可应列入别处未包括的知识产权使用费的相关类别。在实际工作中，要彻底区分购买复制许可和出售专利权，可能会很困难，这是由于在某些情况下，前者表示出售专利权。

②出售源自研发的专利权：其涉及专利、源自研发的版权、工业程序和工业设计（包括商业秘密）以及其他。技术研究和咨询工作不包括在内，这两者均属于专业和管理咨询服务。

4）个人、文化和娱乐服务。其下包含两个部分，即音像和相关服务；其他个人、文化和娱乐服务（此处不做进一步解释）。

音像和相关服务，是指与音像活动（电影、音乐、广播和电视）有关的服务以及与表演艺术有关的服务。相比 CPC Ver. 2 中的组 961（音像和相关服务），这个项目在 EBOPS 2010 当中的覆盖范围更为宽泛。在 EBOPS 2010 当中，音像和相关服务进一步分为音像服务和艺术相关服务。其中艺术相关服务与知识产权产品服务内容无关，此处不做说明。以下仅就音像

---

① 经合组织《弗拉斯卡蒂手册：研究和实验开发调查标准建议》（巴黎，2002 年）提出了收集和利用研发统计数据的方法，并成为一项国际公认的标准。

服务做一说明。

音像服务，指无条件买卖或可以永久使用的、大规模生产的音像制品（电影和音乐，包括现场表演的录制），凡下载内容（通过电子传输），均属于音像服务。但以 CD-ROM、光盘等为介质的内容超出了 EBOPS 2010 标准类别的范围属于普通商品。通过使用许可获取（而不是让渡永久使用权）的类似产品属于音像服务，同音像介质有关的其他在线内容也属于这一类别。但是，复制和/或销售音像产品的收费或许可不在音像服务之列，而是属于别处未包括的知识产权使用费。广播和电视播出内容原件、录音、电影、录像带、广播和电视节目原件等娱乐项目的所有权的买卖也包括在内，可以通过版权来确定其法定所有权或实际所有权。表 4-13 概述了与 EBOPS 2010 所述的音像服务有关的知识产权以及其他类型知识产权的处理方法。确定音像制品原件是很有帮助的，这些产品的资料可以协助国民账户的编制人员和分析人员。这里要注意的是大规模生产的艺术相关产品（如书籍）以及文学或其他艺术原件所有权的买卖（不包含音像品类）与上述音像产品应享有同等待遇，即属于音像服务。出售专属权（如出版商独家出版某位作者的文学作品）的相关交易不包括在内（专属权被视为一项资产，是日后生产的合约，款项记入资本账户）。

为了满足分析人员要求了解与音像活动有关的各种交易的信息需求，EBOPS 2010 提出了补充分组 C.1 音像交易，它包含与具备音像内容的产品（货物和服务）有关的所有国际交易。其中包含如下交易：

a. 音像服务；

b. 复制和/或销售音像产品的许可；

c. 不属于上述项目的音像货物，清单上的货物定义应与服务类别中的产品定义保持一致。

因此，音像交易包含订制、原件或大规模生产的录制品，以及采用物理介质（CD-ROM、光盘等）或通过电子方式提供的其他娱乐或艺术产品，无论是无条件买卖、给予永久使用权还是缴纳定期许可费。

根据表 4-13 可以进一步归并得到知识产权产品的分类，具体如表 4-14 所示。

表 4-14 根据交易方式，对知识产权产品所做的分类

	EBOPS 分类
R&D	R&D 使用许可归入 8.2 提供订制和非订制 R&D 服务归入 10.1.1.1 R&D 专利权的出售归入 10.1.1.2
计算机软件与数据库	复制和/或销售计算机软件的许可归入 8.3 软件原件服务归入 9.2.1.a 计算机软件产品使用许可归入 C.3.1
矿产勘探与评估	采矿服务归入 10.3.2
娱乐、文学和艺术作品原件	音像原件归入 11.1.1.a 复制和/或销售音像产品的许可归入 8.4.1 复制和/或销售其他相关产品的许可归入 8.4.2 音像产品使用许可归入 C.1.1

将表 4-14 对比表 4-4 可以得到如下结论，即根据交易方式对知识产权产品的分类相较于上述根据生产过程对知识产权产品的分类细目更少，也更显清晰，便于实际操作；而根据生产过程对知识产权产品的分类不仅细目过多不易于操作，也会随着生产过程的不断变化导致分类细目的不断更新，带来分类的不稳定，加剧数据收集的难度。当然，根据交易方式对知识产权产品的分类虽然便于操作，但由于实际中交易的复杂性导致分类可能出现遗漏。因此本书认为在对知识产权产品进行分类时最好两者结合使用，即在根据交易方式进行分类的基础上，将根据生产过程对知识产权产品的分类作为补充。表 4-15 给出了上述分类结合的总表。

第四章 知识产权产品核算对象的分类

表 4-15 知识产权产品分类汇总

	生产过程活动（门类）		服务生产活动（门类）	
	ISIC Rev. 4	GB/T 4754—2011	ISIC Rev. 4	GB/T 4754—2011
R&D	B, C, E, D, M	B, C, D, M	H, J, N	G, I, N, L
计算机软件与数据库	J, C, E, D	I, C, D	H, N	G, N, L
矿产勘探与评估	B, M, E, D	B, M, D	H, N	G, N, L
娱乐、文学和艺术作品原件	C, R, J, E, D	C, R, I, D	H, N	G, N, L
EBOPS 分类				
R&D 服务分类			8.2, 10.1.1.1, 10.1.1.2	
计算机软件与数据库服务分类			8.3, 9.2.1.a, C.3.1	
矿产勘探与评估服务分类			10.3.2	
娱乐、文学和艺术作品原件			11.1.1.a, 8.4.1, 8.4.2, C.1.1	

在上述根据 EBOPS 2010 对与知识产权产品相关的服务活动进行分析的基础上，我们可以看到 EBOPS 2010 分类下的服务活动往往被视为 ISIC Rev. 4 门类 G 至门类 S 所述内容，另有某些服务活动被纳入其他门类。如下行业没有包括在内，原因是人们普遍认为其主要生产活动同货物的关系更为密切：电力、煤气、蒸气和空调的供应（ISIC Rev. 4，门类 D）；供水；污水处理、废物管理和补救活动（ISIC Rev. 4，门类 E）。这和本书在表 4-8 中将它们归入生产过程活动类别，而不归入服务活动是一致的。

至此我们可以看到，上述从活动角度对我国知识产权产品所进行的分类，基本上可以满足目前 SNA（2008）对相关知识产权产品核算的分类要求。但是在实际操作中仍然会存在问题：一是对生产活动的识别较为困难，如对主要活动、次要活动甚至辅助活动的识别和核算；二是由于交易的复杂性将使实际中对收入项目和服务项目难以区分，造成知识产权产品核算的漏算或错算。因此，《手册》和 SNA（2008）均认为，作为一项长远目标，各国应努力以产品为依据进行分类。原因是，以产品为依据的统计，不会导致关于次要活动的解释问题，它是较易观测的。

二、基于 CPC Ver.2 的产品分类

如果说上述根据活动所进行的分类是基于流量角度，即对活动的过程进行分类，那么下面根据产品所进行的分类是基于存量角度，即对经济活动的产出，其产品所进行的分类。可见一个是过程，一个是结果，彼此既相互联系又相互影响的。当然，活动与产品之间是不可能建立完全对应的关系。因此，ISIC Rev.4 并不是专门用于衡量详细产品数据的。但是在实际统计中，我们有时需要了解产品的细节，如中间消耗、最终消费、资本形成和对外贸易，还包括反映到投入产出表、支付平衡表以及其他分析表中的商品存量。为此，有必要制定另一种分类体系，即依据产品的物理特性或所提供的服务的特征所进行的分类，而《产品总分类》（Central Product Classification，CPC）作为一种涵盖货物或服务的完整产品分类，构建了一个能够在国内或国际进行交易、能够进入存量的所有产品的国际标准准则，已被广为接受。

（一）产品分类与活动分类的对应

由于上述活动分类（ISIC 和 EBOPS 分类）的实质都是基于产品的分类，即其在最细微层级上的分类都是基于对产品的描述，既然如此，理论上也就可以按照对产品的国际分类——CPC 来叙述这些活动。同时，也只有在某一产品分类基础上对国内和国外分支机构的活动产出做出分类，才能将通过居民与非居民之间的贸易（基于 EBOPS 的分类）提供给外国市场的具体服务的价值估算出来，本书所要关注的仅是知识产权产品所提供

的服务的价值，这一比例目前正体现出逐年增长的态势，极有必要将其准确识别出来。从长远来看，CPC 作为一种通用的产品分类，应是今后特定经济领域产品分类的指导方针，如知识产权产品分类，但要注意的是对特定经济领域产品的分类应与 CPC 的一般框架一致，以确保数据的可比性。

本书采用的分类标准是 CPC Ver. 2 版本。它是在 CPC（1990）、CPC Ver. 1.0 和 CPC Ver. 1.1 的基础上编制而成，用于反映 CPC Ver. 1.1 编制以来因世界范围内经济最新变化和技术的持续进步而产生的变化，可以满足统计人员和其他用户的多种分析需求，尤其适用于服务，并力求使这一分类与 ISIC Rev. 4、MSITS 2010 以及 SNA（2008）等分类体系保持协调一致。其分类原则是将通常只是在 ISIC Rev. 4 所界定的一个产业内生产的货物或提供的服务组合在一个类别中，以此突出货物和服务的原产业的重要性，这一按产品的原产业标准所做的分类是 ISIC Rev. 4 所采用的分类原则之一。当然，CPC Ver. 2 在分类时，除了要将原产业考虑进去，其产品性质也应考虑进去。但是，在实际操作中会出现一些困难，即同一个原产业可能会生产出性质迥然不同的货物或服务，即不同原产业的货物或服务可能会列入同一个类别下。CPC Ver. 2 的部门和类的详细内容如表 4 – 16 所示。

表 4 – 16　产品总分类版本 2.0 的部门和类

部门	类	说明
0	1 ~ 4	农业、林业和水产品
1	11 ~ 18	矿石和矿物；电、气和水
2	21 ~ 29	食品、饮料和烟草；纺织品、服装和皮革制品
3	31 ~ 39	其他可运输货物，金属制品、机械和设备除外
4	41 ~ 49	金属制品、机械和设备
5	53 ~ 54	建筑和建筑业服务
6	61 ~ 69	经销行业服务；住宿；食品和饮料服务；运输服务及公用事业分配服务

续表

部门	类	说明
7	71~73	金融及有关服务；不动产服务及出租和租赁服务
8	81~89	商业和生产服务
9	91~99	社区、社会和个人服务

资料来源：CPC Ver. 2。

由表 4-16 可以看到，CPC Ver. 2 的一级分类类似 ISIC Rev. 4 中的门类，但却不能做到一一对应。原因是，虽然工业原产地是制订 CPC Ver. 2 的重要标准，但它只是作为一种适合于本身情况的分类方法制订的，产品分类依据的是货物的物理特性和固有性质或所提供服务的性质。尽管我们无法在大类层面上建立 CPC Ver. 2 和 ISIC Rev. 4 之间的对应关系，但是仍应尽可能设法在两种分类之间建立起对应关系，以将产品与其生产活动联系起来。其意义一是在于能够按照不同的统计需要对知识产权产品进行不同分类之间的转换；二是可以通过不同分类方法的比较，以此验证其中任一种分类所涵盖的知识产权产品范围是否完整，防止数据的缺失；三是有助于根据产品特征和生产此类产品的活动来重新认定知识产权产品的产业，为知识产权产品设置附属账户，这将在后文进行讨论。例如，旅游业附属账户就是依据这一方法，并根据 CPC 和 ISIC 来进行列表。[①]

事实上，在对 CPC Ver. 2 的编制过程中，为了照顾希望明确 CPC Ver. 2 与 ISIC Rev. 4 之间关系的用户，它的每个次级都提及了关于 ISIC Rev. 4 中一般生产大部分有关货物或服务的产业。据此，我们可以通过将 CPC Ver. 2 的次级分类项与 ISIC Rev. 4 中的小类建立对应关系。由于篇幅有限，以下仅就可能与知识产权产品相关的次级分类进行对照。具体如表 4-17 所示。

---

① 旅游特色产品列表和按 CPC Ver. 2 大类进行的分组具体见《2010 年国际服务贸易统计手册》。

表 4-17　CPC Ver.2 的次级分类项与 ISIC Rev.4 中的小类对应

CPC	ISIC Rev.4
类 65　货物运输服务	
651　陆路运输服务	
6511　公路运输服务	
65111~65119	4923
6512　铁路运输服务	
65121~65126，65129	4912
6513　管道运输服务	
65131，65139	4930
652　水运服务	
6521　沿海和远洋运输服务	
65211~65213，65219	5012
6522　内河运输服务	
65221~65222，65229	5022
653　航空和太空服务	
6531　航空运输服务	
65311，65319	5120
6532　太空运输服务	
65320	5120
类 67　支助性服务	
671　货物装卸服务	
6711　67110　集装箱装卸服务	5224
6719　67190　其他货物和行李处理服务	5224
672　仓储服务	
6721　67210　冷藏存储服务	5210
6722　67220　散装液体或气体服务	5210
6729　67290　其他仓储服务	5210
673　铁路运输支助性服务	
6730　铁路运输支助性服务	5221
6731　67310　铁路牵引服务	5221
6739　67390　其他铁路运输支助性服务	5221

续表

CPC		ISIC Rev. 4
674	铁路运输支助性服务	
	6741 – 67410 公共汽车站服务	5221
	6742 – 67420 公路、桥梁和隧道管理服务	5221
	6743 – 67430 停车场服务	5221
	6744 – 67440 为公务车和私家车的拖车服务	5221
	6749 – 67490 其他公路运输支助性服务	5221
675	水运支助性服务	
	6751 港口和水道管理服务（货物装卸除外）	
	67511 ~ 67522	5222
	6752 领航和停泊服务	
	67521 ~ 67522	5222
	6753 船只救助和打捞服务	
	67531 ~ 67532	5222
	6759 67590 其他水运支助性服务	5222
676	航空或航天运输支助性服务	
	6761 67610 机场管理服务（货物装卸除外）	5223
	6762 67620 空中交通管制服务	5223
	6763 67630 其他航空运输支助性服务	5223
	6764 67640 航天运输支助性服务	5223
679	其他支助性运输服务	
	6791 67910 货运代理行服务和其他货运服务	5229
	6799 67990 其他未另列明的支助性运输服务	5221，5229
类 68	邮政和信使服务	
681	邮政和信使服务	
	6811 邮政服务	
	68111 ~ 68113，68119	5310
	6812 68120 信使服务	5320
	6813 68130 当地交付服务	5320

第四章　知识产权产品核算对象的分类

续表

CPC	ISIC Rev. 4
类69　电、气和水分配（为自身最终使用而提供的）	
691　电、气分配（为自身最终使用而提供的）	
6911　电输送和分配（为自身最终使用而提供的）	
69111～69112	3510 电力的生产、输送和分配
6912　69120 通过主要管道的燃气分配（为自身最终使用而提供的）	3520 煤气的制造；通过主管道输送的气体燃料
692　水分配（为自身最终使用而提供的）	
6921－69210 通过主要管道的水（蒸汽及热水除外）分配（为自身最终使用而提供的）	3600 集水、水处理与水供应
6922－69220 通过主要管道的蒸汽、热水和空调分配（为自身最终使用而提供的）	3530 蒸气和空调的供应
6923－69230 水分配（通过主要管道的除外）（为自身最终使用而提供）	3600 集水、水处理与水供应
类73 不配备技师的租赁或出租服务	
733　知识产权和类似产品使用权的许可服务	
7331　计算机软件和数据库的使用权许可服务	
73311 计算机软件的使用权许可服务	5820
73312 数据库的使用权许可服务	5812
7332－73320 娱乐、文学或艺术作品原作使用权许可服务	5811，5813，5911，5912，5913，5920，9000
7333－73330 R&D 产品的使用权许可服务	7740
7334－73340 商标和特许权的使用权许可服务	7740
7335－73350 矿产勘探和评估的使用权许可服务	7740
7339－73390 其他知识产权产品的使用权许可服务	7740 知识产权和产品的租赁，版权作品除外

续表

CPC	ISIC Rev. 4
类 81 研究与开发服务	
811 自然科学和工程学的研究与实验开发服务	
8111 自然科学的研究与实验开发服务	
81111~81112, 81119	7210 自然科学和工程学的研究及试验发展
8112 工程学和技术的研究与实验开发服务	
81121, 81129	7210
8113-81130 医学和药学的研究与实验开发服务	7210
8114-81140 农业科学的研究与实验开发服务	7210
812 社会科学和人文学科的研究与实验开发服务	
8121 社会科学的研究与实验开发服务	
81211~81213, 81219	7220（社会学和人文学的研究与试验发展）
8122 人文学科的研究与实验开发服务	
81221, 81229	7220
813 跨学科的研究与实验开发服务	
8130-81300 跨学科的研究与实验开发服务	7210, 7220
814 研究与开发原件	
8140-81400 研究与开发原件	7210, 7220
类 83 其他专业、技术和商业服务	
831 咨询和管理服务；信息技术服务	
8311 咨询和管理服务	
81311~83117	7020
83118	7010
8312 商业咨询服务	
83121, 83129	7020
8313 信息技术咨询和支持服务	
83131~83132	6202
8314 信息技术设计和开发服务	
83141 应用程序设计和开发服务	6201

第四章 知识产权产品核算对象的分类

续表

CPC	ISIC Rev. 4
83142 网络系统设计和开发服务	6202
83143 软件原件	5820
8315 主机和IT设施服务	
83151~83152, 83159	6311 数据处理；存储及相关活动
8316 IT设施和网络管理服务	
83161~83162	6202 计算机咨询服务和设施管理活动
8319-83190 其他管理服务，除去工程建设管理服务	7020 管理咨询活动
834 科学和其他技术服务	
8341 地质、地理和其他勘探服务	
83413 矿产勘探与评估	7110
839 未另分类的其他专业、技术和商业服务	
8393 未另分类的科学技术咨询服务	7490 未另分类的其他专业、科学和技术活动
83931, 83939	
8399-83990 所有其他未另分类的专业、技术和商业服务	7490
类86 农业、狩猎、林业、渔业、矿业及公用事业附带服务	
862 矿业附带服务	
8621 矿业附带服务	
86211 石油或天然气开采所必需的服务	0910 石油和天然气开采的辅助活动
86219 其他矿产附带服务	0990 其他采矿和采石的辅助活动
863 电、燃气和水分配附带服务	
8631 电附带服务	
86311, 86322	3510 电力的生产、输送和分配
8632 86320 通过主要管道的燃气分配服务（在收费或合同基础上）	3520 煤气的制造；通过主管道输送的气体燃料
8633 86330 通过主要管道的水分配服务（在收费或合同基础上）	3600 集水、水处理与水供应

121

续表

CPC	ISIC Rev. 4
8634　86340 通过主要管道的蒸汽、热水和空调分配服务（在收费或合同基础上）	3530 蒸气和空调的供应
8635　86350 水分配服务,除去通过主要管道的（在收费或合同基础上）	3600
类96　娱乐、文化和体育服务	
961 视听和有关服务	
9611 录音服务	
96111 录音服务	5920
96112 现场录音服务	5920
96113 录音原件	5920
9612 电影、录像带、电视和广播节目制作服务	
96121 电影、录像带和电视节目制作服务	5911,6020
96122 广播节目制作服务	5920,6010
96123 电影、录像带、电视和广播节目原件	5911,5920
9613 试听后期制作服务	
96131~96136,96139	5912
96137 声音编辑和设计服务	5920
9614　96140　电影、录音和电视节目分配服务	5913
9615　96150　电影放映服务	5914
962 表演艺术和其他现场娱乐活动表演及宣传服务	
9621~9629	9000
963 表演艺术家和其他艺术家提供的服务	
9631~9633	9000

资料来源：http://unstats.un.org/unsd/class/default.asp.

上述对应表在列出 CPC Ver.2 详细分类的表中有关 CPC Ver.2 的次级旁边,通过列出对应的 4 位数字的 ISIC Rev.4 的代码以显示主导的国际产业标准分类的级。由此可以看到,CPC Ver.2 中的每一类别都提到了 ISIC

Rev.4 中主要生产这种货物或提供这种服务的组别。

根据表 4-17 对知识产权产品做进一步归类，得到表 4-18。

表 4-18 按产品分类的知识产权产品

		CPC Ver.2 分类
R&D		研究与开发服务归入类 81 R&D 产品的使用权许可服务归入组 73330 提供货物运输服务归入类 65 提供储存等支助性服务归入类 67 维持活动所提供的水、电等能源供应服务（为自身最终使用而提供的）归入类 69
计算机软件与数据库	计算机软件	软件开发服务归入组 8314 计算机软件的使用权许可服务归入组 73311 提供货物运输服务归入类 65 提供储存等支助性服务归入类 67 维持活动所提供的水、电等能源供应服务（为自身最终使用而提供的）归入类 69
	数据库	数据库的使用权许可服务归入组 73312 数据处理归入组 8315
矿产勘探与评估		矿产勘探和评估的使用权许可服务归入组 73350 矿产勘探与评估服务归入组 83413
娱乐、文学和艺术作品原件		娱乐、文学或艺术作品原作使用权许可服务归入组 73320 录音原件归入组 96113 电影、录像带、电视和广播节目原件归入组 96123

（二）国际产品分类与我国产品分类的对应

由于我国目前使用的是统计用产品分类目录（2013 年），因此要将上述 CPC Ver. 2 分类与我国统计用产品分类目录（2013 年）相对应，以得到基于我国产品分类目录下的知识产权产品分类。根据统计用产品分类目录（2013 年）显示，共有 1~97 个产品分类，本书仅对与知识产权产品相关的产品分类列示出来，并与 CPC Ver. 2 的分类进行对应。具体如表 4-19 所示。

表 4-19 我国统计用产品分类（2013 年）与 CPC Ver. 2 对应表

知识产权产品	统计用产品分类	CPC Ver. 2
R&D	研究与试验发展服务类 75	类 81
	电力和热力服务类 44	类 69
	燃气服务类 45	类 69
	水服务类 46	类 69
	运输服务类 51~57	类 65
	仓储服务类 58	类 67
矿产勘探与评估	地质勘查服务类 78	类 86
	专业技术服务类 76	类 83
软件与数据库	软件服务类 62	类 83
	电力和热力服务类 44	类 69
	燃气服务类 45	类 69
	水服务类 46	类 69
	运输服务类 51~57	类 65
	仓储服务类 58	类 67
	电信和其他信息传输服务类 60	类 83
	计算机信息服务类 61	类 83
娱乐、文学和艺术作品	娱乐服务类 92	类 96
	文化艺术服务类 90	类 96
	广播、电视、电影和音像服务类 89	类 96

资料来源：http://www.stats.gov.cn/tjsj/tjbz/tjypflml/.

至此，本章对知识产权产品分类范围所做的研究，不仅从产品活动的角度做了分类，更从产品特征本身进行分类，最后将两者分别与我国统计实际分类相比较，以对我国知识产权产品所可能的涵盖的范围做进一步综合归类，避免对知识产权产品核算的遗漏。原因是任何一种分类在实际操作中都可能出现困难，都存在缺点，如对活动识别的困难以及对产品特征识别的困难，导致某一知识产权产品并未归类进合适的组别中，造成其数据的缺失。我们知道数据是统计的灵魂，如果因为没有正确的分类，导致数据的遗漏或错估，那么即使再精确的测算方法所得出的结论都将是错误的，因此其研究的必要性是可想而知的。事实上，在上述研究中我们已经证明了这一点。下文，我们将进入本书最重要的部分，即对知识产权产品资本测算问题的研究，即在基于上述对知识产权产品概念、分类范围进行研究的基础上，对知识产权产品资本测算方法进行讨论。然而，由于 SNA（2008）所提出的知识产权产品有五类，而每类产品又可能具有不同的产品特征，这将导致在资本测算方法的研究上带来难度。因此只重点对目前经济发展贡献最大的两类知识产权产品，即 R&D、计算机软件和数据库的测算进行研究，SNA（2008）在新修订的内容中对此做了新的解释，应该予以高度关注。

第五章
知识产权产品的资本测算方法

一般而言,可以把知识产权产品核算问题研究分为理论研究、应用方法研究和实证研究三个层次。如果说前文研究仅属于基础理论层面上的研究,那么下文则是在其基础上的应用研究,是客观上为发展理论方法论而做的工作。可以说,前述所有的研究都是为了本部分能够更好地对知识产权产品资本进行测算。这一章的研究实际上是连接核算理论研究与实证研究的纽带,具有非常重要的传导与协调作用,应属于知识产权产品核算研究中的重点问题。

一、知识产权产品资本测算指标的经济解释

前文章节已经阐述过,国民经济核算的部分是知识产权产品最终形成资本的部分,并将其登录在资本账户下的固定资本形成总额项下。至于知识产权产品如何经过生产、流通、使用最终形成资本的过程已经在核算范围问题一章中进行了研究,本章不再详述。从经济学角度来理解,对知识产权产品资本的测算目的在于描述其对生产的贡献,以揭示如何将生产中使用的资产价值与创造的营业盈余总额建立起联系。这样一种贡献的描述实际是一个动态的不断发展的过程,因此为了更好地对知识产权产品资本

进行测算,有必要对知识产权资产的资本化过程做一描述,这与一般性的资产是一致的。具体如图 5-1 所示。

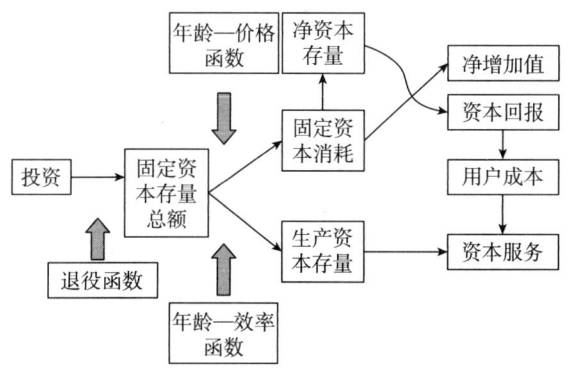

图 5-1　资产资本化过程

由图 5-1 可以看到,之前核算期内所进行的知识产权产品的投资经过生产、分配、流通到使用,除去最终消费和净流出,剩下的部分就是资本形成。将这部分资本形成流转到本核算期,作为本核算期初期的"固定资本存量总额"记录。它一般是通过将每年的固定资本形成累加而得到。接下来,我们再看这一流转到本核算期的固定资本存量要继续用于生产,而生产中所使用的资产必须得到补偿,就产生了"固定资本消耗"作为对资产的逐步补偿而出现。由于它的不可测算,一般使用的是通过资产的年龄—价格函数来进行测算,即资产随年龄变化而引起的资产价格的下降。将"固定资产存量总额"减去"固定资产消耗"就得到了"资本存量净额"。在实际中,我们一般还需要得到"生产性资本存量",这一般也是不可测算的。因此有必要引入年龄—效率函数,即资产随年龄变化而引起的生产效率的下降。将其对"固定资本存量总额"进行调整就得到了"生产性资本存量"。上述均是对处于生产中的资本存量变化进行分析。事实上,对于知识产权产品的资本存量变化还可能发生在非生产过程中,如技术变革导致原有固定资本存量中的部分资产退役。因此,本书还引入了退役函数以对"固定资本存量总额"进行调整。

通过上述分析，我们可以看到对于知识产权产品资本的测算包括了固定资本存量总额、资本存量净额和生产性资本存量、固定资本消耗这几项指标。值得注意的是，这里所提到的固定资本消耗应属于流量指标。之所以放在存量指标测算中是为了表明其对存量指标的意义，即资本存量净额要经由固定资本消耗来得到。在SNA（2008）颁布之前，有关资本的测算就只包括了上述提到的四个指标。但是SNA（2008）颁布之后，则有了新的变化，即提出了"资本服务"的概念，并认为资本对生产的贡献应根据资本资产所生产出的服务流量进行测算。这要优于根据上述资产的存量所进行的测算。进一步说，对"资本服务"的识别能够改进对固定资本消耗和资本存量价值的估算。可见，"资本服务"这一流量的测算与上述资本存量的测算是彼此联系的。也就是说，上述资本存量的测算需要资本流量的测算进行调整，以得到真实的资本存量数据，用于核算账户中资产负债表的登记。对于"资本服务"这一流量与资本存量的关系，图5-1也做了清晰的描绘，即它可以经由"生产性资本存量"转化而得到，下文将对这一转化路径进行分析。

至此，基于图5-1所做的描绘可以看到有关资本的测算实际上包括了固定资本存量总额、资本存量净额、生产性资本存量、资本服务和固定资本消耗五个指标。这与OECD知识产权产品资本测算手册（2010）（Handbookon Deriving Measures of Intellectual Property Products，2010）中对资本测算应包括的指标是一致的。[①]

接下来，本书关注的是：这一从理论上需要测算的相关指标对于实际应用的意义是什么。在经济社会发展中，经济所有者希望知道的是这一资产能给他们带来多大的经济利益。一个衡量的重要指标就是对其资产价值的判定。也就是说，如果上述有关资本测算的相关指标能够用于决定资产价值，那么它就显现出了其实际的应用性。这一点可以通过经济学对于资产价值的相关理论予以论证，即资产价值可由其未来收益的现值决定。这

---

① OECD, Handbook on Deriving Capital Measures of Intellectual Property Products.

一定义事实上引出了两类关于资产价值的问题:一是如果出售资产会值多少钱;二是在其使用年限内它将对生产做多大的贡献。第一个问题是国民经济核算人员提出的传统问题——识别任何时刻的资产价值,也就是属于上文提到的对相关资本存量的测算;第二个问题则是生产率研究中的基本问题——识别对生产的贡献,也就是属于上文提及的有关资本服务流量的测算。由此可见,通过对上述指标的测算将可以用于决定知识产权产品资产价值的大小。如果进一步从资产价值角度来理解上述指标测算的经济意义,即"识别任何时刻的资产价值",其决定的其实是资产的现实价值,而"识别其对生产的贡献"所决定的则是资产的潜在价值。具体分析可用图5-2进行描述:

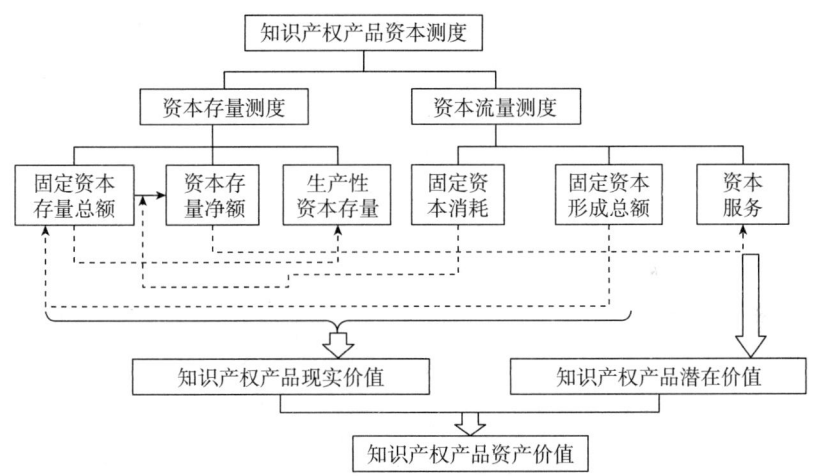

图5-2 资本测算指标

根据图5-2,对测算指标的经济解释做进一步分析。

(一) 基于资本现实价值测算指标的经济解释

1. 固定资本存量总额测算指标的经济解释

理论上,固定资本存量总额是通过将每年的固定资本形成总额加和再减去对应资产的退役而得到。然而,对每年的固定资本形成总额加和的实际操作中，如果只是将不经调整的在不同年份上的不同资产价格累加在一起是不合理的。这是因为其中虽然有些新资产的价格显示的是当前价格，但对于过去资产的价格其显示的是历史价格，不能直接使用而应将其历史价格调整为当前价格再加总或全部以某一时期的基期价格表述再加总。换句话说，首先应通过来源基础数据，得到各资产的现价固定资本形成总额；其次再通过各不同资产的价格指数将其转化为不变价固定资本形成总额；最后将同一类型资产在不同年份的固定资本形成总额进行加总。一般对固定资本存量总额的测算采用的是永续盘存法（Perpetual Inventory Method，PIM）。但是在永续盘存法的测算中一般是假定现价固定资本形成总额为已知，对于它的具体测算在永续盘存法中是没有提及的。因此，为了更好地运用永续盘存法来对固定资本存量总额进行测算，本书认为有必要对现价固定资本形成总额进行解释，尤其是对于知识产权产品而言，对其固定资本形成总额的识别和测算是极为重要的。至于退役的测算，对于知识产权产品而言是一个重要的测算指标，以往对于一般性资产的处理是通过选择一个合适的退役函数计算而得到，但由于退役函数要模拟的是投资的流动过程，应属于流量测算的概念。这将在后文进行解释。

现价固定资本形成总额的具体概念已在基本概念一章中做了具体分析，本部分不再详述。也就是说，根据 SNA（2008），它包括新固定资产获得、现有固定资产获得减处置以及非生产资产所有权转移费用。虽然在实际统计中，对于这一基础数据一般可以通过各种调查所得到的固定资本投资额来代替，如人口普查、火灾保险记录、公司财务报表、行政财产记录、公司股票股价等。但目前对于有关知识产权产品的固定资本投资额数据还在不断完善中，尤其是对于在知识产权产品上的支出是属于投资还是消费的处理是极为复杂的。因此，本书对于知识产权产品的现价固定资本形成总额的测算做了大量深入的研究，这是本章的重要部分。不过，在进行固定资本形成总额的测算之前，有必要先对机构单位内部所实施的这些关键变量进行简要分析。新固定资本获得的价值是可以根据市场价值或成本估算得到，也就是能够直接被测算。由于这一变量数据相对比较容易获取，此处不做进一步解释，但对于现有固定资产获得、现有固定资产的处置、非生产资产所有权转移费用一般是不可直接观测到的，有必要在此做进一步解释。

（1）现有固定资产获得。在核算概念一章中已经提及，现有固定资本的获得包括所有权转移产生的费用和现有固定资产的重大改良。其中所有权转移费用要在所有者预期的资产持有期间内进行摊销，并被作为相关生产账户中的固定资本消耗记录，现有固定资产的重大改良也应作为这些资产的固定资本消耗记录。由此可见，现有固定资产获得的价值应是按其当年新固定资产价格减去获得时已经分摊的所有权转移费用和所做的重大改良，即固定资本消耗而得到。进而可以认为，对现有固定资产获得时价值测算的关键问题就是对固定资本消耗的测算。

OECD 资本测算手册（2009）（Measuring Capital OECD Manual，2009）提出了有关固定资本消耗的测算方法，但其中使用的是"折旧"一词。① 在本部分中，为了更好地从经济学角度来理解资本的相关概念，均使用"折旧"这一概念特指"固定资本消耗"，即反映的是资本货物因在生产中使用而引起的资本价值的降低，应从收益中予以扣除。SNA（2008）中提出，固定资本消耗（也就是本书特指的折旧）是指在核算期内由于自然退化、正常淘汰或正常事故而导致的，生产者拥有和使用的固定资产存量现期价值的下降。上述定义主要讨论的是对于物质的磨损。可是就知识产权产品（知识产权产品）而言，它并不会产生像其他大部分固定资产一样的磨损，但其价值也会随时间的迁移而下降。这是因为：第一，它有退化的趋势，如新的 R&D 会取代旧的 R&D；第二，其他单位可能会因为专利权或版权已经到期去无偿利用知识产权产品（知识产权产品），进而给所有者带来的利益减少。那么，上述两种情况下所导致的知识产权产品资产价值的降低是否也应属于折旧测算的范围内呢？

---

① SNA（1993）中认为，固定资本消耗类似折旧，但要注意的是，本质上折旧和固定资本消耗是不同的，在本书表示的是相同的概念，即固定资本消耗是国民核算使用的概念，折旧更多的则是在经济分析中使用的概念。

为了解决这个问题，本书认为有必要引入退化的概念。因为根据上述对折旧的定义，折旧应包括对于这一正常的、可遇见的退化的测算。文献对"退化"的典型性定义是，现存资本的价值下降是因为技术上的优势被取代使之变得易获得（Hulten and Wykoff, 1981）。根据这一定义，退化被描绘为一种价值的现象，而并没有影响资本货物所提供的实际服务（物理性的服务）。这里又引申出一个问题，就是如何厘清价值效应和物理效应的边界。从概念上讲，退化包括了由其他投入的相对价格变化所引起的复杂情况，以至于资产不再适合当前的经济环境。这样一种退化将被解释为资产经济服务寿命的缩短，影响了资产的价格和它提供的服务流。Diewert 和 Wykoff（2006）将这种特定资产价格的下滑归结为需求的转变而引起的无实质的退化的补偿，即没有在市场上出现新的、先进的资本投入品。这实际上表述的就是上文提及的有关知识产权产品资产价值下降的第二个因素，即因专利权或版权已经到期使知识产权产品被无偿使用，导致需求的转变，进而给所有者带来的利益减少。另一种相反的情况是，如果退化与新的、先进的资本投入品相联系，那么就属于有实质的退化的补偿。这实际上表述的就是上文提及的有关知识产权产品资产价值下降的第一个因素，新的 R&D 取代旧的 R&D。因为有实质的退化是直接与质量变化相关的，这时质量调整价格指数就作为工具被应用，具体而言是通过对不同性质的不同物量的资产的比较而实施。例如，当连续年份的投资数据用于构建折旧测算方法，质量调整价格指数就应该用于通货紧缩。这意味着旧的资产的投资物量相对于新的资产是按比例缩小的，因此投资的时间序列要折合成标准的效率单位。这样，即使是旧的资本货物的绝对生产效率没有变化，在更新的资本货物中的质量改进也会导致旧的资本货物在物量测算上的减少。因此要用新的等价的效率单位来表示。通过对退化的进一步理解，接下来要解决的问题是，折旧测算是否只包括在给定核算期下不同年龄资产在价格上的不同，还是折旧也包括在不同核算期内实际资产价格预期的下调。对后一种的理解，Hill（2000）认为，实际资产价格的非周期性下降意味着包含在资产中的技术的变革导致资产随着时间变得相对便宜，这样一种对退化的理解使它成为折旧测算的一部分。也就是说，折旧应该要反映退化，即上述对知识产权产品资产价值的下降应属于折旧测算范围内。

因此，知识产权产品也会发生折旧，即固定资本消耗。不同之处只在于它表现的不是物质的磨损而是无形的价值损耗。具体来说，它的资产价值下降由两个因素所影响：一种价格变化可能反映了一组资产在给定年龄水平下的价格运动，如比较一组新资产在核算期期初和期末的价格变化；另一种价格变化则可能反映了一组资产在给定物价水平下的资产老化，如比较新资产的价格和使用一年的资产的价格。无论是否只有后者才能体现折旧，还是前者的价格运动也可以包括进折旧的测算中，一般都认为折旧体现了因资产老化而引起的价格变化。因此有必要对所有的资产价格运动进行分析。这也就是国民经济核算中所提出的，一个核算期内的经济流动应该根据一组资产的平均价格而测算，即 SNA 中提出的固定资本消耗的测算（也即本书所特指的折旧）必须根据给定的一组资产的价格，也就是核算期内的平均价格。同时，这里还需关注的一个问题是，SNA（2008）对固定资本消耗的定义暗示了反常的或意想不到的损失是不包括在固定资本消耗中。所谓反常的就是不可预见的，这可能是不可预见的技术突破，也可能是价格变化。其中价格变化有可能是产品因素或者是市场因素所引起，如消费者偏好的转移。不可预见情况下资产的过早废弃，其损失应与发生自然灾害和战争同样处理，记录在资产物量其他变化账户中。

理论上，对于折旧的计算应考虑用于交易的二手资产的观测价格。然而，对于知识产权产品而言，大多是没有二手市场信息的，这造成了折旧测算的困难。在这种情况下，实际计算折旧时是可以用固定资本形成支出在整个资产服务寿命内的分配而得到，这样的分配应是与资产在整个寿命期内的预期收益流量成比例的。同时为了实际测算的可操作性，《资本测算手册》（2009）（Measuring Capital OECD Manual，2009）建议折旧的测算一般不包括资产相对价格的变化，并做了解释。

但本书仍然要重申，由于上述两种处理是基于不同的分析目的，因此将导致对资本货物相对价格变化的处理也是截然不同的。如果折旧用于测算投资价值需要保留整体经济的生产性存量，则实际资产价格变化不进入计算。但如果折旧用于测算投资价值时需要保留资本所有者的财富存量和购买能力，则实际资产价格变化要进入计算中。也就是说，当基于财富效应的分析目的和有关福利的考虑，那么考虑实际价格的变化就是有意义的，如净收益就是要体现预期的持有亏损的下跌和持有收益的上涨。

（2）现有固定资产处置。现有固定资产处置指的是从资本存量中退出的资产。其退出原因可能是出口、报废出售、拆卸、拆毁或简单的丢弃，类似资产退役的概念。但是，资产的处置和退役的概念是有区别的。这是因为资产的处置还可能还包括二手资产的出售，即其处置的资产是可以再次用于生产的，但退役不包括这部分。值得注意的是，在实际测算中一般使用退役来对固定资产处置进行测算。这是因为处置的资产是否用于再生产对于处置资产的机构单位而言是没有影响的。不过，这里还要注意的问题是：知识产权产品资产与一般资产的差别，使其处置的方法并不存在拆卸和拆毁的情况。也就是说，因处置它们所发生的大量的拆卸费用一般是不存在的。当然，它也会存在因技术落后等原因而引起的资产处置行为的发生，如过时软件的报废，因此对其资产进行退役测算也是有必要的。

（3）非生产资产所有权转移费用。前文分析得到：非生产资产所有权转移与生产资产所有权转移是不同的概念。对于知识产权产品而言，它所发生的非生产资产所有权转移费用是与许可权的转移相关的。具体而言就是对有关使用许可、复制许可转移所产生的费用。在具体测算时要注意两点：一是这一转移是通过何种形式进行。例如，这一转移是属于经营租赁还是融资租赁。如果是经营租赁，那么它应当满足两个条件才可作为资产处理，即租赁中明确了一项资产的预定价格，且该价格与该资产当前租赁的价格不同。承租人在法律上和实践上都能通过转租给第三方来实现这一价格差异。也就是说，只有承租人实际运用且实现价差权利时才记录为该项资产。二是这一费用的支出是采取何种形式。SNA（2008）举例说明了两种情况下费用处理的不同。第一种情况是如果许可使用的拷贝是在多年合同下通过定期付款购买的,且获得许可的一方被判定为已获得拷贝的经济所有权,则应视其获得了一项资产。但如果对一项许可的定期付款不是在一个长期合同下发生的,则付款应被视为对所使用的拷贝的服务的支付。第二种情况是如果对许可权的支付先有一个大额首付,之后的若干年内又有一系列小额支付,则首付应被记录为固定资本形成,后续支付应被记录为对服务的支付。

当然实际中还可能发生其他的情况,对于知识产权产品的非生产资产所有权转移的处理在现实情况下是极为复杂的,在测算时应给予更多的关注。由上述分析可以看到,识别出这些非生产资产所有权转移是否应记录为固定资本形成是极为必要的。

2. 资本存量净额测算指标的经济解释

事实上,固定资本存量总额不是国民账户体系(SNA)的一部分,但它是计算资本存量净额的传统起点。这是因为,固定资本存量总额并不能真实反映当前资本的价值。在固定资产投入生产中,它还会出现损耗,即固定资本消耗。只有将固定资本消耗通过叠加方式(按价格随时间下降的某种趋势)累加到资本存量总额上得到的才是资本存量净额。其价值表现的是市场的资本价值,衡量的是财富的多少。它的变化取决于投资和折旧(消耗)的流动,更生动地说,可以解释为"财富存量"。所谓"净"是将折旧的资本存量从总的资本存量中区分开来。因此,为了得到资本存量净额,对于折旧的测算是极为必要的。同时,由于固定资本消耗反映的是固定资产价值随时间而下降的程度,一般采用的是年龄—价格函数进行估算。

3. 生产性资本存量测算指标的经济解释

由于生产性资本存量是指用于生产的资本,因此它是基于每种资产过去投资的累计,再通过资产效率的下降程度进行校正而产生。原则上,通过对固定资本存量总额的调整可用作生产性资本存量的代表,即对固定资本存量总额的效率进行调整而得到生产性资本存量。如果进一步通过将不同资产的生产性资本存量加权累计得到全社会的总的生产性资本存量,那么,它反映的就是新的市场价格。请注意,其中不同资产的权重反映的是资本用户成本[①]（也称为使用者成本）。事实上，在图5-1的描述中可以看到，生产性资产存量是与资产服务测算相关的，即它表示的是核算期内资本所能提供的生产性服务的流动。一般在对两者的具体测算时，是假设资本服务（资本资产用于生产中的生产性服务）的流动与生产性资本存量有一个固定的比例，这将意味着资本服务的变化率可以从生产性资本存量的变化率中推导出来。

通过对上述三个资本存量测算指标的经济解释可以看到，固定资本存量总额和净额、生产性资本存量的概念是分别从财富/收益和生产/生产率两个角度去考虑，这意味着它们将用于不同的研究目的，然而彼此之间又是紧密联系的，《OECD资本测算手册》（2009）（Measuring Capital OECD Manual, 2009）认为它们之间的关系类似球形。

（二）基于资本潜在价值测算指标的经济解释

资本服务即资本对生产的贡献。[②] 其对资产价值的影响实际上是对其资产未来收益的判定。正如上文所提到的，资产价值除了考虑现期价值，还应考虑未来价值对现期价值的贴现。由此提出了引入"资产服务"的测算。实际上，当资产被其所有者出租给其他生产者时即发生资本服务的交易。[③] 原则上，某些种类资产的资本服务可以通过直接观察而获得。不过在现实中，国家统计机构一般不采用这一方法，而是通过先将每种资产转换为标准效率单位，并利用资产的用户成本（或使用者成本）作为权重，从而建立一个资本服务的物量指数来计算。换句话说，资本服务测算的关键是"用户成本"和"资本服务的物量指数"。而"用户成本"在本书中相当于资本服务的价格（具体将在后文进行解释），由此进而把对资本服务的测算转化为对资本服务价格和物量的测算。事实上，从另一个角度来

[①] 有关资本用户成本的详细解释见后文资本服务一节。
[②] 经济合作与发展组织.资本测算手册［M］.王益烜译.北京：中国统计出版社，2004年.
[③] 资本服务交易只在经营租赁情况下发生，在金融租赁情况下资产被作为使用者所拥有来处理，有关的支付被视作贷款偿付。

理解，资本服务的测算也就是对其服务提供价值的测算，也即 SNA（2008）中所提出的。价值测算一般分解为价格和物量的测算。但应注意，在测算时必须保持价格测算和物量测算在各方面的一致。因此，资本服务并不是简单的如在上文所分析的那样，仅仅是作为资本存量净额测算的扩展，资本服务对应的还包括对财产收益的测算和对资本生产贡献指标的测算，这有待后续研究的拓展。

二、知识产权产品资本测算动态指标的理论方法再论证

一般对资本的测算是基于对其存量和流量的测算，测算方法使用的大多是永续盘存法（PIM），本书也是基于这一思路对知识产权产品的资本存量和资本流量测算方法进行剖析。但并不准备对知识产权产品资本存量的测算方法进行单独剖析，原因是对于资本存量测算的起点——固定形成总额，在理论上一般是假设已知的，其后的变化都是基于流量指标上的积累，也就是存量的变化都是来源于流量，即来源于以前的交易和其他流量的积累。也就是说，期初存量会随着核算期的交易和其他流量而变化。换言之，只要将资本流量测算出来，就可以对上述资本存量进行调整，得到资产负债表中的期初存量和期末存量。资产负债表中相邻两期的价值变化也是因流量所引起。因此基于上述分析思路，本书下面仅对资本流量的测算方法进行剖析。

SNA（2008）认为，资本流量作为一种经济流量[1]，能够反映其经济

---

[1] 经济流量会涉及机构单位资产和负债在物量、构成价值方面的变化。与经济多样性相对应，经济流量也具有多种性质，如工资、税收、利息、资本流量等，它们记录了一个单位的资产和负债的变化方式。

价值的产生、转换、交换、转移或消失,是解读经济活动的重要指标。由于经济流量是由交易和其他流量组成,所以对资本流量的测算也应考虑到资本交易流量和资本非交易流量。一般而言,资本交易流量主要涉及生产、消费、积累三种经济活动中所出现的流量。非交易流量(也称为其他经济流量),则是指在不发生交易的情况下资产和负债的价值变化。

由此,可以认为对资本流量的测算应包括如下几部分:

一是资本交易流量。它主要是基于资产处于生产中所产生的流量。如由于生产中所使用的资产必须得到补偿。但这个补偿不是仅从获得资产那一时期的生产价值中扣除,而是覆盖了在生产中使用该资产的整个期间。对于固定资产而言,此类对资产的逐步补偿记作固定资本消耗。因此,固定资本消耗,即折旧应当属于资本流量的测算范围。同时,资产不仅是生产手段,也是营业盈余的来源,会对企业的盈利能力做出贡献。长期以来,营业盈余是对生产中所使用的资产的收益,SNA(2008)认为属于资本服务的基本思想,即资本对生产的贡献。也就是说,在生产中使用的非金融资产提供了一个生产服务的流量,产生了收益,对生产做出了贡献。本书仅对固定资产以及在生产中使用的合约、租约和许可所提供的服务进行测算。

二是资本非交易流量。它包括由于绝对和相对价格变化引起的资产价值变化,即重估价。除此之外,资本流量测算还包括对资产退役的测算。它可能是由于某种交易而退出,也可能是由于非交易而退出。以下将根据上述资本流量指标对资产价值的不同影响进行分类研究,也就是把决定资产潜在价值的资本服务流量与决定资产现实价值的其他流量区别开来。

(一) 基于现实价值的动态指标测算方法的论证

在对一般性物质资产的测算研究发现,折旧是决定现实价值的一个关键性指标。由于折旧的不同,将会带来资本测算结果的极大不同,尤其是对于知识产权产品而言。相对于物质资产,知识产权产品的折旧形态是不同的,因此对它的处理也不同于一般性物质资产。因此本书认为对这一指标的测算方法的探讨是极为必要的。

第五章 知识产权产品的资本测算方法

在实际中,有很多种方法来测算折旧:一是假设资本的服务寿命,用年龄—效率表述推导得到年龄—价格表述和折旧率;二是直接得到年龄—价格表述。这一方法被广泛用于统计中,并假设其服务寿命以及年龄—价格函数模型,一般假设折旧为线性模式;三是通过实际使用的资产价格的信息来获得折旧的参数,如折旧率。但无论上述哪种方法都暗示着折旧的测算是与年龄—价格直接相关的。

考虑数据的可获得性以及知识产权产品的特性,本书选择的是第三种方法,即通过资产价格的相关信息来得到有关知识产权产品的折旧参数。具体方法主要有以下两种:

一是直接使用折旧率进行测算。如 s 年旧资产的折旧率是用不同的 s 年资产价格和 $s+1$ 年资产价格的差额与 s 年资产价格产生的比值来表示。按这种方法计算时要注意 s 年的旧资产和 $s+1$ 年的旧资产价格应按核算期的平均价格计算。如同一年龄下的旧资产在刚投入生产中的价格为 40.92,而一年后价格为 32.12,则一年旧资产的折旧率是 $(40.92-32.12)/40.92$,即大约为 21.5%。由上文分析可以看到,使用这一方法测算折旧是通过引入折旧率的测算而得到。而折旧率反映的是全部组内资产在每个年龄阶段的年龄—价格的变化,显示了资产在依次的年龄价格差额与前一个年龄价格的百分比上的不同。

二是通过折旧方法(Depreciation Profiles)间接使用折旧率进行测算,也就是基于新资产价值上的折旧方法。它反映了新资产因老化而引起的价值损失,用新资产的价格百分比来表示。这里要注意的是,折旧率和折旧方法使用的不同。如对于一个新资产,折旧率和折旧方法是一致的,即 18.4%。但是对于老化的资产,它们是不同的。如一年旧资产运用折旧方法得到的是 16.5%,它是通过一年资产的折旧率乘以 1 减去新的资产的折旧率而得到,即 $0.203\times(1-0.184)=0.165$,两年的旧资产得到的折旧是 $0.225\times(1-0.203)\times(1-0.184)=0.147$。第二种间接使用折旧率的方法实际上是为了将"正常"的折旧率转化为基于新资产价值上的折旧的描述,以此来建立国民经济核算中与固定资本消耗相关的计算规则。

上述两种计算折旧水平的方法，一种是直接使用折旧率，另一种是经由净资本存量的运用。由上述分析可以看到，对知识产权产品折旧的测算使用第二种方法是最优选择的，原因是它使我们能够在对永续盘存法（PIM）的运用下，通过对过去投资的流动累积得到特定知识产权产品的资本存量净额，并使用年龄—价格函数作为加权模式而被建立的。具体应用举例如表 5-1 所示。

表 5-1 折旧计算

年份	16 年投资价格	年龄—价格方法		过去投资的年龄—价格加权		折旧方法	过去投资的折旧加权
		16 年	17 年	16 年	17 年		
1	627.9	0.000	0.000	0.0	0.0	0.000	0.0
2	1055.6	0.000	0.000	0.1	0.0	0.000	0.1
3	1293.6	0.001	0.000	0.7	0.2	0.000	0.6
4	760.9	0.002	0.001	1.5	0.4	0.001	1.1
5	621.7	0.006	0.002	3.7	1.2	0.004	2.5
6	853.3	0.015	0.006	13.1	5.1	0.009	8.0
7	896.3	0.034	0.015	30.3	13.8	0.018	16.6
8	1054.5	0.066	0.034	69.2	35.7	0.032	33.5
9	1378.4	0.114	0.066	157.3	90.4	0.049	66.9
10	1126.2	0.182	0.114	204.5	128.5	0.068	76.1
11	1214.5	0.269	0.182	326.9	220.6	0.088	106.3
12	1298.9	0.377	0.269	489.4	349.6	0.108	139.8
13	1167.3	0.504	0.377	588.5	439.8	0.127	148.7
14	1040.4	0.651	0.504	677.2	524.5	0.147	152.6
15	918.0	0.816	0.651	749.4	597.5	0.165	151.9
16	800.0	1.000	0.816	800.0	653.0	0.184	147.0
17	1176.5		1.000		1176.5		
17 年间				4111.9	4236.9		1051.5
16 年间净存量价格变化					125.0		
16 年间投资价格变化					1176.5		
16 年间折旧价格变化					-1051.5		

资料来源：OECD. Measuring Capital OECD Manual (2009).

表 5-1 总共有六栏。第一列显示的是折旧年份,即这一年有多少折旧被计算;第二列显示的是特定资产从 1 年到 17 年的投资支出,投资估价是按 16 年的平均价格估价(选定一个基础年);第三列显示的是年龄—价格/退役方法,在 16 年的末期开始应用,投资(也就是总的固定资本形成,即 GFCF)在 16 年内得到一个权重 1,GFCF 在 15 年内得到一个权重 0.816;第四列显示的是年龄—价格/退役描述 Profile,在 17 年末期的应用;第五列显示的是过去投资流量与年龄—价格方法的加权,应用于 16 年末;第六列显示的是过去投资流量与年龄—价格方法的加权,应用于 17 年末;加总第五列和第六列产生了 17 年初的净存量(第五列)和 17 年末的净存量(第六列),按 16 年的平均价格估价。17 年核算期初和期末的净存量的变化是 125 个单位(即 4236.9 - 4111.9 = 125),这个差异被分解为投资和折旧(所有测算均是基于相同的价格条件),很容易建立核算期 17 年内的折旧是 1051.5,资本的流量是 1176.5,净存量变化是 125。

在知识产权产品的退役测算中,最关键的是对其平均服务寿命的确定。因此,目前所使用的退役模式,即死亡模式一般是围绕资产的平均服务寿命而得到的退役分布。具体有同时退出、线性退役、延长线性退役以及钟形退役四种死亡模式。由于同时退出和线性退役被实践证明是不合理的,因此下面只针对延长线性以及钟形退役模式进行分析。

(1)延长线性的退役模式。相对于线性退役模式被认为是一个不切实际的假设(重要原因是假定资产在安装之后其退役是突然开始的),延长线性退役模式则被认为是更具现实的假定(废弃在超过短于 2T 的某个时期发生)。这一退役的发生与简单的线性情况相比开始要晚,结束要快。例如,假定资产在其平均寿命使用年限的 90% 到 120% 期间退役,这一死亡函数的退役率在假定退役开始发生的期间内等于 $1/T$ (1.2~0.9)。但这种假设对于知识产权产品似乎是不合适的,原因是知识产权产品的退役大多数是基于技术的更新换代,有可能是生产出来不久就出现退役的情况。

(2)钟形退役模式。在实际使用中,对于一般物质资产更多选择的是钟形退役模式。这一模式是假设退役从安装后某一时间逐渐开始,在平均使用年限附近达到顶峰,在平均使用年限之后的一些年以类似方式逐渐下降。本书借鉴这种方法探讨对知识产权产品退役测算的可能性,具体有如下数学函数适用于钟形退役模式,尤以威布尔(Weibull)、温弗里(Winfrey)以及对数正态方程这三种数学函数被广泛应用于永续盘存法(PIM)中。具体说明如下:

1)温弗里对称曲线。

$$F_T = F_0 \left(1 - \frac{T^2}{a^2}\right)^m \tag{5-1}$$

式中,F_0是资产在年龄T上退役的边际概率,这里的年龄是用资产的平均服务寿命表示,$T\epsilon(0 \sim \infty)$;F_T是最大的平均服务寿命。温弗里(1935)提出,T表示的是10%的平均服务寿命,a和m应和年龄变量保持一致,用十分位数表示,F_0决定了分布的形状,即退役的最大概率,两种广泛应用的曲线是S_2和S_3,曲线的相关参数分别为:

S_2: $F_0 = 11.911$;$a = 10$;$m = 3.70$

S_3: $F_0 = 15.610$;$a = 10$;$m = 6.902$

表5-2显示了S_2和S_3两种曲线的实际应用,当死亡函数用于永续盘存法模型时,一般步骤是计算已知安装时间的资产的百分比,这些资产经由平均服务寿命百分比可以测算出的不同时间的边际退休率。图5-3显示了它们的分布结果。

表5-2 两种温弗里退役函数的计算

平均服务寿命百分比	十分位数的边际退役率		平均服务寿命百分比	分位数的边际退休率	
十分位数	温弗里S_2	温弗里S_3	分位数	温弗里S_2	温弗里S_3
0~10	0.0000	0.0000	0~5	0.0000	0.0000
			5~10	0.0001	0.0000
10~20	0.0003	0.0000	10~15	0.0001	0.0000
			15~20	0.0007	0.0000

续表

平均服务寿命百分比十分位数	十分位数的边际退役率		平均服务寿命百分比分位数	分位数的边际退休率	
	温弗里 S_2	温弗里 S_3		温弗里 S_2	温弗里 S_3
20~30	0.0027	0.0001	20~25	0.0014	0.0001
			25~30	0.0031	0.0004
30~40	0.0099	0.0015	35~40	0.0049	0.0007
			40~45	0.0114	0.0036
40~50	0.0228	0.0072	45~50	0.0114	0.0036
			50~55	0.0160	0.0072
50~60	0.0411	0.0214	55~60	0.0205	0.0107
			60~65	0.0259	0.0171
60~70	0.0625	0.0469	65~70	0.0312	0.0234
			70~75	0.0366	0.0321
70~80	0.0840	0.0814	75~80	0.0420	0.0407
			80~85	0.0466	0.0498
80~90	0.1024	0.1178	85~90	0.0512	0.0589
			90~95	0.0543	0.0659
90~100	0.1148	0.1456	95~100	0.0574	0.0728
			100~105	0.0585	0.0754
100~110	0.1191	0.1561	105~110	0.0596	0.0781
			110~115	0.0585	0.0754
110~120	0.1148	0.1456	115~120	0.0574	0.0728
			120~125	0.0543	0.0659
120~130	0.1024	0.1178	125~130	0.0512	0.0589
			130~135	0.0466	0.0498
130~140	0.0840	0.0814	135~140	0.0420	0.0407
			140~145	0.0366	0.0321
140~150	0.0625	0.0469	145~150	0.0312	0.0234
			150~155	0.0259	0.0171
150~160	0.0411	0.0214	155~160	0.0205	0.0107
			160~165	0.0160	0.0072

续表

平均服务寿命百分比	十分位数的边际退役率		平均服务寿命百分比	分位数的边际退休率	
十分位数	温弗里 S_2	温弗里 S_3	分位数	温弗里 S_2	温弗里 S_3
160~170	0.0228	0.0072	165~170	0.0114	0.0036
			170~175	0.0082	0.0022
170~180	0.0099	0.0015	175~180	0.0049	0.0007
			180~185	0.0031	0.0004
180~190	0.0027	0.0001	185~190	0.0014	0.0001
			190~195	0.0007	0.0000
190~200	0.0003	0.0000	195~200	0.0001	0.0000

资料来源：OECD. Measuring Capital OECD Manual（2009）.

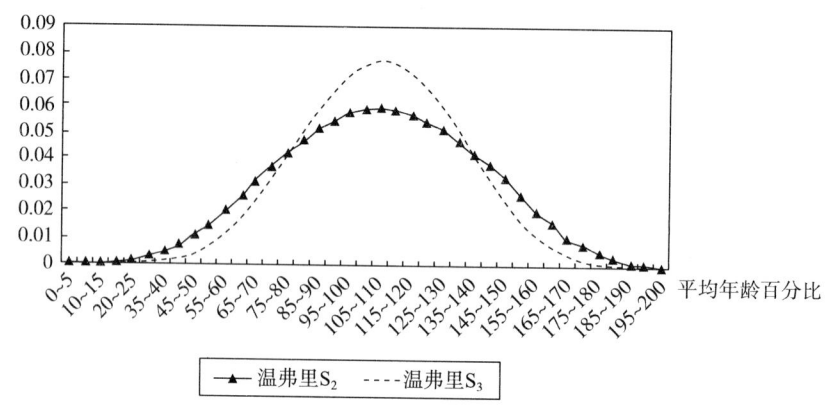

图 5-3 S_2 和 S_3 的对称曲线结果分布

分布结果显示，S_2 曲线比 S_3 曲线要平滑，因此在实际应用中更优选择的是使用 S_3 曲线。

2）威布尔分布。威布尔函数广泛用于自然人口死亡研究，它是一个灵活的函数，可以采纳与温弗里设计相似的形状，它由瑞典数学家沃特·

威布尔（Walled Weibull）于1951年提出，被很多国家广泛用于永续盘存法的估算。其函数形式为：

$$F_T = \alpha\lambda(\lambda T)^{\alpha-1} e^{-(\lambda T)^\alpha} \tag{5-2}$$

式中，T为资产从安装开始算起的年龄，$\alpha > 0$ 和 $\lambda > 0$ 是决定分布的偏斜度和峰度的参数。

在实践应用中，荷兰统计局曾利用废弃调查数据，对范围广泛的资产进行威布尔废弃方式的估算，具体如表5-3所示。

表5-3 荷兰威布尔分布参数

资产	威布尔分布参数范围	
	λ	α
房屋	0.021~0.020	0.970~2.210
客车或其他运输设备	0.134~0.251	1.130~2.120
电脑	0.066~0.286	1.140~2.840
机器设备	0.020~0.074	1.270~2.500
其他固定资产	0.028~0.108	0.980~2.630

资料来源：荷兰中央统计局。

由表5-3可以看到λ和α的值。α参数可以被解释为对某一资产被废弃的风险变化的测算，即 $0 < \alpha < 1$ 表示随时间推移废弃风险的减少，$\alpha = 1$ 表示资产在服务时期内保持连续的废弃风险，$1 < \alpha < 2$ 表示废弃风险随资产的年龄增长而增长但是增速在下降，$\alpha = 2$ 表示废弃风险的线性增长，$\alpha > 2$ 表示废弃风险的逐步增长。如表中所列出的"计算机"资产的α的最大取值比其他资产的α最大值更大，这从某种程度上意味着计算机所代表的知识产权产品相比其他普通产品而言随时间过时的风险更大，被废弃的风险更高。在这一方法中，由于凸显了资产被废弃的风险变化的测算，更适用于对知识产权产品的高风险特性的考虑，因此，将其应用于知识产权产品的退役测算似乎更为合适。

3）对数正态分布

正态分布广泛用于统计学的很多分支。正态频率分布是对称的并具有一个有用的特性，即95%的可能性置于平均数附近的两个标准差之内。对数正态分布也具有这一特性，并广泛用于永续盘存法（PIM）的死亡分布。对数正态分布为右偏，在资产年限的第一年废弃的可能性为0，右侧分布的尾部接近但永远不会为0，但当概率变小时必须设定为0。

对数正态频率分布的函数形式为：

$$F_T = \frac{1}{T\sigma\sqrt{2\pi}} e^{-(\ln T - \mu)\frac{2}{2\sigma^2}} \tag{5-3}$$

式中，T为资产年龄，σ是对数正态分布的标准差，μ为对数正态分布的平均数，$\sigma = \sqrt{\ln\left(1 + \frac{1}{(m/s)^2}\right)}$，$\mu = \ln m - 0.5\sigma^2$，这里m和s是基本正态分布的平均数和标准差。对数正态频率分布在欧盟已被用于资本存量的测算，即假设m为已知的平均使用年限，标准差s设定在m/2到m/4之间，进而得到退役的更多和更少的峰态分布。

有关威布尔和对数正态分布的理论在一些国家已得到了实际应用。如荷兰中央统计局和法国国家统计局分别对上述两种方法进行了实际的应用，结果使他们满意。因为用上述方法计算的结果与其在实际中观察到的废弃模式是一致的。目前，这一方法被欧盟用于资本存量的研究中，本书认为也可尝试将其用于对知识产权产品的资本存量测算。

以下是基于正态退役函数和年龄—效率函数结合的实际应用。这一死亡模式和年龄—效率的结合用代数表示为：

$$h_n = \sum_{T=n}^{TMAX} g_n(T) F_T; \quad n = 0, 1, \cdots, T^{MAX} \tag{5-4}$$

式中，T^{MAX}是一组资产的最大服务寿命，F_T是上述死亡模式中描述的资产在年龄T上退役的边际概率，$g_n(T) = (1 - n/T)$表示的是年龄效率函数。具体结果如表5-4所示。

从表5-4可以看到，第一列显示的是T年后资产退役的概率（基于正态退役函数），第一行显示的是单个资产的线性年龄—效率函数，每个h_n

第五章 知识产权产品的资本测算方法

表5-4 年龄—效率/退役函数

边际概率		$g_n \rightarrow$	0.938	0.875	0.813	0.750	0.688	0.625	0.563	0.500	0.438	0.375	0.313	0.250	0.188	0.125	0.063	0.000
		$h_n \rightarrow$	0.889	0.778	0.667	0.557	0.448	0.342	0.243	0.158	0.091	0.046	0.020	0.007	0.002	0.000	0.000	0.000
	T		1	2	3	4	5	6	7	8	9	10	11	12	13	14	15	16
0.0000	1		0.000															
0.0002	2		0.000	0.000			$g_n(T)$	$= (1-n/T)$										
0.0001	3		0.001	0.000	0.000													
0.0049	4		0.004	0.002	0.001	0.000												
0.0165	5		0.013	0.010	0.007	0.003	0.000											
0.0441	6		0.037	0.029	0.022	0.015	0.007	0.000										
0.0918	7		0.079	0.066	0.052	0.039	0.026	0.013	0.000									
0.1499	8		0.013	0.112	0.094	0.075	0.065	0.037	0.019	0.000								
0.1915	9		0.0170	0.149	0.128	0.106	0.085	0.064	0.043	0.021	0.000							
0.1915	10		0.172	0.153	0.134	0.115	0.096	0.077	0.057	0.038	0.019	0.000						
0.1499	11		0.136	0.123	0.109	0.095	0.082	0.068	0.055	0.041	0.027	0.014	0.000					
0.1499	12		0.084	0.077	0.069	0.061	0.054	0.046	0.038	0.031	0.023	0.015	0.008	0.000				
0.0441	13		0.041	0.037	0.034	0.031	0.027	0.024	0.020	0.017	0.014	0.010	0.007	0.003	0.000			
0.0165	14		0.015	0.014	0.013	0.012	0.011	0.009	0.008	0.007	0.006	0.005	0.004	0.002	0.001	0.000		
0.0049	15		0.005	0.004	0.004	0.004	0.003	0.003	0.003	0.002	0.002	0.002	0.002	0.001	0.001	0.001	0.000	
0.0011	16		0.001	0.001	0.001	0.001	0.001	0.001	0.001	0.001	0.001	0.000	0.000	0.000	0.000	0.000	0.000	0.000
0.0002	17		0.000	0.000	0.000	0.000	0.000	0.000	0.000	0.000	0.000	0.000	0.000	0.000	0.000	0.000	0.000	0.000

资料来源：OECD. Measuring Capital OECD Manual (2009).

都是这一列下的各行的总和,即这一列下的每个数值都是这一组年龄—效率概率的加权(在每组资产年龄 n 下)。假如表 5-3 中使用了一年的旧资产(n=1)的期望服务寿命是 5 年,则 $g_1(5) = 1 - 1/5 = 4/5$,服务寿命为 5 年的资产的退役概率为 1.65%,则 $h_1 = 4/5 \times 1.65\% = 0.013$。

(二) 基于潜在价值的动态指标测算方法的论证

从图 5-2 可以看到,资本服务价值是用于决定知识产权产品的潜在价值。因此,以下对资本服务价值的测算将从资本服务价格测算和物量测算两方面进行研究。

1. 资本服务价格的测算

在实际测算中,资本服务价格的测算一般使用的是用户成本(也可称为使用者成本)或租赁价格来进行估算,同时还应结合资本收益的相关内容进行估算值的修正。一旦得到资本服务的价格,资本服务的物量就可以从生产存量中推导出来。

由上述可以看到,对资本服务价格的测算主要包括资本收益的测算和用户成本的测算。下面对这两方面做重点阐述。

(1) 资本收益的测算。主要在于对资本收益率的估算。收益率是构建用户成本的一个重要因子。在一个起作用的资本市场,预期的资本收益对应的是风险调整的市场收益。在私营部门和一定的市场条件下,获得收益率的有效的方法是拥有耐用品的机会成本而不是金融债权(Jorgenson and Yun, 2001)。这里的机会成本被解释为用户成本的收益率。当存在一个起作用的市场,事前的方法并不能带来预期的固定资产的高收益率(相对其他投资而言),它是通过对市场风险的比较来衡量。另外,事后收益率对于相似风险条件下的投资之间的估算则可能是不同的。事后收益率方法适合应用于单一类型资产的测算中,因为不同类型的资产将会产生不同程度的风险。如在办公大楼上的投资可能比在研发上的投资风险更低。

原则上讲,每种类型的资产应使用事前的收益率来反映,然而资产并不是孤立的存在,它会和其他资产或其他生产要素相结合,如单位或企业。一个行业相似的活动和来自不同行业的活动，它们的风险可能是不一样的，因为不同的行业使用的资本组合是不同的，其经济运行的环境也可能不同。一个投资者所期望的收益率至少要等于其在市场上对其他类似风险项目的投资。但是这种投资所涉及的与企业经营有关的收益率总体上对于所有的资产是一样的，即在同一经济体下不同类型的资产其收益率也应是相同的。因此，运用事前方法对于在同一经济单位或同一产业下的不同资产类型是相同的。但实际情况是事前方法预期的收益和事后方法已实现的收益不同。现实中合适收益率的选择与国民核算中的一些问题相关，如资本服务价值的估算能否用于解释营业盈余总额、总混合收入的资本部分以及与资本相关的税。或者说，资本服务的估算是独立的，以至于存在另外一种增值不能通过劳动力或资本的报酬来解释。

针对这一讨论，有必要对事前和事后方法的区别做一分析。使用事后方法，也即对已实现收益率的应用，有两种途径来实施，即内生—事后方法和外生—事后方法。内生—事后收益率是通过估算资本服务的价值来得到从一个核算期到另一个核算期的内部收益率的资本服务。这一资本服务的价值恰好等于营业盈余总额加上混合总收入的资本部分。外生—事后收益率是从金融市场的信息中得到，如公司债务率。两相比较，虽然外生比内生计算收益率在理论假设的限制更少，可是外生方法也存在缺陷，如其假设收益率为一确定值，可是在实际中存在于不同部门和企业之间的收益率不同。理论上，对收益率的特定选择是缺乏指导的，从实践角度获取也很困难。例如，确定来自不同国家在金融市场上的收益率取决于该国家是否存在可控制和可约束的金融市场，否则很难获得。除此之外，它还可能导致无经济意义的用户成本，即取负值。因此，目前更多的仍是采用内生—事后方法。但事前收益率则能够更好地反映投资的预期经济收益，这里一般不太可能使资本服务与营业盈余总额加上混合总收入的资本部分完全相等。

鉴于上述方法的可适用性，Outlon（2007）建议在实际中使用混合方法计算收益率，即先使用内生—事后收益率计算，再用事前收益率作为事后收益率的趋势校正。但是，无论理论上建议使用何种方法，都无法避免数据的可获得性约束方法的使用。使用内生方法最低限度需要将生产分解为市场部门和非市场部门，其区别在于能否识别非劳动力收入，如果不能识别则收益率可能被低估。如由于 SNA 中未考虑到政府拥有资产的收益，结果会导致整体经济体的收益率上偏。同时资产范围也要相对完整，如果这些条件不能满足，则其方法可能是有偏的。对于非市场生产者而言，其收益率是否为 0 是值得进一步讨论的。虽然人们基于非市场的非营利性而认为其收益率为 0，但是也有人认为非市场生产者的资产也应有正的收益率。例如，政府在决定是否实施公共投资的行为时，是依据对净收益的测算来决策的，如政府贷款，其融资成本（是资本用户成本的一部分）是存在于政府中的。对于市场生产者而言，其预期的收益率则是随着与企业经营有关的风险溢价功能而变化。一般来说，非市场部门收益率认为是接近市场部门和住户部门的平均收益率，或基于成本效益分析的贴现率，成本效益研究的核心在于机会成本被用于表示经济主体的用户成本。

基于上述可能存在的问题，以下将针对市场生产者、非市场生产者的资产收益率的估算方法进行说明。

1）对于市场生产者收益率的估算。目前有两种方法被广泛应用，即内生—事后方法和外生—事前方法进行资本收益率的估算。

①用内生—事后方法来估算资本收益率。它等于 G^t 加上生产资本税就得到了总的资本用户成本 U^t。如式（5-5）所示。其中，r^t 是 t 期期初的真实收益率；$i^{k,t*}$ 是经过 t 期的事后真实收益率（价格缩减了的），$P_0^{K,tB}K^{K,t}$ 是资产 K 在 t 期的生产性资本存量，ρ^t 是 t 期期初的消费者价格指数变化率，$G^t + T_K^t$ 等于总的用户成本，这里要注意的是上述所有变量均假设是已知的，除了收益率，这里假设的是几何折旧的方法。

$$G^t + T_K^t = \sum_{K=1}^{N} P_0^{K,tB}(1+\rho^t)[r^{t*} + \delta^K(1+i^{K,t*}) - i^{K,t*}]K^{K,t} \quad (5-5)$$

式（5-5）的计算是基于用户成本的公式，所表达的仅是名义收益率和名义持有损益。在几何折旧情况下，收益率可直接计算：名义内生—事后收益率 r^t 就等于净营业盈余 N^t 加上与生产有关的资本税 T_K^t，再加上

资产的重估价 R^t，除以生产性资产存量价值，即 $r^t = \dfrac{N^t + T_K^t + R^t}{\sum_{K=1}^{N} P_0^{K,tB} K^{K,t}}$；其中净营业盈余 N^t 等于总的营业盈余减去折旧，即 $N_t = G_t - D_t$。r^t 减去通货膨胀率 ρ^t，再除以 $(1+\rho^t)$ 得到的就是相对 r^t 的真实收益率 r^{t*}。

②用外生—事前方法来估算资本收益率。将 $r_{(tB)}^*$，$i_{(tB)}^{K*}$ 和 $\rho_{(tB)}$ 插入用户成本表达式中，将不同的资产以及产品相关的资本税 T_K^t 累计加和，得到式（5-6）。其中，$r_{(tB)}^*$ 表示 t 期期初期望的真实收益率，$i_{(tB)}^{K*}$ 表示资产持有损益的预期利率，$\rho_{(tB)}$ 表示价格指数变化率。经济合作与发展组织（OECD）一般是使用外生真实收益率来进行资本服务的测算。

$$G_{(tB)}^t + T_K^t = \sum_{K=1}^{N} P_0^{K,tB}(1+\rho_{(tB)})[r_{(tB)}^* + \delta^K(1+i_{(tB)}^{K*})]K^{K,t} \quad (5-6)$$

在这里要注意的是，事前收益率是一个平均值，它是通过建构特定产业的加权平均数——每个行业的加权数是其在总的价值中分配的净存量（市场部门）的比例。在现实情况下，选择这一方法来测算收益率一般基于下面两个情况：一是资产存量信息不完整，不能作为计算存量的一部分，而它又是测算资本服务的重要来源，导致内生方法测算的收益率是有偏（向上偏误）的，因为非劳动力收入被放入与被低估的资产存量相关；二是没有对政府部门和市场部门加以区别，导致内生方法测算的收益率是有偏（下偏）的，因为这里没有政府资产的净营业盈余，导致市场部门的营业盈余将会被带进总经济体的资产关系中，所以资产存量太大（被高估）。

由上述分析可以看到，资产范围的不同将可能导致收益率计算结果的不同。实践证明，基于事后的用户成本的测算比用事前方法测算的用户成本更不稳定，因此本书建议对知识产权产品使用外生—事前的方法进行用户成本的计算。图 5-4 是外生—事前方法对不同资产范围的收益率测算的结果。

由图 5-4 可以看到，实线所绘出的曲线（不完整的资产范围）相比虚线所绘出的曲线（较完整的资产范围），产生了一个相对较高的资本收益率。在用这种方法进行估算时,要注意的是在金融市场选择一个关键的平均利率,将其与投资在非金融资产的机会成本建立联系。如利率的选择可以参考在不同成熟期下的政府债券、公司债券、公司负债率等。

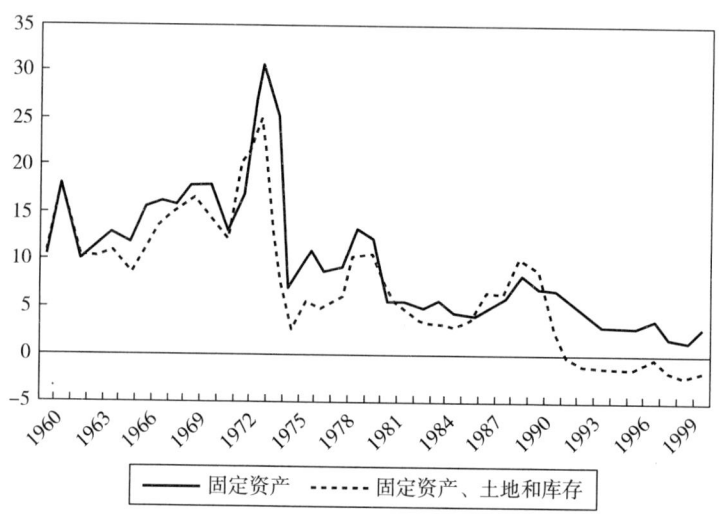

图 5－4 日本不同资产范围的收益率

资料来源:野村(日本企业),2004 年。

2)对于非市场生产者收益率的估算。非市场生产者一般包括政府部门和住户部门,本书仅对政府部门的收益率进行估算。

有学者认为,计算政府部门资本成本的正的收益率是有用的,可以通过捕捉政府投资的机会成本。当然,这里假定的政府部门收益率为正值与 SNA 提出的假定的政府部门收益率为 0 不一致。但本书认为,那只是 SNA 为了实践的可操作性而所做的妥协。事实上,测算非市场生产者的资本成本是必要的。Masetal(2006)论证了大部分由政府拥有的基础设施资本在西班牙经济增长中所起的作用,结果计算出的政府资本成本的收益率是正数,因此建议政府部门的收益率在概念上应与市场生产者一致。由此可以进一步认为,上述有关市场生产者的资本收益率测算方法也可应用于政府

第五章 知识产权产品的资本测算方法

部门,即采用事前方法用于政府部门资本收益率的测算也更可取。但这里要注意的是,如上述所分析的,使用事前方法在不同的资产范围基础上会得到不同的结果,而这里政府部门的资产范围一般很大,包括生产资产和非生产资产,其中政府部门所拥有的非生产资产(如自然资源)在公共部门的总财富中占有很大的部分。因此,对于政府部门的资产范围的理解是准确计算政府部门收益率的关键环节。当存在如下情况,即政府部门将其拥有的非生产非金融资产转移给其他单位实施,如矿产勘探,那么这一租赁行为本身并不是矿产勘探所提供的资产服务,应记录在使用者侧,而不是政府侧。换句话说,就是政府在生产过程中的资产应被认为是政府生产的资本服务的来源,可以作为其资本收益的代表,但为了更好地实际操作,一般在计算上,将政府的资产范围限定在生产资产(包括库存)以及与政府所使用的建筑物相关的土地内,可将它们用于净资本收益的估算中。当然在概念上,所有用于政府生产的非金融资产也应属于政府资产范围内,至少是为了分析的目的,也可应用于对资本服务价值的估算。

如上所述,政府生产的净收益与其资产的净存量以及在不同时间序列下的资产投资相关,原则上,这两个信息是计算资本收益的先决条件。考虑到所需要的信息,政府收益率可以用市场部门收益率 r^{t*} 的加权平均和住户部门收益率 $r^{H,t*}$ 的加权平均来表示,即:

$$r^{G,t*} = \theta r^{t*} + (1-\theta) r^{H,t*} \quad (5-7)$$

式中,θ 是市场部门的资产价值占总资产价值(市场部门资产的价值加上住户部门资产的价值)的比值。市场部门收益率 r^{t*} 在上节中已经做了详细讨论,住户部门资产的真实收益率 $r^{H,t*}$ 测算方法的选择最好能够与潜在的资本收益率(与自有住房相联系的)一致,但由于缺少住户自有住房的相关信息,目前选择的是用社会时间偏好率来进行测算。社会时间偏好率是反映社会附加于现在的价值,也就是相对于未来的消费。

这里要注意的是,政府资产的收益率 $r^{G,t*}$ 对应的是政府资产的平均净存量,其估价按照核算期期初的价格 $\sum_{i=1}^{N} P_0^{i,tB} W^{i,t}$,$(1+\rho^t)$ 是假设在核算期末所有累积资产的使用所获得的收益,最后总的政府资本用户成本可以得到,即资本收益率的加和再减去资产持有收益加上折旧 $D^{G,t}$,如果忽略资产持有收益,政府自身拥有的资产的资本服务总价值就可用如下表达式:

$$U^{G,t*} = (1+\rho)r^{H,t*}\sum_{i=1}^{N}P_0^{i,tB}W^{i,t} + D^{G,t} \quad (5-8)$$

另一种可供选择的方法,是将市场部门和住户部门的收益合在一起去获得政府部门的收益率,这被认为是政府项目的金融成本。基于这一条件下使用事前方法,其投资的收益率等于金融成本,金融成本可通过政府的贷款利率(表面上显示的就是政府债券)捕捉到。为了得到所期望的收益率,需要平滑不同成熟期的一系列政府债券利率,以保持与政府资产结构的一致性。

由于国民经济核算并未直接提供有关市场和住户部门收益率的信息,可行的方法就是识别政府收益率和住户收益率,后者按照时间偏好率(Social Rate of Time Preference,SRTP)方法测算,一般表示如下:

$$SRTP = (1+g)^e(1/\Pi^W) - 1 \quad (5-9)$$

式中,g 表示住户人均消费率的增长趋势,e 捕捉的是消费边际效用弹性,w 表示的是后代;Π 表示的是个体存活率,可以用死亡人数占总人口数的比例计算,具体 OECD 国家的应用如表 5-5 所示。

表 5-5　OECD 国家社会时间偏好率　　　　　　　单位:%

	人均消费率	生存率	社会时间偏好率					
			w=0.5	w=1	w=0.5	w=1	w=0.5	w=1
	g		e=1	e=1	e=0.5	e=0.5	e=1.2	e=1.2
澳大利亚	1.99	0.99261	2.4	2.7	1.4	2.4	1.9	2.9
奥地利	2.21	0.98890	2.8	3.4	1.7	2.8	2.5	3.6
比利时	2.05	0.98894	2.6	3.2	1.6	2.6	2.4	3.4
加拿大	1.74	0.99286	2.1	2.5	1.2	2.1	1.7	2.6
丹麦	1.64	0.98901	2.2	2.8	1.4	2.2	2.2	3.0
芬兰	2.31	0.99050	2.8	3.3	1.6	2.8	2.3	3.5

续表

	人均消费率	生存率	社会时间偏好率					
	g		w = 0.5 e = 1	w = 1 e = 1	w = 0.5 e = 0.5	w = 1 e = 0.5	w = 0.5 e = 1.2	w = 1 e = 1.2
法国	1.93	0.99033	2.4	2.9	1.5	2.4	2.1	3.1
德国	1.99	0.98879	2.6	3.1	1.6	2.6	2.4	3.4
希腊	2.61	0.99085	3.1	3.6	1.8	3.1	2.4	3.7
冰岛	3.05	0.99330	3.4	3.7	1.9	3.4	2.3	3.9
爱尔兰	2.81	0.99069	3.3	3.8	1.9	3.3	2.5	4.0
意大利	2.07	0.99029	2.6	3.1	1.5	2.6	2.2	3.3
日本	2.50	0.99322	2.8	3.2	1.6	2.8	2.1	3.3
卢森堡	2.68	0.98962	3.2	3.8	1.9	3.2	2.6	4.0
荷兰	1.73	0.99150	2.2	2.6	1.3	2.2	1.9	2.8
新西兰	1.28	0.99223	1.7	2.1	1.0	1.7	1.6	2.2
挪威	2.55	0.98985	3.1	3.6	1.8	3.1	2.5	3.8
葡萄牙	2.91	0.98978	3.4	4.0	2.0	3.4	2.7	4.2
西班牙	2.61	0.99156	3.0	3.5	1.7	3.0	2.3	3.7
瑞典	1.30	0.98922	1.9	2.4	1.2	1.9	2.0	2.6
瑞士	1.12	0.99100	1.6	2.0	1.0	1.6	1.7	2.2
土耳其	1.78	0.99127	2.2	2.7	1.3	2.2	2.0	2.9
英国	2.28	0.99870	2.9	3.4	1.7	2.9	2.5	3.7
美国	1.96	0.99135	2.4	2.8	1.4	2.4	2.0	3.0
平均	2.10	0.99068	2.6	3.1	1.5	2.6	2.2	3.3

资料来源：OECD. Measuring Capital OECD Manual (2009).

表 5 - 5 第二列 g 计算的是在 1970 ~ 2005 年的人均消费率的趋势，可以看到这一数值基本上在 2% 左右；第三列显示的是在同样的 35 年内的平均生存概率，可以用死亡人数占总人口数的比例计算；其他六个组合参数表示的是后代 (w) 相对于消费 (e) 的边际效用弹性。基于文献研究得

到，w = 0.5，e = 1 是优先选择的参数集合，它在一定条件下产生的 SRTP 为 2.6%。由于使用 SRTP 方法上的数据相对更易获得，因此，可以认为相对于 OECD 国家，更适合将其用于统计体系尚不完备的国家。

（2）用户成本[①]测算。用户成本是资本用户所有者使用自己的资产所提供服务，即为自己服务付费，或者说用户成本相当于资产在每一个生产周期内所产生的边际收益。在一个正常的市场，这一定义排除了提供租赁的任何劳动力成本和中间成本，用户成本的估值应与所有者将货物服务用于租赁所取得的收益一样。在这里我们用 f_n^t 来表示用户成本（而不像之前的是用 C_n^t 表示）。P_n^{tB} 表示的是在核算期 t 期期初时刻，一个使用了 n 年的（旧的）资产的价格，它等于租金收入的总和 $\{f_n^t, f_{n+1}^{t+1}, \cdots\}$ 在 t 年初期的贴现；这里 n = 0.5，1.5，2.5，即假设核算期期中的值等同于其核算期内的平均值。具体表达式如下：

$$P_n^{tB} = f_n^t(1 + r_{(tB)})^{-1} + f_{n+1}^{t+1}(1 + r_{(tB)})^{-2} + f_{n+2}^{t+2}(1 + r_{(tB)})^{-3} + \cdots, \quad n = 0.5, 1.5, 2.5 \tag{5-10}$$

将式（5 - 10）变形，即转移一个核算期，得到：

$$P_{n+1}^{t+1B} = f_{n+1}^{t+1}(1 + r_{(tB)})^{-1} + f_{n+2}^{t+2}(1 + r_{(tB)})^{-2} + f_{n+3}^{t+3}(1 + r_{(tB)})^{-3} + \cdots \tag{5-11}$$

将式（5 - 10）乘以（1 + r_{tB}）减去式（5 - 11），得到：

$$P_n^{tB}(1 + r_{(tB)}) - P_{n+1}^{t+1B} = f_n^t \quad n = 0.5, 1.5, 2.5 \tag{5-12}$$

当新的资产在核算期 t 被购买，就产生了一个半周期的租金，用 f_{H0}^t 表示，这与在整个核算期所获得的租金 $\{f_n^t\}$ 是不一样的，这里的新资产与用户成本的关系表示如下：

$$P_0^t(1 + r_{(tB)}/2) - P_{0.5}^{tE} = f_{H0}^t \tag{5-13}$$

为了实际需要，进一步将半周期的用户成本 f_{H0} 简化为相当于假设的资产的用户成本的一半，这里假设资产在核算期期初即被购买获得，表达式为：

[①] OECD 资本测算手册称其为使用者成本。

第五章　知识产权产品的资本测算方法

$$f_{H0}^t \approx f_0^t/2 = [P_0^{tB}(1 + r_{(tB)}) - P_1^{tE}]/2 \tag{5-14}$$

式中，P_0^{tB} 上标 B 表示的是在 t 期期初，下标 0 与价格一起表示的是资产的年龄，如新资产的年龄是 0。P_1^{tE} 中的上标 E 表示的是在 t 期期末。

由于用户成本表达式包含了折旧、净资本存量和重估价，因此本书也对这三个指标在测算上与用户成本的相关性进行探讨。

1）折旧。这里假设一种简化形式，即在当期的 2 年旧资产折旧率与它在期末的折旧率一样，得到如下表达式：

$$\delta_n = (P_n^{tE} - P_{n+1}^{tE})/P_n^{tE} = 1 - P_{n+1}^{tE}/P_n^{tE} = (P_n^{tB} - P_{n+1}^{tB})/P_n^{tB} \tag{5-15}$$

再转向用户成本表达式（5-12），$P_n^{tB} - P_{n+1}^{tE}$ 将其价格变化分解为反映折旧引起的价格变化和反映重估价或持有损益引起的变化，如上所述，将每单位资产折旧价值 d_n^t（n 年旧资产在 t 期期初）定义为核算期内产品的资产折旧率和平均价格，这相当于 SNA 对固定资本的折旧或消耗所做的处理。得到表达式如下：

$$\begin{aligned} d_n^t &= 0.5[(P_n^{tB} - P_{n+1}^{tB}) + (P_n^{tE} - P_{n+1}^{tE})] \\ &= 0.5[P_n^{tB}(1 - P_{n+1}^{tB}/P_n^{tB}) + P_n^{tE}(1 - P_{n+1}^{tE}/P_n^{tE})] \\ &= 0.5[P_n^{tB}\delta_n + P_n^{tE}\delta_n] \\ &= \delta_n 0.5[P_n^{tB} + P_n^{tE}] \\ &= \delta_n P_n^t \\ &= P_n^{tB}\delta_n(1 + i_{(tB)}/2) \end{aligned} \tag{5-16}$$

其中，n = 0.5，1.5，2.5。

新资产半年的折旧 d_{H0}^t 简单处理为：

$$d_{H0}^t = d_0^t/2 = \delta_0 P_0^t/2 \tag{5-17}$$

得到了上述 n 年旧资产的折旧价值，再包括 n 年旧资产的每单位的重估价或持有损益，则弥补了资产价值的总变化差额，即 $P_n^{tB} - P_n^{tE}$ 可以测算如下：

$$\begin{aligned} z_n^t &= 0.5[(P_n^{tE} - P_n^{tB}) + (P_{n+1}^{tE} - P_{n+1}^{tB})] \\ &= 0.5[P_n^{tB}(P_n^{tE}/P_n^{tB} - 1) + P_{n+1}^{tB}(P_{n+1}^{tE}/P_{n+1}^{tB} - 1)] \end{aligned}$$

$$= 0.5 [P_n^{tB} i_{(tB)} + P_{n+1}^{tB} i_{(tB)}]$$
$$= i_{(tB)} 0.5 [P_n^{tB} + P_{n+1}^{tB}]$$
$$= P_n^{tB} i_{(tB)} 0.5 (1 + P_{n+1}^{tB}/P_n^{tB})$$
$$= P_n^{tB} i_{(tB)} 0.5 (2 - \delta_n)$$
$$= P_n^{tB} i_{(tB)} [1 - \delta_n/2] \tag{5-18}$$

其中，$n = 0.5, 1.5, 2.5$，重估价 z_n^t 反映的是给定年龄资产预期价格的上升。

n 年资产在核算期期初的每单位资产的用户成本（假设租金收入在期末发生）表达如下：

$$f_n^t = P_n^{tB}(1 + r_{(tB)}) - P_{n+1}^{tE}$$
$$= P_n^{tB} r_{(tB)} + d_n^t - z_n^t$$
$$= P_n^{tB} r_{(tB)} + P_n^{tB} \delta_n (1 + i_{(tB)}/2) - P_n^{tB} i_{(tB)} (1 - \delta_n/2)$$
$$n = 0.5, 1.5, 2.5 \tag{5-19}$$
$$f_{H0}^t = (P_0^{tB} r_{(tB)} + d_0^t - z_0^t)/2$$

根据式（5-19），可以得到组内总的资产的折旧价值，即式（5-16）和式（5-17）分别乘以在年龄 n 上的生产率的制造期投资的总量 I，得到如下表达式：

$$D_n^t = d_n^t I^{t-n-0.5}$$
$$= P_n^{tB} \delta_n (1 + i_{(tB)}/2) I^{t-n-0.5}$$
$$n = 0.5, 1.5, 2.5 \tag{5-20}$$
$$D_{H0}^t = d_0^t I^t/2$$
$$= P_0^{tB} \delta_0 (1 + i_{(tB)}/2) I^t/2$$
$$n = 0.5, 1.5, 2.5 \tag{5-21}$$

式（5-20）可以进一步转化为如下表达式：

$$D^t = D_{H0}^t + D_{0.5}^t + D_{1.5}^t + \cdots$$
$$= P_0^t \delta_0 I^t/2 + \delta_{0.5} P_{0.5}^t I^{t-1} + \delta_{1.5} P_{1.5}^t I^{t-2} + \cdots \tag{5-22}$$

从式（5-22）中可以看到，折旧价值与很多变量相关，其中包括与资产的年龄—价格方法相关（上文对年龄—价格已经做了分析），它显示了相同资产在不同年龄级别上购买价格如何，假设给定资产的年龄—价格函数如下：

$$\psi_n = P_n^t / P_0^t \, (n = 0.5, 1.5, \cdots) \quad (5-23)$$

根据折旧率的定义，折旧率和年龄—价格的关系表达式如下：

$$\delta_n = 1 - \psi_{n+1} / \psi_n \quad (5-24)$$

将式（5-23）进一步转化为：

$$\delta_n \psi_n = \psi_n - \psi_{n+1} \quad (5-25)$$

将式（5-25）代入式（5-22），得到：

$$D^t = P_0^t [\delta_0 I^t/2 + \delta_{0.5} \psi_{0.5} I^{t-1} + \delta_{1.5} \psi_{1.5} I^{t-2} + \cdots]$$
$$= P_0^t [(1 - \psi_{0.5}) I^t + (\psi_{0.5} - \psi_{1.5}) I^{t-1} + (\psi_{1.5} - \psi_{2.5}) I^{t-2} + \cdots] \quad (5-26)$$

式（5-26）最后一行显示折旧价值只通过年龄—价格函数表达的形式（P_0^t 为已收集到的价格）。注意，这里涉及的是年龄—价格的几何函数表达。

在假定几何折旧率是一个不变量的条件下，几何折旧价值的表达如下：

$$D^t(\text{geometric}) = \delta P_0^t [I^t/2 + \psi_{0.5} I^{t-1} + \psi_{1.5} I^{t-2}]$$
$$= \delta P_0^t [I^t/2 + W^{tB}] \quad (5-27)$$

式（5-27）中的折旧率对应的是年初的存量，W^{tB} 表示的是 t 年内进行的一半的投资，$W^{tB} = \psi_{0.5} I^{t-1} + \psi_{1.5} I^{t-2} + \psi_{2.5} I^{t-3} + \cdots$，式（5-26）是一组资产折旧的不变价表达式，也可用于将折旧分解为价格—物量的起点的验证，本质上折旧价格指数应是新资产 P_0^t 在中间年份的价格指数，而 $[\delta I^t/2 + \delta \psi_{0.5} I^{t-1} + \delta \psi_{1.5} I^{t-2}]$ 则构成了折旧物量的部分，基于参考年的不变价的表达（投资序列已被缩减）。因此，在 t 期和 t-1 期特定资产类型的折旧拉氏物量链式指数是适合国民账户体系的，即：

$$Q_L^{t/t-1}(D) = P_0^{t-1} [\delta_0 I^t/2 + \delta_{0.5} \psi_{0.5} I^{t-1} + \delta_{1.5} \psi_{1.5} I^{t-2} + \cdots] / D^{t-1}$$
$$= (D^t / D^{t-1}) / (P_0^t / P_0^{t-1}) \quad (5-28)$$

将式（5-28）从单个资产类型的角度进一步扩展能直接得到包括所有资产类型的折旧价值，即：

$$D^t = \sum_{i=k}^{N} D^{k,t} \tag{5-29}$$

式中，上标 k 表示的是 N 类资产的其中一种，k = 1, 2, ⋯, N。所有 N 种类型资产的总折旧价值对应的拉氏物量指数为：

$$Q_L^{t/t-1}(D) = \sum_{k=1}^{N} D^{k,t-1} Q_L^{k,t/t-1}(D) / D^{t-1} \tag{5-30}$$

2）资本收益和重估价。用户成本的相关变量，除了折旧还包括资本收益率和重估价，由于资本收益率和重估价是投资者决定是否投资的指示性指标，因此两者一般是结合在一起的。这里，资本收益对应的是投资者在一定市场环境下期望得到的收益，存在与金融资产的直接对应，如债券的收益率是由利息支付和债券价格变化所组成，对于特定类型的固定资产，收益率 R^t 表示如下：

$$\begin{aligned} R^t &= P_0^{tB} r_{(tB)} I^t/2 + P_{0.5}^{tB} r_{(tB)} I^{t-1} + P_{1.5}^{tB} r_{(tB)} I^{t-2} + P_{2.5}^{tB} r_{(tB)} I^{t-3} + \cdots \\ &= r_{(tB)} [P_0^{tB} I^t/2 + P_{0.5}^{tB} I^{t-1} + P_{1.5}^{tB} I^{t-2} + P_{2.5}^{tB} I^{t-3} + \cdots] \\ &= r_{(tB)} P_0^{tB} [I^t/2 + \psi_{1.5} I^{t-1} + \psi_{1.5} I^{t-2} + \psi_{1.5} I^{t-3} + \cdots] \\ &= r_{(tB)} P_0^{tB} [I^t/2 + W^{tB}] \end{aligned} \tag{5-31}$$

这里，W^{tB} 表示的特定资产类型在 t 年开始时的净资本存量，按基本价格计算所得。

重估价 Z^t 表示如下：

$$\begin{aligned} Z^t &= P_0^{tB}(1-\delta_0/2) i_{(tB)} I^t/2 + P_{0.5}^{tB} i_{(tB)}(1-\delta_{0.5}/2) I^{t-1} + P_{1.5}^{tB} i_{(tB)} \\ &\quad (1-\delta_{1.5}/2) I^{t-2} + P_{2.5}^{tB} i_{(tB)}(1-\delta_{2.5}/2) I^{t-3} + \cdots \\ &= i_{(tB)} P_0^{tB} [(1-\delta_0/2) I^t/2 + \psi_{0.5}(1-\delta_{0.5}/2) I^{t-1} + \psi_{1.5}(1-\delta_{1.5}/2) \\ &\quad I^{t-2} + \psi_{2.5}(1-\delta_{2.5}/2) I^{t-3} + \cdots] \\ &= i_{(tB)} P_0^{tB} W^t \end{aligned} \tag{5-32}$$

其中，$W^t = 0.5(W^{tB} + W^{tE})$ 表示的是 t 期内的平均净存量，按基期价格的估价。

将资本收益和重估价结合在一起，就得到如下几何表达式：

$$R^t - Z^t = r_{(tB)} P_0^{tB} [I^t/2 + W^{tB}] - i_{(tB)} P_0^{tB} W^t \tag{5-33}$$

第五章 知识产权产品的资本测算方法

$$R^t(\text{geometric}) - Z^t(\text{geometric}) = [r_{(tB)} - i_{(tB)}(1-\delta/2)]P_0^{tB}[I^t/2 + W^{tB}]$$
(5-34)

将上述所有因素结合在一起就得到了资本用户成本的测算（均是基于单一资产所进行的测算）。总的用户成本 U^t 是所有年龄的资产的用户成本加总在一起，或者说相当于资本收益、折旧和重估价的总和。

$$\begin{aligned} U^t &= f_{H0}^t I^t + f_{0.5}^t I^{t-1} + f_{1.5}^t I^{t-2} + f_{2.5}^t I^{t-3} + \cdots \\ &= R^t - Z^t + D^t \\ &= r_{(tB)} P_0^{tB}[I^t/2 + W^{tB}] - i_{(tB)} P_0^{tB} W^t + P_0^t[\delta_0 I^t/2 + \delta_{0.5}\psi_{0.5} I^{t-1} + \\ &\quad \delta_{1.5}\psi_{1.5} I^{t-2} + \delta_{2.5}\psi_{2.5} I^{t-3} + \cdots] \end{aligned}$$
(5-35)

当折旧率使用几何折旧，则表达式简化为与净资本存量成比例，即：

$$\begin{aligned} U^t(\text{geometric}) &= R^t - Z^t + D^t(\text{geometric}) \\ &= [r_{(tB)} - i_{(tB)}(1-\delta_0/2)]P_0^{tB}[I^t/2 + W^{tB}] + P_0^t \delta[I^t/2 + W^{tB}] \\ &= [r_{(tB)} - i_{(tB)}(1-\delta_0/2)] + \delta(1+i_{(tB)}/2)P_0^{tB}[I^t/2 + W^{tB}] \end{aligned}$$
(5-36)

从实践角度看，式（5-35）和式（5-36）具有重要作用。首先它们显示了资本服务测算方法是如何被建立的；其次更重要的是它可以被分解为不同的部分。由此可以提出另一个替代方法，即在知识产权产品的生产性资本存量信息被获知的前提下，将用户成本分解为价格部分和物量部分，借助式（5-35）和式（5-36）将总的用户成本分解为按现价计算的资本收益、重估价和折旧或将所有年龄的资产的用户成本加总在一起的基础上，得到替换方法，即：

$$\begin{aligned} U^t &= f_{H0}^t I^t + f_{0.5}^t I^{t-1} + f_{1.5}^t I^{t-2} + f_{2.5}^t I^{t-3} + \cdots \\ &= f_0^t I^t/2 + f_{0.5}^t I^{t-1} + f_{1.5}^t I^{t-2} + f_{2.5}^t I^{t-3} + \cdots \end{aligned}$$
(5-37)

在进一步推算之前，首先，要引入年龄—效率函数 $\{h_n; n=0, 0.5, 1.5, \cdots\}$，注意这里存在年龄—效率函数的时间维度的测算，它被认为是前一个核算期的资本服务的数量。因此，对不同年龄资产效率测算的比较，进一步转化为基于相同时间维度下的资本服务数量的比较。用户成本也有时间维度，它们表示的是一个核算期使用资产的成本。根据上述分析，新资产的半年使用成本被看作是新资产全年使用成本的一半。其次，年龄—效率序列是随资产年龄而下降的，如 h_0 一般设置为0。使用年龄—效率序列意味着不同年龄的资本货物的边际效率被表示为新资产的单位效率。最后，生产者成本最小化是使用不同年龄的资本货物，如用不同年龄的资本货物的相对单位成本等价于它们的相对效率。因此，下面的公式适用于效率与资本货物的最小成本的关系，即：

$$h_n = f_n^t / f_0^t;$$
$$n = 0.5, 1.5, \cdots \tag{5-38}$$

将式（5-37）中资产的用户成本价值用年龄—效率函数表示如下：

$$U^t = f_0^t [I^t/2 + h_{0.5}I^{t-1} + h_{1.5}I^{t-2} + h_{2.5}I^{t-3} + \cdots]$$
$$= f_0^t K^t \tag{5-39}$$

变量 K^t 表示的是核算期中期的生产性资本存量，是用基期的中间年份的价格表示，资产在 t 年的第二个半年内新资产的效率下滑（在修正之前）表示为：

$$K^t = I^t/2 + h_{0.5}I^{t-1} + h_{1.5}I^{t-2} + h_{2.5}I^{t-3} + \cdots \tag{5-40}$$

由于新资产的单位用户成本 $f_0^t = 2f_{H0}^t = (P_0^{tB} r_{(tB)} + d_0^t - z_0^t)$，得到如下表达式：

$$U^t = f_0^t K^t = (P_0^{tB} r_{(tB)} + d_0^t - z_0^t) K^t \tag{5-41}$$

式（5-41）是为了测算总的资本成本，而不需将其分解为组成部分，以下将有一种更常见的表达方式，即用资本收益率、折旧率和重估价率来描述用户成本，即：

$$U^t = (P_0^{tB} r_{(tB)} + d_0^t - z_0^t) K^t$$
$$= P_0^{tB} [r_{(tB)} + \delta_0 (1 + i_{(tB)}/2) - i_{(tB)}(1 - \delta_0/2)] K^t$$
$$= P_0^{tB} [r_{(tB)} + \delta_0 (1 + i_{(tB)}) - i_{(tB)}] K^t \tag{5-42}$$

为了实际的目的，使用真实的收益率和持有损益率是更易操作的，假设在 t 期初的消费者价格指数是 c^{tB}，预期期末消费者价格指数为 c^{tE}，在 t 期初的消费者通货膨胀率是 $\rho_{(tB)}$，则它们的关系表示如下：

$$1 + \rho_{(tB)} = c^{tE}/c^{tB} \tag{5-43}$$

预期的通货膨胀率和名义利率一起来定义 t 期预期的真实利率 $r^*_{(tB)}$ 和 t 期预期的真实资产通货膨胀率或真实的持有损益率 $i^*_{(tB)}$，具体表示如下：

$$1 + r^*_{(tB)} = (1 + r_{(tB)})/(1 + \rho_{(tB)})$$
$$1 + i^*_{(tB)} = (1 + i_{(tB)})/(1 + \rho_{(tB)}) \tag{5-44}$$

将式（5-44）代入式（5-42）中，得到的是关于真实资产通货膨胀率和重估价率乘以一定经济的价格水平下预期整体变化的指数。

$$U^t = P_0^{tB}[r_{(tB)} + \delta_0(1 + i_{(tB)}) - i_{(tB)}]K^t$$
$$= P_0^{tB}[1 + r_{(tB)} + \delta_0(1 + i_{(tB)}) - (1 + i_{(tB)})]K^t$$
$$= P_0^{tB}(1 + \rho_{(tB)})[r^*_{(tB)} + \delta_0(1 + i^*_{(tB)}) - i^*_{(tB)}]K^t$$
$$U^t(\text{geometric}) = P_0^{tB}(1 + \rho_{(tB)})[r^*_{(tB)} + \delta(1 + i^*_{(tB)}) - i^*_{(tB)}][I^t/2 + W^{tB}]$$
$$\tag{5-45}$$

上述表达式普遍是基于几何模式下的测算方法，它们提供了一个把知识产权产品的资本服务总价值分割为价格和物量的自然的起点。

2. 资本服务物量的测算

任何一种特定的资产，在过去投资的累计存量中都有一个生产服务的流量。可以通过建立一个资本服务的物量指数来测算这一生产服务的流量。用资本服务的物量指数来表示生产过程中资本的投入，更优于通常采用的以资本存量总额和净额来表示。编制资本服务物量指数包括两个步骤：

一是将每类资产转换为标准效率单位，即通过适合每类资产的年龄—效率函数得到的系数，将资产转换为标准效率单位。这些系数表示当一个资产变旧时，其生产资本服务能力的降低。因为由于技术的更新，旧资产的效率一般要低于新资产，所以产出的资本服务的物量相对较少。

二是通过资本的使用者成本（用户成本）对每类资产加权，以获得全部指数，即将不同种类资产的标准效率单位合并为一个指数。其中资本的使用者成本是折旧额以及资产的净收益之和，再减去每一核算期内通过持有资产所获得的名义资本收益（或损失）。具体步骤如下：

第一步将资产转换为标准效率单位。以具有特定拖运能力的货车为例。由于货车产出的资产服务由吨—公里构成，对于一个给定的投入量（如燃料、备件、维修服务），新的货车比旧的货车通常会产出更多的吨—公里，因为旧货车将可能需要更多的经常性维修、消耗更多的燃料等。这里假设一辆货车使用年限为8年，其年龄—效率函数如表5-6所示。

表 5-6 年龄—效率函数

年份		1	2	3	4	5	6	7	8
年龄—效率	资本服务数量	5.0	4.5	4.0	3.5	3.0	2.5	2.0	1.5
	标准化	1.00	0.90	0.80	0.70	0.60	0.50	0.40	0.30

这意味着对于给定的投入量，以吨—公里为单位产出的效率每年呈线性下降1/10。其年龄—效率函数因此可以被表示为系数序列1.0，0.9，0.8，…，0.3。这表明货车的初始效率从1.0每年下降1/10，直到其使用年限最后一年的0.3。假设有3辆货车，年龄分别为2年、4年和5年，可用上述系数计算标准效率单位的货车存量，0.9+0.7+0.6=2.2。三辆货车每年共同产出的吨—公里流量也可以用2.2辆新货车来产出。也就是说，2.2是对不再是新货车的三辆货车所提供的资本服务的测算。在实际中，一般采用的是固定资本形成总额的报告价值（要用不变价来表示），而不是已安装的资产数量。如一辆货车在基期的价格为20000元，以标准效率单位计算的货车不变价存量价值为2.2×20000=44000元。

第二步合并资产。通过合并每一类资产以得到对某一机构单位或某一活动的全部资本服务的测算，这样所得的全部测算被描述为一个指数，即资本服务的物量指数。这需要通过对不同种类资产的年度租金收入进行加权来完成。此处租金收入通常被称为资本的使用者成本，也是资本服务的价格，用以测算不同种类资产的边际生产率。某一资产的使用者成本的实际量的表达式如下：

$$f_t = V_t(d_r + r_t) \tag{5-46}$$

式中，f_t 是以不变价测算的租金收入，V_t 表示的是某一新资产的不变价市场价格，d_t 是新资产的折旧率，r_t 是对金融资本实际成本的一些测算。① 这里要注意的是，在用标准效率单位对某一类资产的存量进行加权时，对使用者成本用名义值而不是实际值。当式（5-46）转换为名义量时，变为：

$$f_t = V_t(d_r + r_t - \Delta p_t) \tag{5-47}$$

其中，Δp_t 是 t-1 期到 t 期间的资产的价格变化。

资本的使用者成本测算了对资产进行融资的成本。它包括名义利益 $V_t r_t$，剔除了贷款，以获得资产或雇佣资本的机会成本。对于利息成本，要加上折旧的名义成本 $V_t d_t$，或者资产在老化过程中价值的损失；Δp_t 则是每一核算期间持有资产的名义收益，正收益会减少持有资产的使用者成本（名义值），而负收益则增加使用者成本（名义值）。至于 Δp_t 的计算则由有关的某一种类资产的价格指数来测算。

一旦如上所述获得了使用者成本，下一步就是结合每一种类资产的存量，得到不同活动类型或不同机构部门以及经济总体的资本服务的物量指数。以下介绍几种物量指数：

一是托威斯特指数。美国和澳大利亚均利用这一公式得到资本服务指数，对于同类数据，也可以建立综合资本服务的费舍尔指数，经验表明其结果非常接近，即：

$$\prod_i \left(\frac{K_{i,t}}{K_{i,t-1}}\right)^{\overline{v_i}} \tag{5-48}$$

式中，$K_{i,t}$ 表示的是以标准效率单位测算的第 i 个资产的存量，$f_{i,t}$ 表示的是使用者成本，$\overline{v_i} = 0.5(v_{i,t} + v_{i,t-1})$，$v_{i,t} = \dfrac{f_{i,t} K_{i,t}}{\sum\limits_i f_{i,t} K_{i,t}}$。

我国在对一般物质资产的资本服务进行测算时，大多使用这一方法，但本书认为对于知识产权产品而言可能是不合适的，有必要继续探讨其他

---

① 一些研究将税收变量结合在资本使用者成本的公式中，以便测算资本的税后使用者成本。本部分只是对常规的税前使用者成本进行处理。

指数。

二是拉氏物量指数。关系式 $U^t = f_0^t K^t$ 提供了一种将资本服务价值的变化分解为价格和物量的常用方法，如式（5-45），当使用名义变量表示时，新资产的资本服务的价格是 $f_0^t = P_0^{tB}(1+\rho_{(tB)})[r_{(tB)}^* + \delta_0(1+i_{(tB)}^*) - i_{(tB)}^*]$，它等于 $P_0^{tB}[r_{(tB)} + \delta_0(1+i_{(tB)}) - i_{(tB)}]$。对于单一的资产类型，物量可用生产存量的变化表示 K^t/K^{t-1}，这适用于假定资本服务流量与生产性资本存量存在一个不变的比例的观点，进而也意味着，对于单一的资产，资本服务的数量可以用生产性资本存量的数量的变化来测算。继续在式（5-37）的基础上扩展，得到了交叉年份投资的拉氏物量指数：

$$Q_L^{t/t-1}(U) = [f_0^{t-1} I^t/2 + f_{0.5}^{t-1} I^{t-1} + f_{1.5}^{t-2} I^{t-2} + f_{2.5}^{t-3} I^{t-3} + \cdots +]/U^{t-1}$$

$$= f_0^{t-1}[I^t/2 + h_{0.5} I^{t-1} + h_{1.5} I^{t-2} + h_{2.5} I^{t-3} + \cdots +]/U^{t-1}$$

$$= f_0^{t-1} K^t/U^{t-1}$$

$$= f_0^{t-1} K^t/f_0^{t-1} K^{t-1}$$

$$= K^t/K^{t-1} \tag{5-49}$$

使用这一方法，如果仅对于单一资产在相近年份间的知识产权产品的资本服务进行测算是合适的。但在国民核算中，我们要得到的是不同资产在不同年份所提供的资本服务的总量，有些年份相差很远。随着时间的推移，基期相对价格模式与近期经济环境的相对性会越来越差，这使继续使用拉氏物量指数的方法，即用基期相对价格来测度物量变化难以被接受。因此，有必要更新权重。而对于一个长期序列而言，无论是对很久以前的时期使用最新权重，还是对当前时期使用很久以前的权重都是不合适的。因此，有必要把旧序列与采用新权重的新序列通过连乘链接起来，也就是说需要同时用旧权重和新权重估计重叠时期的指数或序列，有必要继续引入链式拉氏物量指数。

三是链式拉氏物量指数。为了综合不同类型的资产，有必要引入下标 K，即 K=1，2，…，N 来区别不同的资产类型。即用拉氏物量链式指数来反映总的资本服务的物量变化：

$$Q_L^{t/t-1}(U) = \sum_{K=1}^{N} f_0^{k,t-1} K^{k,t} \bigg/ \sum_{K=1}^{N} f_0^{k,t-1} K^{k,t-1} \qquad (5-50)$$

当然，在使用链式拉氏物量指数来对知识产权产品的资本服务进行测算时，如果个体价格和数量不稳定，使早期相对价格和相对数量的变化与近期恰好相反，那么使用这一指数有可能比使用简单的拉氏物量指数造成的后果更严重，但本书仍然认为使用链式拉氏物量指数来对知识产权产品的资本服务进行测算更为合适，由于导致相对价格和数量观测值长期变化的那些潜在经济动力常常不会逆转，如技术进步等，因此，最好对其年度物量指数进行链锁，月度和季度数据中的物量值常常不如相应的年度值稳定。

三、知识产权产品资本测算的关键指标理论方法新探讨

一般来说，知识产权产品资产都能被分成两类：为自用而购买的资产以及为自身最终使用而生产的资产。在实际中对这两类资产的测算是不同的。相同的是它们都属于生产的产出，因此都应记录为知识产权产品的固定资本形成总额，之所以分为两类主要是基于用户的需要和测算的需要两方面的考虑。而为了后者，不仅需要正确的价格来测算固定资本形成总额，而且还需要按物量进行测算。如果不同产品的价格和物量以不同的速率增长，就需要运用价格指数来考虑这些变化（如用帕氏价格指数来推导出拉氏物量指数）。或者是如果存在一个详细的信息，则加总的物量估算可以被推导（如用拉氏价格指数）。同样，如果组合品以不同的速率增长，有着不同的使用年限，则需要进行资本测算。通过对上述资本动态指标测算方法的理论剖析，可以得到对知识产权产品（以下简称知识产权产品）资本测算的大致路径。上述均是运用经济学理论方法对知识产权资本所做

的动态测算，而经济学理论却必须是基于某种条件下才能成立（如对基础数据的可获得或假设某些指标已知等）。从本书的理论研究可以看到，在对资本存量进行测算的过程中，固定资本形成总额是被假设已知的，即一般是采用固定资产投资总额①的数据进行替代。但对于知识产权产品而言，如何测算却没有形成一个统一的共识，有必要对固定资本形成总额的测算进行研究。同时，在对资本流量进行测算的过程中，资本服务的寿命也是假设已知的。但目前没有对于知识产权产品服务寿命的测算，也有必要进行研究。

因此，研究将是基于知识产权产品的固定资本形成总额测算和资本服务测算而展开。同时，由于固定资本形成总额包括现价固定资本形成总额和不变价固定资本形成总额，因此以下将分三部分对知识产权产品资本测算进行研究。

（一）知识产权产品的固定资本形成总额测算

本部分基于从一般研究到特殊研究的思路，即从对知识产权产品的固定资本形成总额的一般性研究到针对知识产权产品分类下的研究与开发（R&D）、计算机软件和数据库两类特定产品所进行的特殊性研究。

1. 基于知识产权产品固定资本形成总额测算的一般性研究

OECD 的知识产权产品资本测算手册（2010）对此提供了指导性的方法，以用于测算每类 IPP 产品的固定资本形成总额。以下将基于需求方法和供给方法两种方法对我国知识产权产品探讨测算。

（1）使用需求方法（Demand - side）估算。所谓需求方法，就是通过对政府或企业在知识产权产品上的支出调查所进行的估算。但是，如果在实际调查中只是编制了普通的调查表则不可行。因为知识产权产品下不同产品的特征是不一样的。为此，有必要在对这些不同知识产权产品的各个产品特征识别的基础上开发特定产品的调查表格。如我国针对研究与开发

---

① 指以货币表现的在一定时期内建造和购置固定资产的工作量以及与此有关的费用总称。

（R&D）总共开发了四张调查表，分别是科学研究和技术开发机构调查表、科技信息与文献机构调查表、县属科技机构调查表和有 R&D 活动单位调查表。但对于其他知识产权产品则还未开展相关调查，可见我国在基础数据的获取上仍应不断加强。具体来说，在设计调查表时应该能够覆盖所有相关数据，包括人口普查和行政来源调查。调查范围应包括所有单位，即私营或公营企业、政府和非营利机构下记录为固定资本形成总额的所有知识产权产品。这里要特别提出的是，对于软件的调查与其他知识产权产品不同的是，其范围应该是整体经济体，这是因为很多生产单位都可能会生产不同形式的自用软件，如果不将调查范围拓展至整个经济体，则可能会出现遗漏。不过在具体操作上仍然要和其他知识产权产品一样考虑调查的成本。如调查单位为了减少其调查成本，因此灵活使用其他方法。如矿产勘探调查可能被限制某些在分类上属于采矿业的单位，或者提供相关采矿支持服务的单位。这一原则可以作为指导其他知识产权产品调查表的开发。在使用确定的问卷调查之后，应要求回答者对所有项目进行回答，以获得购买资产和自产自用资产的估算，沿着这一方法还可进行消耗的估算。这里要注意的是，调查要区分为自用而购买的知识产权产品和为最终使用而生产的知识产权产品，因其成本估算是不同的。下面做进一步研究。

1）为自用而购买知识产权产品。单位被要求回答他们用于最终使用所购买的所有知识产权产品，包括完整品，如软件和服务。一般来说，他们使用的知识产权产品应该按支出类型进行分类，如当前我国现有对 R&D 的分类包括经费内部支出和经费外部支出。经费内部支出下又分为按费用类别分、按经费来源分和按活动类型分，但对于其他知识产权产品则没有进行讨论。虽然不同的知识产权产品有所不同，但大多能够满足下面的分类：一是完整产品的全部购买，如软件原件或专利（为自用）；二是属于固定资产组成的付费服务，如客户定制软件的开发或对矿产勘探的卫星定位服务；三是使用许可的付费（如软件、R&D 产出，电影播放），前提是要满足资产的条件；四是复制许可的付费（如软件和艺术品原件），前提是要满足资产的条件。

2）为自身最终使用而生产的知识产权产品。这里要注意的是，对它的估算本质上是对原件的估算，无论它最终是用于内部使用或是经由使用许可、复制许可给其他用户使用，只要它满足资产的条件。一般来说，自用固定资本形成总额（GFCF）应按基本价格估算（其货物或服务提供给市场进行售卖的基本价格），如果不能直接得到，基本价格应该被估算。或者以将来使用费的净现值，或者以更常见的按照生产成本之和来估算，这其中包括固定资产的使用成本。SNA（2008）提出，如果因无法获得可靠的市场价格可选择次优方法计算，即为自身最终使用而生产的货物或服务的产值应等于其生产成本之和，具体包括下列各项之和：中间消耗、雇员报酬、固定资本消耗、固定资本净收益、其他生产税（减生产补贴）。这里要特别提出的是，按照惯例，当非市场生产者进行自给性生产时，产值是不包括固定资本净收益的。按成本法计算的固定资本形成总额的具体描述如下：

GFCF = 中间消耗 + 雇员报酬 + 固定资本消耗 + 固定资本净收益 + 其他生产税（减生产补贴）

其中，中间消耗。包括雇员从事资产开发的经常性支出（按照雇员在从事资产开发上所花费的时间的比例）。如管理费用、培训费、人力资源管理费、办公设备、电、租金等；企业所拥有的固定资产的使用费以及与生产资产相关的其他中间消耗。

雇员报酬。应该反映内部员工从事的 IPP 开发的人数乘以他们在知识产权资产开发中（为自用）所花费的平均劳动时间。不包括维护和商业任务，但包括在 R&D 上所花费的时间，再乘以他们的平均报酬。

固定资本消耗。包括固定资产的损耗，当固定资产用于自用 IPP 的生产中。

固定资本净收益。它反映了用于生产自用 IPP 的所有固定资产，这与它们用于资产开发所花费的时间成比例（如果是租用的固定资产，就应属于中间消耗，但是当固定资产是自己所拥有的则需要估算租金收入。一些情况下它可以通过对租赁市场的观察得到,但是实际上是通过对使用的资产的加和成本进行估算得到,如用户成本,它包括固定资产消耗和净收益,后者又分为两类)。这里,固定资本净收益相当于资本的用户成本,等于资本消耗加上资本收益,其中,资本收益=拥有资本的利息成本(资产投资于金融的成本或者说是金融资本的机会成本用于对资产的拥有)+期望拥有这类资产获得的收益和损失,同时政府税收,如利息税的减免和折旧的加速也会影响资本的用户成本。[①]

其他生产税(减生产补贴)。反映了所有与用于生产的资产成本相关的税收和补贴,如工资税。

(2)使用供给方法(Supply – side)估算。

1)为自用而购买的知识产权产品。用这一方法估算较为简单,固定资本形成总额可以描述为:

固定资本形成总额=国内产出+进口-(出口+居民部门的支出+重复计算)

为避免重复计算,为自身最终使用而生产的应从国内供给中扣除。国内供给和进口是按基本价格估价,因此产品的运输成本、批发和零售利润、税收减补贴加上去才能获得购买者价格。

2)为自身最终使用而生产的知识产权产品。对于这类知识产权产品,使用供给方法和需求方法是没有区别的。但无论是类似需求的微观方法(Micro – approach),还是类似供给的宏观方法(Macro – approach)都首先需要识别从事知识产权产品生产的不同职业的人数以及他们对应花费在产品上的时间比例,以计算出劳动力投入的物量。然后再乘以薪酬比率和其他劳动成本、生产知识产权产品的经常性开支。无论是在宏观水平上还是微观水平上都应包括上述不同类型的成本,这两种方法唯一的区别是:相关信息来源的不同。如微观方法是基于问卷者的详细调查,而宏观方法则是基于更多综合的信息,它一般是取自不同的来源。具体估算方法说明如下:

---

① 具体应用参见《资本测算手册》。

GFCF（为自身最终使用的产品的价值）＝为自身最终使用的产品进行生产的雇员人数×雇员的平均报酬×为自身最终使用的产品进行生产所花费的时间比例＋为自身最终使用的产品生产所花费的其他中间成本＋概念上与为自身最终使用的产品生产相关的营业盈余（资本服务）（只针对非市场生产者的折旧）＋其他税收（减补贴）

在估算时要注意：一是对于软件而言，由于雇员职业分类的不同（从事其生产的分工不同）将导致其花费在生产上的平均时间比例不同。因此为了保持一致性和测算的目的，最好是对职业进行严格分类，用来包含那些做出重大贡献的职业类别。[①] 我国已有相关分类体系，即《中国职业分类与代码》（GB/T6565—1999），但是这一以国际标准职业分类（ISCO—88）为蓝本所建立的体系，随着社会经济发展所引起的职业变化需要不断完善，尤其是新版国际标准职业分类（ISCO-08）的出台。因此，可通过建立 GB/T6565—1999 和 ISCO-08 的对比进行调整，尤其是对于 GB/T6565—1999 中的"专业技术人员"分类。中国职业标准分类 GB/T6565—1999 对其划分侧重行业标准和职业涉及的知识领域，而 ISCO-08 在对专业技术人员划分时则重视技能的熟练程度和专业化程度，分为专业技术人员和辅助技术人员，我国 GB/T6565—1999 则没有这样的划分。二是对于非劳动力的中间投入成本，有很多种方法来估算。有一种方法是根据需求方法调查所获得的数据，但是目前更多的是倾向于用宏观方法中所涉及的专门生产知识产权产品（知识产权产品）的单位活动数据。对于营业盈余的估算，一般是通过假设营业盈余相对于雇员报酬的比例。这是因为，自用软件相对于 R&D 而言，更典型的是通过一系列工业部门生产，而不仅仅是软件生产企业。但如果产品的生产是用于全部销售（如定制软件）则不包括进来。

（3）对于使用需求方法和供给方法的总结。上文详细说明了使用需求方法和供给方法对两类资产的固定资本形成总额的测算过程，下面对这两

---

① 相关分类参见国际标准职业分类（ISCO—88）。

第五章 知识产权产品的资本测算方法

类资产所适用的方法做一总结。

1) 购买的资产。根据上述两种方法的应用,这一类资产的固定资本形成总额,可以通过对企业和政府的支出调查,即按需求方法的测算,但实际中较为可行的方法则是,将固定资本形成总额作为供给的剩余,根据出口、中间消耗、最终使用、存货变化测算支出,即使用供给(Supply - side)方法或商品流方法。原因是,虽然需求方法(Demand - side)是一种直接的测算方法,能够通过部门活动或产业活动进行测算,但主要的缺点在于容易导致低估,因为它不能识别所有的知识产权产品支出;而供给方法的主要优点在于,大部分供给的组成品和资本品的使用(产出、进口和出口)都有一个详细的产品信息,当然相对于知识产权产品,这些信息还需要不断完善。但它也存在缺点,即供给方法是基于基本价格,而不是购买者价格,同时它不能按照用户类型进行测算。鉴于上述情况,建议最好的办法是将两者方法综合运用,彼此协调一致,即供给—使用表。即使可能存在对某一类特定的知识产权产品,使用其中一种方法明显优于另一种,在这样的情况下仍需要进行比较研究,以保证其中一种方法的可行性。

2) 为自身最终使用而生产的资产。SNA(2008)的 6.124 小节建议,自用产出应按照货物和服务基本价格进行估算。这就需要可靠的市场价格,如果它不能获得,则考虑用自产自用货物或服务的产出价格,相当于其生产的总成本。知识产权产品通常是特别的,由于它很难以足够的数量在市场上销售进而获得可靠的市场价格,因此一般是采用后一种方法——加总成本方法来估算自用的固定资本形成总额。然而,有些知识产权产品,如大部分娱乐、文学和艺术品原件、包装软件,都是从使用复制品的销售和许可证的销售来得到价格,这将提供了一种可能性:对原件价值的估价按所期望的将来销售的净现值来估算。当然,在实际中,过去的销售可知,将来的销售不可知,所以必须用某种方法来进行一定程度的假设。在一些情况下,如书籍和音乐作品原件,版税的数据一般可获得,但这些数据与生产成本不一样。因此,上述方法只能是进行合理估算的一种可行方法。事实上对原始品进行估价是有争议的,尤其对于统计学家更是一个挑战。因为随着大量的原始品或全部被生产或部分自用,原始品被交易相对少见,所以这里存在一个可观测的非市场价格,同时鉴于知识产权产品特性一般也不适于用基本价格,SNA 提出用加总成本的方法(包括估算用于生产原始品的资本收益)。然而,很多原始品在实际中可能需要花费一年以上的时间才能形成,严格来说,正在生产中的原始品的支出如果在更早的时间发生就应记录为在制品,最后再将这些支出在过去记录的年份中逐期分配进最终产品的固定资本形成总额中,不过在实践中却并不容易实施,因此 IPP 测算手册实用的提出,只要当这些支出发生时就直接记录为固定资本形成总额。

正如上文所分析的,存在两种不同的加和成本方法来估算自用固定资本形成总额:第一种是需求方法,也是通常所说的宏观方法。它需要通过企业和政府部门的调查来获得生产固定资产的成本来进行估算。第二种是供给方法,也是通常所说的微观方法。它是基于劳动力投入方法,需要对生产产品的雇佣人数以及花费时间的比例进行估算,最终获得劳动力投入的统计量,然后再将其乘以工资和其他成本[①](无薪劳动和经常性开支等能够对资产的生产有贡献的成本)。这就给出了一种总的知识产权产品原件的产出估算,即这些用于销售的生产必须扣除用于自用而生产的知识产权产品资产的估算。因此,应用宏观方法更合适。

2. 基于知识产权产品固定资本形成总额测算的特殊性研究

(1) R&D 的固定资本形成总额测算。理论上,应通过测定 R&D 产出价值来得到其现价固定资本形成,然而在实际中因无法与那些可能使用这些知识的活动的测算相衔接,相互间缺少像货币这样具有共同性的尺度。为了解决这一问题,研究者将目光投向为进行 R&D 活动所发生的支出,即把知识产出等同于生产它们所需要的支出(高敏雪,2001),并以此为起点进行 R&D 活动产出的统计或 R&D 的固定资本形成测算。既然是基于投入的测算,那么投入的数据来源就变得尤其重要。因此,在对 R&D 的

---

① 这些成本要按单位劳动力投入成本进行计算。

测算中使用的是需求方法——通过对政府和企业的支出调查而获取。本书假设执行者上报的R&D资金使用数据作为基础数据。也就是说，对一个国家内R&D总支出（包括内部支出和外部支出）的估算是建立在执行者上报的资金来源，这相当于所提供的总的外部支出资金。然而在现实中，由于很多原因这些数据一般不会被采用。例如，由执行者自身测算的错误导致来源数据的不真实——各执行者选取的样本错误以及对R&D构成理解的不同。不过最为重要的原因是将R&D调查范围限制在一国的R&D执行者内，这将意味着错误地排除了非执行者却可能购买R&D的那部分人。因此，外部支出的估算可能需要重新理解。而且，更多准确的报告被期望能够来自那些真正实施R&D活动的人，而不是那些提供资金的人。然而，即使是使用目前的报告，即根据所提供的R&D资金使用数据，上述执行者也未必能够准确识别资金的最终来源。基于这种情况，在实际中可以通过提供一个有效的核对来检测这些外部支出的资金数据的分配。

我国对于R&D经费来源的调查来自政府资金、企业资金、事业单位资金、国外资金和其他资金五部分。其中外部支出实际上应包括R&D许可权以及R&D的购买，但一般并未将它们进行区分。但为满足国民账户体系的需要，理论上应进行区分。实际中在有明显信息能显示出它们做了这种区分之前，一般可做出某种假设，即非政府R&D执行者的大部分支出是为了获得R&D，而政府R&D执行者却不是。即使我国在支出统计中存在问题，但在实际操作中，由各上述执行者报告所提供的用于承担R&D投入的这些支出数据，在理论上仍然提供了很多用于估算R&D产出所需的数据。当然如果在实际中能够将对R&D产出的估算与投入结合起来，这将可能给出一个对R&D总需求的估算，然后再将其分配进使用分类中，得到对固定资本形成总额的估算，即运用商品流量方法所进行的估算更可取。因此，理论上为了实现上述操作，应得到投入和产出的相关信息。本书认为有必要搭建基于FM手册（Frascati Manual）调查得到的R&D数据与SNA数据之间的联系，即包括在FM和SNA部门之间、在FM关于R&D的内部支出和SNA产出之间以及在FM的支出和资金分类和SNA供给使用表之间建立联系,以达到通过商品流量法对 R&D 固定资本形成总额进行测算。

1) FM 和 SNA 部门之间的对应关系。表 5-7 列示出 FM 和 SNA 部门之间的对应关系。从中可以看出,在有些情况下 FM 定义的部门对应于不止一个 SNA 部门,其中最重要的是高等教育部门,这种差异可以通过 FM 数据对应的高等教育部门数据进行细分来克服。

表 5-7 FM 和 SNA 部门之间的关系

FM	SNA
公司企业部门	非金融公司
	金融公司
政府部门	一般政府
私营非营利性部门	NPISH
	住户部门
	非金融公司
	金融公司
高等教育部门	公司和准公司
	一般政府
	NPISH
国外	世界其他地方

资料来源:OECD. Handbook on Deriving Capital Measures of Intellectual Property Products, 2010.

FM 手册(第 227~228 段)认为这一比较对于大多数国家是有意义的,有助于提高国际可比性。由于不同国家在教育部门分类上的不同,有必要对公立大学和私立大学做出细分。R&D 调查数据大部分来自每个公共机构,因此对其进行分类是合理的。当然,如果对于某些在注册时就已经记录了其单位性质和营业范围的企业,对其产出进行分类则更为直接,否则需要有更多的信息来确定它的分类。

2) FM 中 R&D 内部支出和 SNA 产出之间的对应关系。FM 手册(第 358~359 段)将 R&D 内部支出定义如下:一是在核算期内统计单位或经济部门实施 R&D 的全部支出，无论其资金来源。二是来自统计单位或经济部门外的支出，但是却支持内部 R&D（如 R&D 供给品的购买）的也视为内部支出。FM 手册建议可按下面四种方法对内部支出进行分类，具体如表 5-8 所示。FM 选择的是按社会经济目标分类（SEO）对 R&D 内部支出所进行的分类。

表 5-8 R&D 内部支出分类

①R&D 支出按活动分类：基础研究、应用研究、试验发展
②R&D 支出按社会经济目标分类（SEO）
③R&D 支出按类型分类
④R&D 支出按制度部门分类：商业企业、政府、非营利私营企业、高等教育部门等

根据 FM 分类所得到 R&D 的内部支出①一般包括经常项目和资本项目支出。具体支出分类如表 5-9 所示。

表 5-9 R&D 经常项目和资本项目支出分类

经常项目支出分类	资本项目支出分类
①R&D 人员的劳动力成本，包括了所有被雇佣的直接从事 R&D 的人员（包括提供直接服务的人员，如 R&D 管理者、行政人员和工作人员）	①土地及建筑物，包含了分配在 R&D 上的资产。土地包括了地上建筑物以及其他用于 R&D 的土地，如试验测试场所
②其他经常项目成本，包括那些支持 R&D 的间接支出，日常行政管理支出和现场咨询	②计算机软件，包含了购买的以及所付的年度许可费用
	③仪器和设备，包括含在里面的软件

上述是 FM 对 R&D 内部支出的描述。而 SNA（2008）对 R&D 产出的建议则是，为自身最终使用而生产的这类 R&D 的资本形成，应按在市场上出售的价格进行估算，如果前者方法不可实现的话，可选择按它的基本

---

① 内部支出的具体构成见 FM 手册第 361~388 段。

价格，即成本加和方法进行估算。可行的是，对于为自身最终使用而生产的这类资本形成可以从基于 R&D 调查的 FM 手册所提供的数据中进行估算，尤其是 FM 手册提供了对每一个关键项目运用成本累加方法所需要的数据。但与 SNA（2008）基于产出角度对 R&D 理解不同的是，在 FM 手册中所认定的 R&D 产出，是体现"新"的 R&D 的研发，并不包括对与 R&D 相关的使用许可或复制许可权这类销售的产出，但它们却被包含在 SNA 产出的定义中，即包括了所有使用许可和非固定资本形成总额（Non-GFCF）的复制许可。因此，在使用 FM 的 R&D 调查数据时，应注意将这部分产出核算进 SNA（2008）中。以下将针对上述 SNA（2008）提到的运用成本加和方法对我国 R&D 产出进行估算，对表 5-9 中涉及的关键项目对应 FM 中所能提供的数据进行对应分析。

①货物和服务的中间消耗。中间消耗的范围和 FM 的其他经常性支出颇为相似，但与 FM 基于会计原则得到的数据有所不同。当运用成本加和方法测算产出时，SNA 建议在该期间内使用实际投入的成本加总；而 FM 则建议对此期间的所有支出进行成本加总。因此，原则上，应对 FM 数据进行调整，以适应投入的库存变化，但是这在实践中很有可能被认为是不重要从而被忽略。

具体而言，其他经常性支出包括中间投入品以及由工作人员所提供的间接服务的劳动力成本（如安全保卫和食堂工作人员）。为保证与国民账户体系一致的目的，这些费用应列入雇员报酬和新增价值中。不过由于这些已经被包括在总成本中，与本书所涉及的产出测算和固定资本形成总额计算是无关的。

FM 建议 R&D 支出应按成本因素记录①，增值税（VAT）和类似销售税应排除在外，但中间消耗的估计是按购买者价格。所以任何产品税减补贴可以在 R&D 数据调查中被忽略和遗漏，但在该单位的中间消耗中是需

---

① Estimates of national income and output at factor cost exclude taxes less subsidies on production and were recommended measures in the 1968 SNA. However, they are not recommended measures in either the 1993 or 2008 SNA.

要添加计算的。其他经常性支出，包括R&D知识产权使用许可的支付，在处理上不同于软件许可费用，必须要满足资产的条件。然而，SNA（2008）认为，这些许可使用的支付应记录为固定资本形成总额（GFCF），而不是作为中间消耗。在理想情况下，R&D调查应被修订以分别识别这些支出并收集信息，最后确定知识产权产品的使用许可是否应视为固定资本形成总额。

不过如果R&D的许可权所带来的利益没有被知识产权保护清晰地指示出来，那么所有者应该被视为是购买者。或者说，属于R&D自用的情况，这时所有者则被认为是生产者。普遍的原则是，所有R&D购买或是为自身最终使用而生产的R&D应该被生产者记录为固定资本形成总额，除了拟用于销售的原件的生产——这种情况下购入的单元件应被记录为中间消耗。如假定生产拟用于销售完整品的嵌入件——R&D的单元件，或购买拟用于销售完整品的嵌入件——R&D的单元件，一般对这类R&D单元件购买的支出或由市场生产者（按ISIC Rev.4-72的分类）生产这类R&D单元件的所有支出都应记录为中间消耗，或者记录为其他费用。只有当存在有效的特定信息证明上述假设不成立，这类购入的R&D单元件才可能被记录为固定资本形成总额，如R&D的完成者处于其开发初期（启动阶段），但仍没有销售或是将其专利拿出来售卖其使用许可。然而，在此之前，应进行试点调查，以确定这类固定资本形成总额估算是否重要。

②购买R&D产出用于另一个R&D生产中。研发支出总量（Gross Domestic Expenditure on R&D，GERD）是通过将所有常住单位的R&D执行者在R&D上的内部支出加总推导而得。由于内部支出不包括对用于再生产的R&D产出的购买（在同一核算期内），因此GERD避免了双重计算支出。同样，将拟用于开发者再投入生产的进口R&D的购买也排除在GERD之外。换句话说，就是GERD中的R&D支出只包括内部支出，同时排除某单位拟用于再投入生产而从其他单位购买R&D或进口R&D。

然而，在SNA中，当产出是通过加总成本而测算时，就应包括所有成本，即拟将R&D用于再生产对另一单位R&D的购买也应记录为固定资本形成总额，但不包括市场生产者在科学研究开发行业。因此，当通过加总成本而测算时，对于购买的 R&D 所提供的资本服务的成本应包括在内，除了那些由市场生产者在科学研究开发产业所购买的 R&D 的支出，这部分应记录为 IC。

③雇员报酬。注意，这部分还包括了在工资单上能够体现的其他 R&D 开发者成员，如在读研究生或接受外部投资的在读研究生，对于他们的付费一般是以研究奖学金的形式下发，也应包括在 FM 对 R&D 的雇员报酬的那部分（应视为直接雇佣）数据调查中。但实际上，外部资金部分却并不包括这部分雇员报酬，为把它列入雇员报酬中需要重新调整，即将学生接受的外部投资或奖励进行调整，重新记录从投资者到 R&D 开发者的现金转移。

④资本服务，固定资本消耗和净资本收益率。资本的用户成本（或使用者成本，也就是以固定资产提供资本服务的价值）① 通过固定资本消耗和资本净收益率而得到。如以上所指出的，SNA（2008）建议当用加总成本的方法来测算市场生产者的产出时，资本服务的价值应该被包括，但当测算非市场生产者产出时，则假设净资本收益率被设定为零，因此资本服务的价值就等于固定资本消耗。

在测算 GERD 时，FM 包括了固定资产的资本性支出②和土地支出。当用加总成本方法来测算产出时，这些支出不应该包括进来，但固定资产提供的资本服务的成本应包括在内。估算资本服务价值的一般方法正如上文所提及的，是使用永续盘存法（PIM），以将其应用于对 FM 调查报告期之前的资本支出的测算。为此，有必要按 FM 所建议的进行分类，以此分辨出那些从远期来看具有不同的价格变化和不同服务寿命的固定资产的资本性支出和土地支出的组成部分的不同。建议作出最细程度的分类如表 5-10 所示，这种分类对于估算过去资本支出是有必要的。如前所述，R&D 的购买需要分开识别。

---

① 这一概念来自 OECD《资本测算手册》（2009）。
② 固定资产的资本性支出，即先将其资本化，形成固定资产。而后随着它们为企业提供的效益，在各个会计期间转销为费用，如固定资产的折旧。

表 5-10　FM 建议分类细目

一级分类	二级分类
土地及建筑物	·土地
	·建筑物
仪器和设备	·运输设备
	·办公机械和设备
	·广播、电视和通信
	·其他机械及设备
软件	

资料来源：FM 手册。

与前述永续盘存法（PIM）不同的另一种估算资本服务价值的方法是：估算专门从事 R&D 的企业（也就是 ISIC Rev.4-72 的分类项）的资本服务价值或总的营业盈余占劳动力投入或产出的比例。如我国已制定了这一专门企业的调查表，即科学研究与技术开发机构调查表。此外，还有一个混合测算方法可以使用，即使用固定资本消耗（来自 R&D 开发者的使用数据）和净资本服务或净营业盈余（来自专门从事 R&D 的企业的估算）。

鉴于上述不同的方法，在具体选择时应考虑如下情况：一是 ISIC Rev.4-72 分类中认定的资本集约度可能不同于其他 R&D 执行者的一般性的认定。也就是说，这一资本服务比率或者说是营业盈余总额（Gross Operating Surplus，GOS）相对产出或劳动力成本的比例，不能用于 ISIC Rev.4-72 的分类中。二是营业盈余相对产出或劳动力成本的比例在相邻年份间可能相差很大，此外，它并不能反映其他行业所从事的 R&D 活动。三是 R&D 是一个高风险的活动，也就是人们期望从事它能够得到较高的收益率。这意味着，如果第一种方法使用了一个较高的利率，就可以被用于决定市场生产者的资本收益率。然而，由于实际的原因，建议对其他固定资产使用相同的利率。

从账户平衡的角度经由 FM 调查所收集的数据更适合，因为 FM 提供了一个固定资本形成总额的详细分类。但这里存在一个问题，即关于 FM

资本支出的部分数据是缺失的,即固定资本的销售和土地被忽略。不过目前来说,这是微不足道的,当然如果可能的话,它应该被考虑。原则上,过去的 R&D 可以促进未来的 R&D,这些资产在资本服务估算中也应包括在内,但在实践中它通常是很难估算的。因此,按照惯例忽略这些支出是可以接受的,除非存在可用的具体信息。

⑤其他生产税减补贴。任何其他生产税减补贴尚未列入内部经费支出中,但这需加进产出价值中(按基本价格)。FM 建议,对 R&D 支出应记录要素成本,所以增值税及其他类似销售税被排除在外,而无论他们是否退还。然而,一些生产税却计入了经常性支出中(Current Expenditures)。例如,工资税被包含在劳动力成本中。另外,其他生产补贴①不从开支中扣除,而是显示为资金来源。R&D 生产补贴可能会相当可观,将它们考虑进去很重要。需要注意的是,应付税项抵免②也应记录为补贴。不过在实际中要了解政府拨款给其他部门用于 R&D 的具体情况,FM 已建议按社会经济目标(SEO)(分类见表 5-11)对政府 R&D 预算拨款或支出进行数据收集③,并包括某种必要数据,如 FM 和 SNA 两个系统之间的过渡数据。在短期内,如果这样的数据不可用,那么国民账户数据中补贴的数据可以用来估算这些流量。不过只有不到一半的 OECD 国家能够准确收集上述数据。

表 5-11　R&D 支出按社会经济目标分类(SEO)

1. 地质勘探
2. 基础设施和常规性的土地建设
3. 环境控制和保护
4. 人类健康的防护和改进
5. 能源的生产、分配和合理使用

---

① 注意,生产补贴不同于产品补贴。
② 税收抵免在计算税收负债后直接从受益住户或企业应付的税收负债中减除。
③ 具体见 FM 手册第 8 章。

续表

| 6. 农业生产和技术 |
| 7. 工业生产和技术 |
| 8. 社会结构和关系 |
| 9. 太空探测 |
| 10. 非定向研究 |
| 11. 其他公民研究 |
| 12. 防御 |

资料来源：FM 手册。

⑥产品税减补贴。对拟用作销售目的的这部分 R&D 产出的生产应该按购买者价格记录。因此，任何 R&D 产品的应付产品税减补贴需要添加到这个产品组成中。

至此，可以基本对 R&D 产出的估算有较深入的了解，具体 R&D 产出推导步骤总结如表 5-12 所示。

表 5-12 R&D 产出推导步骤

估算起点：FM 每个部门 R&D 内部支出	
1. 使用许可的产出和非 GFCF 的复制许可的产出	加上使用许可和非 GFCF 的复制许可的销售
2. 除 R&D 以外的货物服务的中间消耗	减去应被记录为 GFCF 的知识产品使用许可的支付费用（主要 R&D 资产，如专利）
3. 为自用而生产的软件的内部支出	减去为自用而生产的软件的内部支出（满足记录为 GFCF 的那部分）
4. 用于生产其他 R&D 的 R&D 服务的中间消耗	加上应记录为中间消耗的外购 R&D，但是不包括记录为 GFCF 的部分。只适用于科学研发产业中的市场生产者
5. 雇员报酬	加上并未包括在 FM 中的对研究生的支付费用
6. 资本服务成本	减去资本支出加上资本服务成本（只对于非市场生产者的资本成本），包括对 R&D 产出有直接贡献的 R&D 资产
7. 其他生产税减补贴	加上不包括在 FM 数据中的税收减去补贴
	等于每个部门的 R&D 产出

3）FM 中支出和资金分类与 SNA 供给使用表之间的关系。SNA（2008）供给使用表提供了估算 R&D 的固定资本形成总额（GFCF）的方法，也即通过运用商品流量法估算的方法（本书已经对此方法的应用做了详细说明）。然而，对于大多数国家，有一个更为实际的对估算过程的描绘是：调整 R&D 调查，即对 R&D 经费支出的内部支出的估算进行调整。因为它们通常会影响（缩小或减低）其他部件的供给和使用。FM 手册中关于支出和资金的详细数据为 SNA 供给和使用表提供了其 R&D 所需要的主要部分数据。

①R&D 供给。总的 R&D 供给是通过将产出和进口合计而得。以下则分别从产出和进口两方面进行分析。

A. R&D 产出。它可分为三个不同的类别，与 FM 和基于 SNA 的术语和数据收集（Moris，2008）一致。这三种类型分别是：为自身最终使用而生产、定制和投机性生产。其中为自身最终使用而生产的 R&D① 是为内部使用而生产，无论资金来源是来否自内部或外部。定制 R&D 是为另一个单位而生产，通常是根据合同。投机性生产 R&D② 是指自我投资性的生产，不是为内部使用，也不为技术进步，其买主是有保证的。③ 例如，商业化的 R&D 服务供应商④，显然，这也是按合同项定制实施的 R&D。对于内部支出，投机性的 R&D 包括了对原件的创新设计，这种创新仅用于生产使用许可和复制许可的，但内部支出不包括任何复制品的价值（除了复制品隐含了原件价值的情况）。按 SNA 理解，投机性生产包括所有在报告期内生产的此类产品的价值（使用许可和非固定资本形成总额复制许可）以及原件的价值（或在核算期内因生产而产生的相关费用）。原则上，投机性的和定制的 R&D 的产出应记录为库存（成品或在制品

---

① FM 术语中称"Performed"已实施的。

② The label is consistent with the term used for construction of dwellings and other buildings and structures in the SNA.

③ SNA（2008）识别的投机性资产的生产。

④ 买家签订了 R&D 合同并没有付款，直到客户能够顺利地将这一知识（被归类为投机性的 R&D）商业化。

的R&D），直到它被出售给最终用户。但实践中若按此操作存在问题是得不偿失的。

上述三种类型主要来自基于FM的调查数据。客户定制和投机性生产R&D的交易也被期望在总体经济调查报告中体现，并期望在出口报告数据中体现，如国际贸易服务调查（SITS）。原则上，在总体经济调查或国际贸易服务调查中，定制R&D的价值报告应对应于FM中基于R&D的基础调查数据（按提供资金来源所收集的数据），但这不适用于投机性生产的R&D。实施投机性生产的R&D的成本在R&D调查报告中体现，同时在经济普查或国际贸易服务调查中也有对其价值的报告（按其销售价格）。不过这里要注意的是，FM基于R&D的有关提供资金的数据调查中，所提到的资金是用于现在或未来R&D的实施，而不是针对过去。因此，投机性生产R&D的销售不应包括进R&D实施者所报告的资金数据中，但它应包括在购买者的外部支出中（如果购买者也是一个开发者，并在R&D调查范围内的话）。理想情况下，销售价格应该被用于估算投机性R&D的产出，但是从不同的数据来源中综合去获得这一数据在现实中可能非常困难。不过在任何情况下，需要注意的是避免重复计算。

B. R&D进口。正如上段所述，有三种类型的R&D服务产出。但这些产出中只有其中两个产出与以购买，转让或许可交易等形式的进口有关，即定制和投机性的R&D。更具体地说，定制R&D的进口会包含原件的购买，而投机R&D[①]则可能包含原件或复制品。其中一些进口交易尤其是在联合公司之间对于转让或馈赠可能无法记录或可能无法从企业的其他活动中以及统计调查记录中分离出来。来自现在及以前的涉及进口交易的R&D产出可能会受到多种形式的知识产权保护，如专利、版权或保密。表5-13总结了这些类别。

---

① SNA认为它包括购买的、使用许可或复制许可，或以礼物形式接收的。

表5-13 R&D进口交易类型和IP保护

R&D进口	R&D服务（原件）	IP（原件或复制品）		
	BPM6 EBOPS10.1.1.1	购买 BPM6 EBOPS10.1.1.2	转让 BPM6 EBOPS10.1.1.2	使用或复制许可 BPM6 EBOPS 8.3
来自卖家投机性生产	×	×	×	×
来自定制研发服务	×	×		

资料来源：OECD. Handbook on Deriving Capital Measures of Intellectual Property Products [R]. 2010.

R&D调查数据中的外部支出包括了购买和鼓励R&D性能研发的资助。因此，只包括客户定制R&D的购买，但这里指的仅是对R&D开发者的购买。国际贸易服务调查（SITS）包括了R&D服务和IP交易的数据，可作为对创新调查数据进行补充。转让和未记录交易不太可能从SITS或外国附属机构服务贸易统计（FATS）中获得，除非采取某种特殊的措施来收集。

上述所使用的供给—使用表按基本价格记录产出，但是消耗却按购买者价格测算。因此从理论上讲，任何产品的贸易利润和税收/补贴都可能适用于R&D产品，当被销售时这些应被包括进来。不过在实践中，这些项目可能为0，具体内容如表5-14所示。

表5-14 总的供给，总的使用以及R&D的GFCF的推导步骤

估算起点：每个部门R&D产出（表5-15得到的结果）	
1. 加上R&D的进口	包括所有使用许可和复制许可的支出
2. 加上贸易利润率	在实际中这可能为0
3. 加上税收减产品补贴	在实际中这可能为0
4. 等于总的R&D供给与使用	
5. 减去R&D中间消耗	见表5-15的第4项
6. 减去R&D的获得，但其获得的目的不是为了谋取利益	在实际中这可能为0，但不满足GFCF的复制许可应该记录在这里
7. 减去R&D的出口	不包括记录为GFCF的复制许可的销售，这涉及了更早原件的生产。这些销售与早期资产相关，而不被包括在产出中

续表

估算起点：每个部门 R&D 产出（表 5-15 得到的结果）	
8. 加上国内部门间的 R&D 净购买	满足 GFCF 的 R&D 的净购买。根据国内部门间的资金数据，不包括第 5 项和第 6 项的数据以及转移和补贴
9. 减去库存中完成品和在制品 R&D 的变化	
相当于每一个部门的 R&D 的总的固定资本形成总额	
加或减在不同部门资本账户下的 R&D 资产的资本转移	

②R&D 使用。产品的使用一般包括最终消费、中间消耗、出口、固定资本形成总额和存货变动。为了推导出部门剩余的固定资本形成总额（GFCF），所有 R&D 产出的购买在国内部门之间应记录。任何 R&D 产出的资本转移应记录在资本账户中。具体分析如下：

A. R&D 的最终消费。包括居民消费，这部分可忽略不计，而政府和 NPISH 在 R&D 上的任何支出也不记录为固定资本形成总额（没有作为中间消耗，这取决于国家如何使用他们的供给—使用表①）。因此，为了满足某部分用户的需求，这项可单独列出。

B. 中间消耗。用于 R&D 生产的 R&D 服务的中间消耗在本书已经做了说明。

C. 国内部门间的 R&D 购买净额。包括进 R&D 的固定资本形成总额中的国内部门间 R&D 产出的购买净额，需要被部门记录以显示其用途，这与产出相反。如果对所获得的资金数据不好进行分类处理，那么一个切实可行的解决办法是，假定非政府 R&D 实施者的大部分支出用于获得 R&D,

---

① Some countries show expenditure by government and NPISH directly as final consumption, others however reflect the transactions as IC, forming parts of the costs of output, and instead record under final consumption the output produced and consumed by these sectors.

而政府 R&D 实施者则几乎没有。

D. 已完成的和在制品的存货。由于 R&D 生产一般需要一年以上，无论是否自用、客户定制或投机性，也包括在制品，直到其研发完成。SNA (2008) 建议为自用而生产的资产应记录为固定资本形成总额。如果有显著销售目的 R&D 的生产，那么它应该被记录为存货的在制品。这一点对于跨国附属子公司在 R&D 上的生产尤为重要，其可能最终被出口。

E. R&D 出口。出口可能被归类为客户定制、投机性、向国外 R&D 转让等的跨境销售（Moris，2008）。但类似的定制、投机的 R&D 的进口、出口有可能被包括进国际交易调查中，以提供有关服务的数据，而国外转让却不能从 R&D 调查或贸易调查中获取，不过我国目前没有实施对 R&D 的国家交易调查。因此，可以利用一些出口数据调查获得。如上所述，FM 建议 R&D 开发者应该被要求提供其资金来源的详细信息。但这些资金既包括了购买支付的费用也包括了资助金（在国民经济核算中定义为现金转移），最多只能进行部分的细分才可用。来自 R&D 调查详细的资金数据，要将其适当地细分，应通过国内外部门的原产地（类似在外部支出基础上的大致分类）以及不同的经济类型（销售、转让和补贴）来提供一个可靠的消息来源，以用于估计出口。[①] 因此，可操作的是通过对国际收支平衡表上 R&D 出口数据（商业 R&D 提供资金数据部分）进行细分，有可能对 R&D 使用进行合理的估算。这种细分可以在以下假设下进行，即假设资金从一个企业部门到另一个企业部门，认为是进行了一次购买（这里没有转移，也就是在商业企业之间没有补偿物），而那些不专门从事 R&D 生产者生产的 R&D 出口可以被忽略。

F. R&D 固定资本形成总额。固定资本形成总额通过供给与上述使用的差额推导而来。不过，还可以通过使用 FM 收集的数据来对 R&D 固定资本形成总额的估算做出推导，这可能会使估算的质量得到显著改善——2005 年堪培拉第二组编制了一个附加数据的列表，使 R&D 调查数据更好地满

---

① 具体见 IPP 手册附录 D 附加数据要求。

足国民经济核算的要求。这一附加数据最重要的改进是获得了能被充分细分的外部支出的经费数据。

这里要注意的是，FM 并不能提供所有需要的数据来估算进口。这就需要使用某些替代数据，如贸易调查或专门的商业调查。有关进出口的估算还可进一步使用普遍可获得的当前数据来源[①]，还包括进一步开发的贸易数据的来源。[②] 表 5-14 对上述 R&D 的固定资本形成总额估算的步骤作了总结。

由于在 FM 手册中所认定的 R&D 产出并不包括对与 R&D 相关的使用许可或复制许可权这类销售的产出，但却被包含在 SNA 产出的定义中，因此有必要单独进行说明。

A. 使用许可。对出售的 R&D 使用许可证估算的数据并不能准确从 FM 调查中获得，因为提供资金只限于对当前完成的 R&D 的支付。获得数据的其中一种方法可能是咨询 R&D 开发者，询问他们有关要出售许可的详细信息，以确定是否满足国民核算体系的需要（识别许可是否记录为固定资本形成总额），以及从这些许可中所获得的收入。然而这种可能对 R&D 使用许可（从国内来源中获取，假定国外销售被排除）记录为总的固定资本形成总额作出合理估算的数据，排除了来自国外的许可，同时它们也没有实施产业分类。所以，这里存在另一种方法则是尽可能地去取得经济领域调查支出的信息。不过在实际中，最好是使用这两种方法进行调和得出最终结果，然而，在此之前，较为合理的可能是从大部分 R&D 开发者处获取信息以得到（许可证持有人）使用许可的固定资本形成总额。

B. 复制许可。SNA（2008）建议，如果一个许可证允许被许可人用以复制原件，并对复制品发放承担责任，支持和维护复制品，那么就描述为复制许可权，应该被认为是持有复制许可权的单位对原件的一部分或整个的销售。但如果被许可人只是简单复制和分发复制品，却不承担支持和维

[①] 具体内容见本书附录一。
[②] 具体内容见本书附录二。

护责任,那么这里的"所有权"是不改变的,这种情况下获得许可的人对许可证颁发者的支付应记录为中间消耗(Intermediate Consumption,IC),而不是固定资本形成总额。FM手册对复制许可的有关收入和报酬没有提及,《知识产权产品资本测算手册》(2010)建议的方法是,复制许可采用与使用许可的类似处理方式。但是在此之前,对于使用许可的处理,最好是通过联系其大部分R&D开发者,以作为对复制许可固定资本形成总额的估算。

(2)软件的固定资本形成总额测算。软件的固定资本形成总额一般采用以下三种形式之一:获得软件复制的许可使用权;从软件开发企业中获得的客户定制的软件;为自身最终使用而创建的原始软件。一般情况下是对上述三种固定资本形成分别测算。目前普遍存在两种GFCF的测算方法。一是需求方法(Demand-side),即调查企业和政府,并要求报告出他们的支出;二是供给方法(Supply-side),即国家统计局采用的宏观测算方法,通过对购买的软件采用商品流量法①,对自产自用的软件则计算开发软件的人数,得到两个宏观估计值。上述两种方法都有其长处和短处,因此建议实际中应采取两两对应的方式。早期使用的是供给方法,目前大多数国家采用的方法是需求方法(近15个国家拥有软件购买者的调查数据获得来自供给方法)。可见,上述两种方法实际上是一个对抗和平衡的过程。根据国外相关实践经验,一般认为使用供给方法测算更为合适,但前提是需要有效地使用调查所收集的信息,即通过所有累计的供应方按不同比例分配给有需求的各个行业和部门。

由于许可产品的特殊性,本部分对软件使用许可的固定资本形成总额测算单独进行说明,这和R&D许可是一样。在测算前,要先识别生产单位所购买的许可证是否满足资产的条件,这个问题应归结为使用许可是1

---

① 商品流量法又称为产品支出法或最终产品法。它从产品的使用出发,把一年内购买各项最终产品的支出加总起来,计算出该年内生产出来的产品与劳务的市场价值,即把购买各种最终产品所支出的货币加在一起,得出社会最终产品的流动量的货币价值的总和。

年以上（记录为固定资本形成总额）还是不到 1 年（记录为中间消耗）。①当运用的是需求方法，很简单的就是询问受访者在 1 年以上以及不到 1 年花费在使用许可上的支出。而对于供给的方法则不需要作出这种区别。也就是说，使用需求方法，需要分开估算；使用供给方法，需要从软件供应商处取得信息（无论是直接或间接）。对于许多国家而言，他们的很多正版软件是进口的，这意味着第二个方法需要从在其他国家的软件供应商处获得信息，或者从其他国家的统计局以及其他来源获得信息，如咨询公司等。因此实际中为了降低调查成本，一般使用第二种方法。但即使如此，也应对使用许可进行区分，即是属于固定资本形成还是中间消耗。由此可以认为，无论采用何种方法，最为重要的是区别使用许可是 1 年以上（记录为固定资本形成总额）还是不到 1 年（记录为中间消耗），这应该是测算的关键。这里要注意的是，对于由生产单位购买但不包含其捆绑销售于其他产品也应记录为固定资本形成总额，其他使用许可的支出则记录为中间消耗。

下面将使用需求方法和供给方法分别对我国购买的软件和为自身最终使用而生产的软件的固定资本形成总额测算进行探讨。

1）需求方法（Demand – side）

①购买的软件。由于软件是无所不在的，所以使用需求方法所要调查的范围将涉及整个经济领域，但是几乎所有单位所购买的软件大部分都是用于自己生产。软件购买可以通过不同的形式，包括购买的包装（现成）软件、定制软件、软件所有权。单位可能会或可能不会将任何类型的软件支出记录为资本形成，但 SNA 认为对于软件服务的统计漏报其资本形成是普遍存在的。因此，单位被要求上报包括涉及软件相关服务的所有支出，包括公司生产原软件的支出（该公司应拥有资产权利，同时该公司可以将原件复制用于出售），但不包括软件被重新出售的所有支出（无论其是否嵌入其他软件或硬件中）。具体包装软件（自用）、定制软件和软件所有权

---

① 对于 GFCF 和 IC 的区别将在后文进行分析。

等的所有软件购买（自用）支出列示如表 5-15 所示。

表 5-15　购买软件（自用）支出分类

五类支出
①购买：外部购买的包装软件用于企业内部使用记录为企业的资本支出。这些应包括单个和多个许可使用的复制品。前提是需满足资产的定义。也就是说，支出应是对超过 1 年的软件的许可协议，而不是不到 1 年的
②使用的付费：包装软件用于自用的相关费用支出和专利使用费——企业花费。该子类别包括所有付款，包括租金和使用许可权的专利税，由企业支出的用于企业内部使用的包装软件（包括系统软件），不包括对软件的许可协议不足 1 年的这类支出。所有许可和再生产复制品的专利费用，如被出售或嵌入在硬件或没有拥有资产权的公司的软件原件中应被排除在外
③服务的付费：用于自用的定制软件的开发过程中的服务付费。应该包括开发自用的企业定制软件的所有外部成本，包括支付服务，如研发、分析、设计和编程或修改以及套装软件。软件原件的开发用于销售复制品的目的，这种情况下也被认为是自用。对外部顾问参与的内部软件开发的付费也应包括进来，而涉及某些公司（该公司将不保留专有产权）在定制软件的开发支出应排除在外。该子类不应包含对软件使用不足 1 年的这部分软件的支出
④对软件原件的所有产权的购买。该子类覆盖了全部所有权的购买的，即软件原件所有权从另一个企业购头，无论是通过直接购买或通过收购复制许可证
⑤用于自用的其他软件的相关支出。它们应该排除分包合同的维护成本

②为自身最终使用而生产的软件。该类别涵盖了所有开发内部软件的成本，无论其是否为内部使用或该公司用于拟出售使用许可证或复制许可的目的。它包括开发一个软件原件的内部成本（前提是生产单位应保留所有产权，但允许某些单位拟出售复制品或将其嵌入硬件或其他产品原料中）。

一般来说，为自用而生产的软件通常要经过以下几个阶段：可行性分析→功能分析→详细分析→编程（程序设计）→测试→文本文件→培训→维护。只有从功能分析到文本文件的第 2~6 阶段发生的费用支出才应归入对软件创建的固定资本形成总额的价值估算中。其他三个阶段的费用（可行性分析、培训和维护）不能归入资产的基本价格中，应属于消费。但有一点要特别注意的是，当用总成本来估算固定资本形成总额时，普通员工的培训成本应包括在内，只有对特殊软件资产的使用培训才被排除在固定资本形成总额之外。

具体而言，总劳动成本的估算应包括参与软件开发的内部工作人员的数量；内部工作人员在软件开发上所花费的平均时间百分比（但不包括维修和商业任务，但包括在软件 R&D 上的时间花费）；从事软件开发人员的平均报酬（包括工资、薪金/分红）；雇主社会捐助和其他特殊利益。其他成本则包括因聘用员工从事软件开发所发生的相关费用；经常费用（包括管理成本、培训、人力资源管理，办公用品、电、房租等，并使用了企业拥有的固定资产）；生产软件过程中所发生的任何其他中间消耗（包括软件的许可证费用和不认定为固定资产的研发支出）；生产软件过程中的成本所涉及的相关税收（如工资税，一般要与软件开发支出成比例）。

2）供给方法（Supply-side）。这一方法应用于软件的主要困难是避免重复计算部分流量，包括分包合同。该方法有二：一是对购买的软件（包括已认定为资产的许可证的使用）运用商品流量法，以销售统计为起点，用来推导出一个价格——购买的固定资本形成总额作为剩余的价格。二是对于自产自用软件是基于成本投入的宏观估计方法。

①基于商品流量法对于购买的软件的估算。对于购买软件的固定资本形成总额（GFCF）使用商品流量法进行估算描述如下：

GFCF = 国内软件产出的价值 + 进口 + 贸易利润和国内供应和进口税 – 软件被包含进的硬件行业 – 软件公司间的分包合同的流动 – 生产单位购买的其他软件中不认定为 GFCF 的部分 – 供家庭消费的游戏和其他包装软件—出口—维护支出

实现上述步骤要注意的是：由于商品流量法的起点是销售。为了更好地应用这种方法，销售的数据应该能够被详细地分类。在欧洲范围内，一个四位数的分类属"2008 年欧洲经济共同体活动 2008 产品统计数据分类

（CPA2008）"是最详细的，但考虑到我国的实际情况，最好使用 ISIC 分类。也就是说最好能将销售数据按 ISIC 主要经济活动分类，一个必需的步骤是重分类这些数据，以获得软件产品销售数据。当依据行业销售数据去实现供给方法时，所有软件产品的销售数据都应该被考虑到。换句话说，这还包括了作为次要活动的软件产品的销售。这将可能引起一个非常重要问题，即对有些企业调查数据的全面收集，因为其生产用于销售的软件产品的设备可能被分类进了工业而不是计算机服务业。具体关键项目分析如下：

A. 国内软件产出的价值。

步骤 1a：从行业数据转为产品数据。

如果销售数据的取得是基于活动分类获得的商业会计收入，第一个步骤就是重新分类这些销售数据，以取得软件产品的销售数据。根据 ISIC Rev. 4 分类，软件发布（ISIC – 5820）是套装软件的主要供应商，计算机编程活动（ISIC – 6201）是一个国家内定制软件的主要供应商，还有第三个国内来源是数据处理、存储及相关活动（ISIC – 6311），包括应用服务供应，从后台管理的计算机环境中提供租赁软件（其中一些软件还可以被定制）。这个步骤也可用于对所获得的销售数据进行验证，即销售数据应包括按交易分类的各种收入，如特许权使用费收入。

步骤 1b：从 CPA 数据中取得。

CPA – 2008 对软件服务业与其他行业有一定程度上的区分。对应国际标准行业分类第 4 次修订（ISIC Rev. 4），CPA – 2008 分类中的软件出版服务（58.2）和计算机编程服务（62.01）是主要的软件供应。应用服务供应（63.11.13）被单独列出。在实际操作时，行业销售数据只能用于当它们被充分详细定义的时候。当运用供应方法从行业销售中取得数据时，应将所有软件产品的销售都考虑在内，包括没有被分类在"计算机服务"下的相关业务和交易。

B. 进口。

步骤 2：从进口去获得总资源。

对于我国来说，进口包装软件是一个主要来源，因此在"进口"项上处理极为必要。本书根据澳大利亚统计局（ABS）所认定的三阶段过程（ABS2006）进行分析。

该过程第一个阶段即假设由 A 国家生产原始软件。

该过程第二阶段则可以采取以下两种形式之一：

2（a）：原始软件在 A 国被复制然后以套装形式（即磁盘、手册和包装）出口到 B 国；

2（b）：现在越来越普遍的一种方法，A 国将拷贝品通过网络或者磁盘发送到 B 国家。B 国批发商就按需求拷贝销售。

该过程第三阶段则涉及软件拷贝品的销售，即通过使用许可权实施。在 2（a）的情况下，这直接发生于在 A 国经销商（或者说是批发商）和 B 国的最终消费者之间，或者间接地通过 B 国的经销商。在一些情况下，第三阶段也包括从 B 国的经销商（或者说是供应商）出口到 C 国的消费者手中。在 2（b）的例子中，该 A 国的软件所有者和 B 国批发商或经销商之间的合同条款可以采取很多形式。软件所有者可以支付给批发商/分销商一定的费用来销售复制品，软件所有者获得剩余产品的销售收入。另外，批发商还可能会通过支付一定的费用来获得软件所有者的复制许可权，在这种情况下，批发商将能获得全部或大部分的销售收入。SNA（2008）建议，在第一种情况下软件所有者支付的费用应记录为中间消耗。在第二种情况下，经销商的付款应该记为中间消耗（前提是如果这个特许权是作为经营租赁的话）。

然而 SNA（2008）还建议，如果软件的所有者剥离了对软件的一部分或者所有的责任（责任给了经销商或发行者），或者剥离了其拥有使用许可的复制服务，那么这就构成了原件所代表的资产的一部分或者全部销售。在这种情况下，经销商的支付就显示为固定资本形成总额。

由于软件的进口涉及国际贸易，使其估算变得比较困难，而且国际收支平衡表（BOP）数据并不详细和充分，必须由其他来源的数据进行补充。例如，在 BOP 中特许权使用费以及特许费的国际收支一般不按产品进行区分。在实际操作中，加拿大统计局使用了其对软件开发和计算机服务的年度调查去推测得到计算机服务的出口和特许权使用费以及特许费的出口数据（见表 5-16）。进口特许权使用费和特许费的很大一部分被添加到货物和服务的数据中来获得软件的估计进口量。这在扩大的国际收支服务分类系统（EBOPS）中已经做了改善。在实际操作时要注意，在供给方法中，进口和出口的定义必须与国内的供应一致，都必须包括特许权使用费和特许费。

表 5-16　1998 年加拿大进口和出口软件销售　　　　单位：万元

	进口	出口
商品贸易	1003	107
软件服务	314	731
特许权使用费和特许费	685	1311
总计	2002	2149

资料来源：http：//www.statcan.gc.ca/.

C. 贸易利润率和国内供应和进口的税金。销售数据是基于基础价格而被估价，进口是基于双方的离岸价（FOB）或者到岸价（CIF）。为了和固定资本形成总额的估算有可比性，价格应调整为购买者价格。调整方法为原有价格加上贸易利润和产品税减补贴（含家庭消费的增值税）。只有在调整完后商品流量法（基于供应法）才能适用。例如在加拿大，贸易利润和税金在进出口方面占了软件产品总供应价值的 17%。

D. 避免重复计算和扣除中间消耗。这一部分包括了软件被包含进的硬件行业、软件公司间的分包合同的流动、生产单位购买的其他软件中不认定为固定资本形成总额的部分。

步骤 4a：排除中间消耗。SNA（2008）已引入关于软件许可（软件使用许可和复制许可）的两个显著变化。一是复制许可的获得被记录为固定资本形成总额，而在此之前它总是中间消耗；二是软件复制品的使用许可的获得只能记录为固定资本形成总额（前提是如果合同超过 1 年）。

步骤4b：避免重复计算。有三种类型的重复计算要避免：分包合同、嵌入式包装软件和自给性生产。

4（b-1）：排除分包。由于国内供应的软件数据是使用产出数据获得的，所以存在重复计算的内在风险。例如，软件产品销售对应的主要活动有编程服务（CPA-62.01分类）或活动（ISIC-6201分类）将被归为固定资本形成总额，但要排除那些非最终用户对该软件的购买或者被嵌入进（另一个）原件的自给性生产中。假设公司U是该软件的最终用户，从A公司订购了软件产品，A公司是一家软件咨询公司。该软件将花费100。假设A分包给B，A要给B公司（B公司是另一家软件咨询公司）支付该软件花费的25%。则软件销售总额将等于125，而软件资本化的价值只是100。其中的25个单位是软件由A转包给B的中间消耗，不应被资本化。此外，问题还可能出现在软件发行（ISIC-5820分类）中，这里有三种情况的销售不应视为固定资本形成总额：一是当该软件产品被购买是用于捆绑到硬件中或其他设备中；二是当该软件产品被另一软件公司购买，目的是将其嵌入到另一个重新生产的软件新产品中再出售；三是当软件被最终的家庭用户购买或出口。

4（b-2）：排除部分包装软件的购买（其硬件和软件捆绑在一起）。有些包装软件是由计算机行业购买用于嵌入在新的硬件中进行销售。它没有被排除在计算机硬件的固定资本形成总额估算之外，但却必须从软件的GFCF估算中排除。如果没有可行的数据表明嵌入进硬件的包装软件占硬件固定资本形成总额的比例，则应根据2002年OECD经合组织软件工作组的建议，将其假设为50%。

4（b-3）：排除为自用而生产的软件。对这类软件原件（其原件预期用于反复生产复制品超过1年）的支出应记录为固定资本形成总额。此外，软件复制品的获得如果满足资产的定义也被处理为GFCF。因此，在这种情况下，无论是为自用而生产的原件还是复制品的获得都应记录为固定资本形成总额。客户定制软件从本质上而言一般不是复制品，所以只有原件的获得才被处理为固定资本形成总额。这意味着重复计算只能出现在定制软件中。因此，可以通过将定制软件的生产从自用生产软件的固定资本形成总额中排除，则重复计算可避免。

由上述分析可以看到，在对我国软件应用供给方法时，可通过以下方式避免重复计算：一是不包括相应的分包合同的流动；二是不包括50%（如果没有具体的数据）的由计算机硬件行业购买的套装软件；三是通过在宏观估算中自给性生产中排除定制软件的生产，如排除与客户定制的计算机程序服务相关的分析师和程序员发生的费用，因为这些费用在实际中已计算进产品使用的销售数据中。

E. 维护。如前所述，维护不处理为固定资本形成总额。因此，需要从销售数据中排除相应的维护，以获得固定资本形成总额。目前已实施了供给方法的国家已经排除了内部维护成本，即当其用宏观估算方法对自用生产估算时。然而，企业也可以使用外部服务来维护他们的软件。因此，也有必要来估计外部维护成本。

对于使用 ISIC Rev. 4 分类的国家，维护型服务只限于计算机咨询及计算机设备管理活动（ISIC – 6202）和其他信息技术服务活动（ISIC – 6209）的分类中。除了6202分类的服务部分肯定被用于为自用而生产的软件之外，其余都应该被记录为中间消耗的来源。欧洲（使用 CPA – 2008 分类）的情况也大致相同。因此，在应用供给方法时，当使用两种国际标准行业分类，即 ISIC Rev. 4 或 CPA – 2008 时，所有的（外部维护成本）都应被排除在外，除了6202分类的部分或62.02为自用生产而提供的服务之外。至于我国可根据本书在前文中所建立的国民经济行业分类与 ISIC Rev. 4 分类的对应项进行调整。

F. 排除家庭购买和出口。一般是用家庭预算调查或其他相关统计资料来对家庭购买（的软件）进行估算。其中游戏软件是住户软件支出的重要组成部分，需要被排除在外（如果它们被包括进供给方法估算内的话）。在 ISIC Rev. 4 分类下的"软件发布"（5820）和 CPA – 2008 分类下的"发布服务"（52.80），它们均包括了计算机游戏服务的供应。在 CPA – 2008 中明确表示，58.20 包括了复制许可和发行，全部包含在"计算机游戏的出版服务"（58.21）中，所以它们很容易被排除在外，但在 ISIC Rev.4 分类中却没有进一步细分。

然而，家庭也可能会购买非游戏软件，如从事自给性生产的人。在这种情况下应记录为固定资本形成总额，但其余的应排除在外。根据澳大利亚和美国获得的数据显示，有平均 4%~5% 的总供给量被分配到家庭消费；法国则有一个较小的量，为 2.1%。[①] 由此可以认为，在供给方法下，家庭消费应通过家庭预算调查或其他等效的来源进行估算，需从销售中排除，以调整贸易利润和间接税。

根据上述分析，表 5-17 对上述步骤进行了总结，以推导出软件固定资本形成总额的一般性方法。

表 5-17 供给方法估算步骤

ISIC Rev.4：软件服务资本化的销售价值：软件出版（582），加上计算机编程活动（6201），加上应用服务供应（6311 中的一部分）	A
包含进口（包括版税和授权费和游戏）	B
包含贸易利润率和国内供给和进口的税收	C
排除硬件行业的嵌入式软件（硬件产业中套装软件购买的 50%），视为中间消耗	D
排除软件公司之间的分包	E
排除套装软件的家庭消费和游戏（如果包括在内的话）	F
排除出口（包括版税和授权费和游戏）	G
排除维护费用	H
购买的软件的总的固定资本形成总额	A+B+C-D-E-F-G-H

这里要注意的是，如果软件已经被企业资本化，并独立于上述过程而被包括进总的固定资本形成总额的情况下，对软件的固定资本形成总额的

---

① OECD. Handbook on Deriving Capital Measures of Intellectual Property Products [R]. 2010.

调整是非常重要的。下面将会对此调整做详细说明。

②基于商品流量法对于自产自用的软件的估算。OECD研究显示，自产自用的原始软件的GFCF占总的软件GFCF的1/3左右。这意味着它不能被忽略，并且应采取一个合理的方法估算。广义上讲，自产自用软件的生产是通过生产成本加和而测算的。这些成本包括雇员报酬、行政费用、中间投入、间接营业税（如工资税）、资本的使用者成本，等等。因此，其固定资本形成总额估计如下：

GFCF（自产自用的软件的估计值）= 软件人员（雇员补偿）的劳动力成本 + 自产自用的软件生产的非劳动成本（中间消耗，行政费用）+ 固定资本使用成本或总营业盈余（折旧仅适用于非市场生产者）- 与其他活动相关的费用（维修等）- 生产定制原件的成本和再生产拟出售复制品软件的成本

为了了解在宏观层面上各个国家的估计过程，首先，应对"软件人员的生产"和"自用软件的生产"这两个概念进行区分。所谓软件人员的生产是指所有软件人员生产的所有软件产品，其中包括内部使用的软件（自用软件）和拟销售的软件。而自用软件的生产是指由软件人员在内部生产时使用的软件。它是不包括用于出售的那部分软件的生产。其次，还要注意"自产自用软件"只用于软件原件的再生产的情况。如Microsoft's Windows软件原件只被用于内部。只有Microsoft's Windows的复制品才用于销售，而不是原件。因此，为了估计软件人员生产的自用软件部分，需要对"销售调整"（下面将会具体说明），排除市场活动（销售原装定制软件和销售复制品）。此调整是根据供给方法，不会造成重复计算，因为软件的销售已经被计入销售数据中。具体测算如下：

A. 劳动力成本。可以通过劳动力数乘以平均薪酬。平均薪酬应取自国民账户中的雇员报酬。建议软件人员的数量应该按经济活动分类，包括政府部门，特别是ISIC Rev.4分类中的计算机编程活动（6201）和计算机咨询及计算机设备管理活动（6202）。

软件人员的数量可以通过直接的企业调查或按职业划分的就业数据来估计，大多数国家采取后者。但是对软件人员的认定却不简单。OECD软

件工作小组建议,由于缺乏直接的对软件人员数量的调查数据,按职业划分的就业数据应被使用,并限定在计算机服务部门的管理者和计算机专业人员,根据国际标准职业分类1988(ISCO-88),即代码213(计算专业人员),这里假设其他与计算机编程相关的职业分类微不足道。这样假设的原因是,缺乏其他软件人员花费在软件开发上的时间这一信息,因此假设其是不重要的。

不过英国国家统计局(ONS)最近提出了一个新的观点,即软件行业中的重点企业和机构实际上有更广泛的职业,虽然软件专业人员构成了最重要的职业群体,重要的贡献是计算机服务经理(ISCO-88,代码1236)、计算机助理(代码3121)、计算机设备经营部(代码3122)和数据录入员(代码4113)。由于ONS的这项研究得到了软件行业中重要企业的认同,如思科系统公司和IBM公司做了实践性的应用,结果使自用软件生产的GFCF估算增加了约20%。

但这里要注意的是,即使用调查得到的软件人员的数量去乘以平均薪酬得到的报酬总额仍不能直接应用,还应做进一步调整(上述已经分析了软件人员的生产和自用软件的生产的区别),才能得到自用软件生产的劳动力成本。在实际操作时,可以通过从软件人员的总劳动报酬中减去与自用软件生产不相关的劳动报酬来实现。这些调整是根据ISCO编码的行业活动分类所收集的劳动力工作时间数据。具体可通过两步调整得到:第一步,扣除软件人员花费在生产拟出售的原定制软件和复制软件上的工作时间,剩下的工作时间才是用于生产自用软件和复制原件(用于自己使用)。第二步,扣除软件人员花费在其他活动上的时间,如系统修复、计算机系统维护等。根据最近的英国国家统计局(ONS)的调查发现,软件人员职业群体花费在软件开发上的比例是相似的。根据英国标准职业分类所提供的数据(最接近ISCO-88的数据)显示,软件专业人员(213)约70%的时间花费在软件开发上(见表5-18),但英国决定采用50%这一比例,以使与2002年OECD软件任务组的建议一致。

表 5-18　英国职业编码用于估算自用软件
生产中花费的劳动力成本　　　　　　　单位:%

ISCO-88	UK SOC（英国标准职业分类）	职业	比例
1236	1136	信息通信技术管理者	15
213	2131	IT策略和计划专业人员	35
213	2132	软件专业人员	70（50）
3121	3131	IT运营技术人员	20
3122	3132	IT用户支持技术人员	15
4133	4136	数据分析人员	5
213	5245	计算机编程人员，安装和维护人员	5

资料来源：OECD. Handbook on Deriving Capital Measures of Intellectual Property Products [R]. 2010.

在实际操作中，2002年OECD软件工作小组建议根据美国的经验进行测算。美国采用的也是软件专业人员在其他活动开发上花费的时间比例，50%用于扣除。这个50%的比例是根据巴里贝姆（Boeham，1981）28年的历史研究，即根据487家商业组织对软件开发和维护上所花费成本的比例进行研究而得出的结论，具体如表5-19所示。

表 5-19　美国程序员和系统分析员在软件
开发和维护上所花费的时间　　　　　　单位:%

开发		43
维护		
	a）紧急程序修复	6
	b）例程调试	4
	c）适应变化的输入数据和文件	8
	d）适应变化的硬件和运行程序	3
	e）增强的用户	
	新的报告	8
	对现存报告的新增数据	6

续表

开发	43
其他	7
f）文档改进	3
g）提高编码效率	2
h）其他	8
其他	2

注：被分类为软件投资的用斜体显示。

资料来源：OECD. Handbook on Deriving Capital Measures of Intellectual Property Products [R]. 2010.

巴里贝姆（Boeham，1981）确定程序员和系统分析员花费在开发上的时间是43%，但是为满足国民经济核算的目的，他认为维护（在表中以斜体显示）的项目也应记录为开发，这将使其总数增加19%，总计达到62%，得到软件人员花费在其他活动上的时间是48%，考虑到可能存在的误差，最终选择了50%的这个近似估算的份额，用以扣除。这一份额正随着个人电脑及预包装软件的日益重要而减少，到目前为止，50%扣减原则已在加拿大、法国和意大利采用过。不过，荷兰统计局对此进行的最新研究显示，50%的校正系数会导致自用软件生产的劳动力成本的高估。在实际操作中，由于我国没有对于计算机专业人员花在各项工作任务上的时间的可靠数据，则应假定为在自产自用软件上花费的劳动力成本不超过50%。

B. 非劳动力成本。由于在我国很难获得自产自用软件的非劳动成本的直接数据，因此可以根据相关行业的劳动力成本和非劳动力成本之间的关系进行估算。这些数据一般是通过对计算机服务行业的调查或普查数据而得到。

这里作一合理假设，即假设自用软件生产的成本结构与定制的软件开发或合同软件编程行业相似。这些行业往往比整体的服务行业具有更密集的劳动力，然而在计算时，该比例应调整，以排除外部成本的重复计算，因为其已经记录进另一个分支的供应方法体系中，包括采购。这是由于事实上程序员服务的销售已包括进最终用户的内部软件的生产过程中，被直接记录为投资。同时，上述用于计算机软件行业非劳动力成本结构的估算过程，隐含地包括了一些外部成本，因为计算机软件行业也会购买软件服务为自己使用。因此，如果这些成本已经被包括进购买或隐含性的标记为工艺过程计入进非劳动力成本中，这里存在重复计算。这就是为什么要提出向下调整比例的建议，而且建议行政费用中的留量应被考虑包括进对软件生产工艺的贡献中。

C. 资本服务成本。用于自用软件生产中的所有由非金融资产所提供的资本服务成本应被包括进 GFCF 中。可用营业盈余总额占定制软件开发的劳动力成本的比例，或占合同制软件编程行业的劳动力成本的比例来进行计算。

D. 销售调整。如上所述，因为不是所有的软件人员所生产的自用软件，所以有必要对其进行调整以排除在拟用于出售的定制软件的生产上花费的成本。它们中的很多（尤其是在计算机服务行业中）已被包括进用于出售的软件生产中，而这一活动却不应包括进对自用软件的生产估算中。在理想情况下，应对计算机服务行业进行调查，以决定其软件人员生产定制软件上的比例，以及有多少比例被用于生产原件复制品和原件用于内部使用。由于缺乏实际的数据，美国则假定销售调整为 2/（软件专业人才占就业总人数的比例×100），将其用于定制软件行业中。

上述推导的自用软件固定资本形成总额的宏观估计加法模型在实际中可能并不好，因此，乘法模型或混合乘法—加法模型应该被使用，具体如下：

GFCF（自产自用软件）＝软件人员的薪酬×其他显性的劳动力成本×其他活动上所花费的时间的调整×所有经常费用（管理费用，中间投入，固定资本使用）×销售调整

E. 软件 R&D。也就是 R&D 附着在软件上。SNA（2008）认为，识别 R&D 支出是否为固定资本形成总额，应满足固定资产的定义。然而 2002 年 OECD 软件工作组建议，所有与软件 R&D 相关的成本都应包括进自产

自用软件的 GFCF 的估算中，并建议应对它们进行资本化。不过在估算时，只将 R&D 提供的资本服务包括进自产自用软件的 GFCF 的成本中（当 R&D 被处理为资产）。

在上述基础上，还应做进一步调整以确保与国民账户保持一致。如在编写营业盈余总额时应做出调整，以确保与国民账户保持一致。因为应用供给方法会带来一个显著的不同（相比企业报告），即在经常费用（中间消耗）和投资（总的固定资本形成）之间的不同。调整应该基于这些差异，即对于独立的供给方法去估算固定资本形成总额，其中哪些通过交易被资本化了。为了编制出这些差异，调查应继续监测记录在企业账户中资本化的软件投资。但在对软件资本化过程中的调整应避免重复计算。如在按照 SNA（2008）所建议的对软件进行资本化之前，早期为了与 SNA（1993）保持完全一致，所有的软件开支应已经被处理为中间消耗而不是固定资本形成。因此，上述对公司利润的调整不应成为国民账户编制过程中一个新的特征，换句话说，在 SNA（2008）实施之前，企业利润应该已经做了调整，即通过在企业账户中增加软件的中间消耗来调整，因为在 SNA（1993）实施之前，早期企业已经将软件"错误"（但现在证明是正确的）地被列为投资记录进企业账户中。与此同时，早期企业所报告的总的固定资本形成也被调整为减少相同的数量。软件资本化重复计算的另一个来源是使用特定的业务报告。在应用供给方法时，软件投资的重复计算已经被包括进国民账户中（有时包含于硬件内）。如当用企业报告进行总的固定资本形成的估算时，已经包括了企业对软件的资本化，因为有时候这类软件已包括进了硬件中。这就是为什么内置的资本化软件已经包含进硬件中，并在（企业）业务报告中记录，因此它必须从记录为硬件的投资中扣减。可行的做法是从相关调查（如资本支出）的受访者的报告中进行比较，比较其中哪些受访者会宣称从商品流量方法中对软件投资进行资本化。其结果可用于去调整硬件的数据以避免重复计算。

（3）数据库的固定资本形成总额测算。在知识产权产品中，数据库的测算应被关注。早在 SNA（1993）中就提出数据库的处理和测算是作为软件的特殊情况,并建议大型数据库应被资本化。实际操作中却存在很多困难,原因很多:如对于什么是数据库没有明确的定义,以及该如何界定"大"的数据库,应该存储于数据库中的信息价值是应包括进数据库的价值中还是不包括,这些都导致数据库的估价存在问题。因此,目前大部分国家根本没有对数据库进行资本化,也没有进行国际比较。SNA(2008)将其作为一个亟待解决的问题列入了重点修订内容中,提出了数据库估价的方法,并对数据库定义进行了新的解读,即数据库是指以某种允许高效访问和使用数据库的方式组织起来的数据文件。它的开发可能是用于自己,也可能是为了整体销售,或者是为了许可证形式的销售(有了许可才可以访问数据库所包含的信息)。但是能否将自己使用的数据库、购买的数据库或购买的访问数据库许可作为资产,需要满足一定的条件。也就是说,所有能够保存数据并有1年以上使用寿命的符合资产条件的[①]数据库应被记录为固定资产。一般认为,当为自用而创建的数据库以及当它用于销售时,无论其大小和类型都包括在资产范围内,且满足资产的定义。数据库管理系统(DBMS)的价值一般会处理为"软件"记录在其他地方,除非它是经营租赁得来的。对数据库的定义也暗示着所有数据库的范围不应该只限定于特定类型的数据库,也不限定于由特定活动所创建的数据库,在SNA(1993)中所提出的"大"的数据库的概念将不再适用。

大多数数据库是为自用而创建,或者是供内部使用或是经由使用许可去销售。当这些数据库满足资产的定义,就记录为固定资本形成总额,然后以与软件相同的方式——成本加和方式估算。SNA(2008)建议,当用成本加和方法来估算数据库固定资本形成总额的价值时,不包括获取信息所花费的成本,否则资本化的知识将被间接地对外开放。此外,知识资本化的创建与SNA不一致。因为它的资本化依赖于它是如何存储的,如果知识被存储并包含在数据库中,那么它将被资本化。但是,如果它被存储在

---

① 符合资产的一般定义:预期能够提供给所有者经济利益和通过所有权行使所获得的经济利益。

其他地方，如在纸上的文件，就不会被资本化。此外，数据/信息可能已经被记录在固定资产账户下的类别"娱乐、艺术或文学原件"下，也可能不是，如纸张的记录。这里最关键的问题在于，信息提供服务应超过1年，因为预期数据/信息的工作寿命将决定数据库是否应被记录为固定资产。判段是否将其作为固定资产的一个明显的特征应满足下列两个条件中的任一个：一是存储在数据库中的典型数据预期1年以上；二是主要数据库中的典型数据预期被更新或被替代（在1年内）然后被存档于一个辅助（次级）数据库。换句话说，就是如果一个典型的数据预计将被存储在数据库中或保存于辅助数据库中，时间均超过1年，则数据库应记录为固定资产。

然而在一个数据库（不包括DBMS）和一个软件之间存在的重要不同是，满足资产定义的数据库中的数据不需要维修，这与软件是不同的。数据的价值经过一段时间可能会因过时而降低，但它不因退化（损耗）而降低，被确定为是固定资产的数据库更新的成本也应记录为固定资本形成总额。同样的，在数据库许可使用权证上的支出应按其市场价格记录，并记录为固定资本形成总额，不过前提是许可证应满足资产的定义。如果不符合资产的定义则作为中间消耗，这与软件许可的处理方法相同。

大多数数据库但不是所有数据库，有一个显著的特征就是它们被频繁地更新。这使数据库的外部用户所付费的复制品也由于数据的更新而被替换为一个新的版本。很多统计数据库都会出现这样的情况，例如，通过每年付费订阅的方式去访问或获得频繁更新的数据库，用户正在承担数据库服务的消费，而不是固定资本形成。也有例外，如由国家统计办公室出售CD-ROM上的人口普查数据，该数据库可用5年或10年。然而，通过购买而获得的数据库的固定资本形成总额到底有多重要却并未说明。至于数据库的固定资本形成总额的估算可使用上述提出的需求方或供应方的衍生方法，至少在概念上是可用的。有别于软件，数据库或数据库服务的购买符合固定资本形成总额的部分被认为是非常小的，但也有例子证明存在例外。因此，建议重点应该放在测算为自身最终使用而生产的数据库的固定资本形成总额,但对于数据库或数据库服务的购买被记录为固定资本形成总额有一个例外,就是如果这类销售(发生)被曝光的时候,其购买应被记录为固定资本形成总额。

在实际中,确定创建数据库花费的支出有多少较困难。这里没有详细的有关数据库行业的分类,CPC1.1版没有提供足够详细的分类集去涵盖所有的数据库,此外也没有包括太多别的类型。随着CPC2.0版的引入出现了一些改变,即出现了一个新的类别"事实/信息汇编原件"(83940)涉及数据库。如何根据这一分类去收集更合适的数据还有待观察。

下面仅对为"自身最终使用而生产"数据库的固定资本形成总额的测算进行研究。

1)基于需求方法的固定资本形成总额测算。理想调查的范围应该是经济体内的所有单位。如果这样做,优点在于可能会降低成本,因为它将会与软件调查结合或与更一般的调查结合,并且可能有助于避免在对为自身最终使用而生产的数据库的价值进行估算时将数据库管理系统(DBMS)的价值包括进来。对于软件而言,调查应该区分涉及最终使用的数据库所花费的外部成本支出和内部数据库创建的内部成本之间的不同。此外,如果可能的话,调查应向公司索要其估算的资本化的数据库。

①关于外部成本支出,企业被要求包括原始数据库(原件)的支出(本公司保留所有的产权,其产权可以允许生产复制品用于出售),但不包括再出售数据库的所有支出和基于软件管理数据的支付。外部成本应排除已被包括进其他数据中的数据或信息的支付,但包括用于准备或将数据加载到数据库中的任何服务的成本。

②关于内部数据库创建成本支出,包括开发数据库原件的内部成本(该公司保留所有产权,允许公司销售复制品或将复制品嵌入硬件中或其他材料中)。此分类也包括为内部使用而开发的数据库,但不包括用于直接销售而创建的数据库的成本,还包括使用DBMS的成本(但不包括DBMS本身的成本)和将数据/信息加载入数据库中的成本及更新成本。它需要计算总劳动成本和其他成本,具体如下:

A. 总劳动成本。

a. 参与 DBMS 和数据/信息装载规范说明（包括更新）的内部雇员的数量。

b. 内部雇员花费在数据库任务上的平均时间的估算。

c. 从事数据库创建的雇员的平均薪酬，包括工资、薪金、奖金、雇主社会捐助和其他特殊利益。

B. 其他成本。

d. 与聘用员工从事数据库创建和更新相关的日常费用，包括管理成本、培训、人事管理、办公用品、电力、租金等，以及企业的固定资产的使用成本。

e. 与数据库创建相关的任何其他中间消耗，包括不认定为固定资产的软件成本支出。

f. 与创建数据库相关的税，如工资税。

特别提出的是，上述成本均按花费在数据库创建上的比例分配。

2）基于供给方法的固定资本形成总额测算。与自产自用软件的估算所用的方法相同（参见上述）。由于缺乏数据（如雇用人员花费在数据库创建上的时间比例），实际操作中是用直接劳动力成本，即由数据分析助理未分配给软件生产上的时间或者是文员未分配给软件生产上的时间来决定（国际标准职业分类 ISCO－884113）。非劳动力成本、固定资产的使用成本则应该使用与软件相同的方式进行测算。在实际操作中，不是所有数据库的创建都被处理为固定资本形成总额，由于没有任何所占的比例准确信息，一般假定为 50%。

（二）资产价格指数的编制

上述对固定资本形成总额的测算实际上得到的是现价固定资本形成总额，还应将其转化成不变价固定资本形成总额，这就必须利用资产价格指数来实现。同时由于各类产品的特征不一样，因此其资产价格指数可能也不同，需要单独研究。以下基于从一般性研究到特殊性研究的思路展开。

1. 知识产权产品价格指数编制的一般性研究

对于大部分知识产权产品而言，在实际中可能表现出不同的形式：一是 IPP 原件被卖，这种情况在实际中很少发生；二是知识产权产品复制品被卖，主要发生在大部分软件产品中以及娱乐、文学和艺术品原件中；三是知识产权产品为自用而生产，一般发生在 R&D、矿产勘探与评估、数据库以及大量的软件产品中。上述每一种情况下的价格指数的构建都可能是不同的。

（1）知识产权产品原件被卖。生产者价格手册中有对这一特定的工业产品的价格指数的推导。对于知识产权产品原件而言，要明确其生产资料以及相关信息，然后才可能按照生产者价格手册中所描述的价格指数的方法（对于特定的工业产品）进行测算。否则，其他方法就应被考虑。有一种可能，利用 IPP 原件的市场生产者所赚的收入去推断价格指数和满意的物量产出指数。

（2）知识产权产品复制品的销售。原则上，对于普通产品复制品销售的价格数据是可观测的。对于复制品而言，主要在于识别产品快速变化的特性，因此在实际中有 Hedonic 价格指数和匹配规格法两种广泛应用的方法来进行质量变化的测算。Hedonic 基于回归技术，被广泛用于计算机和外围设备等产品中。匹配规格法则是通过对同一组货物服务组成的样本在不同时期的价格进行比较，以衡量纯粹的价格变化。为了确保能够进行适当的匹配，价格指数编制者应当追踪在连续各个时期采价的详细信息，但由于快速变化的市场，产品的出现和消失以极高的速率，如软件和 R&D，使匹配规格法不能捕捉住质量的变化。因此，对于价格数据可获得，并有证据证明其有快速的质量变化的产品，如包装软件，应使用 Hedonic 方法来得到价格指数。

（3）为自身最终使用而生产的知识产权产品。为自身最终使用而生产的知识产权产品没有价格数据可观测，对于非市场产出 SNA（2008）的 15.117 建议（这些建议通常也适合市场生产者的产出——针对其不在市场上出售的产出），实践中，编制非市场货物或服务产出物量估计值可以采用三种办法：第一种方法是设法得到一种虚拟产出价格指数，它与总投入价格指数的差异可以反映生产过程中生产率的提高。有若干种方法可用于计算该虚拟产出价格指数，如根据有关生产过程的生产率提高来调整收入价格指数，或者以相似产品的产出价格指数为基础计算虚拟产出价格指数的增长。但对于政府或 NPISH 提供的货物服务而言，这种数据很少能获得。第二种产出物量方法，适用于个人服务，一般不适合知识产权产品。第三种投入法，只有当知识产权产品没有满意的产出或虚假的价格指数被获得时才可用于知识产权产品。如果产品的价格数据是不可获得的，则虚拟的产出价格指数应被推导（如果可行的话），否则投入价格指数必须被用。

2. 基于知识产权产品价格指数编制的特殊性研究

SNA（2008）提出，对应固定资本形成总额能否得到合适的价格指数，还需要区分不同资产类别。以下仅对 R&D、软件和数据库这两类知识产权产品的价格指数进行研究。

（1）R&D 价格指数的编制。R&D 的两个特性使它很难编译产出价格指数。首先，它非常庞杂；其次，其大部分生产用于自己最终使用。上述知识产权产品价格指数的一般性研究所提到的三种不同情况的价格指数编制方法，应被用于创建知识产权产品资产价格指数。尤其是涉及为自身最终使用而生产的知识产权产品，特别是与 R&D 有关的，以下将会重申并综合进去。这要与 FM 保持一致，详细的建议是关于如何建立投入—成本价格指数。综合的投入—成本价格指数的替代方法是使用一个单一的价格指数用于投入。这种方法去测算服务部门的物量产出不常见。在许多国家，通常使用平均收入或等价的紧缩的测算方法。然而，R&D 的成本结构和所提供的 R&D 调查都显示没有一个单一的投入能表示出超过 50% 的产出，所以一般不推荐这种方法，因其缩小了 R&D 产出。

原则上，价格指数来源于对 R&D 的产出，或伪产出。但关于这类价格指数怎么被推断仍未达成共识。国际上大多使用的是紧缩测算雇员补偿的方法，但在具体应用时应该确保适当的数量分割和价格构成。如每周平均收益指数应该被调整,即在使用确定变化的每小时工资报酬之前进行调整,因为虽然每小时工资报酬被包括在价格组成成分中,但价格组成成分的指数变化又被工作小时的变化数所驱动。或者说,工作经验包括在数量组成中。同时,估计雇员报酬时应尽可能分解员工类型,使每组的分解结果尽可能均匀。例如,FM 将 R&D 人员分成研究人员、技术人员和同等的工作人员、其他辅助工作人员三类。理想的分割应服从最小化单元(相应的平均补偿指数也可利用)。通过年度小时薪酬调查(Galino - Rueda,2007),英国 R&D 卫星账户使用小时薪酬信息对应 12 个详细的职业群体。

(2)计算机软件和数据库的价格指数编制。以下分别针对套装软件、定制软件、自用软件以及数据库的价格指数进行研究。

1)套装软件平减指数。远期来看,所有 OECD 成员国被要求开发套装软件的价格指数。它们应能够涵盖企业和家庭(包括游戏)获得的软件,并充分考虑到软件的质的变化。然而事实上,开发一个无偏的指数是困难的,调整仍然是必需的手段。不过这种调整应该是基于可获得的客观数据,并对用户公开,同时调整的一个重要标准应是有助于与其他国家可比性的改善。美国在这方面一直是套装软件价格指数开发的领先者。美国套装软件的生产者价格指数编制由劳工统计局(BLS)实施,并于 1997 年 12 月首次发表。它是基于生产者销售价格的调查,即从套装软件制造者的样品中采集数据,即收集的价格主要来自原始设备制造商(OEM)和制成品两个渠道(适合于软件的完整版和升级版)。

具体而言,套装软件的 BLS 价格指数方法是使用"固定篮子"匹配规格法(Matched - models Method)的拉氏价格指数,计划每 5~7 年更新一次权重。因为通过匹配规格法[①]的价格指数测算价格变化有偏,所以 2000 年美国劳工部劳工统计局(BEA)开始对 BLS 的套装软件价格指数进行调整,这种调整是基于电子表格、Word 处理程序器和数据库的匹配模型价格

---

① 原则上用于计算时期间价格指数的相对价格,应当通过对同一组货物服务组成的样本在不同时期的价格进行比较,以衡量纯粹的价格变化,这种方法被称为匹配规格法。

指数（Oliner，1994）以及 BEA 的电子表格、Word 处理程序器的 Hedonic 价格指数。这两组价格指数（1985～1993 年）的平均年差异是 -6.3%。BEA 预测其有偏性的调整为这一差异的一半，即 -3.15%。不过，这种基于物理调整后的价格指数就长期而言是不可接受的方案。但 BEA 的价格指数对于短期而言则是建议使用的，这是因为一方面美国在全球市场中占据了主要份额，另一方面相同指数的使用可以确保国家之间的最佳可比性。如果将其应用于我国，源自美国的这一价格指数需要基于汇率变动或购买力平价（PPP）所进行的调整。它应该反映新的软件版本在美国和在使用调整后美国价格指数的我国发布时间的不同。如果是基于汇率变动而进行的调整所带来的问题是，它们不稳定，而且软件供应商也不可能调整进口软件的价格去与实际保持一致，这是因为存在竞争。但如果是基于购买力平价而进行的调整所带来的问题是，他们不太可能获得足够详细的数据，仅仅是偶尔间隔性地收集。有时候，可使用 GDP 的综合价格换算系数（Implicit Price Deflators，IPDs）推断。因此，或许可以通过联系主要的软件供应商，询问如何设置和调整其价格，同时询问他们在美国发布的软件和在我国发布的软件之间通常滞后多少，以此来一定程度地抑制上述问题的发生。

在实际中，虽然国产软件的价格可能与进口软件的价格并不使用相同的方法制定，相比使用不直接相关的软件价格指数，最好是使用美国 BEA 价格指数，再进行适当调整。这里建议，BEA 指数应通过我国和美国的相对通货膨胀率进行调整，使用我国的生产者价格指数相比美国的生产者价格指数。

2）定制软件平减指数。上面所提到的标准价格指数编制技术不能应用于定制软件，至少不能直接应用，因为每个产品都是独一无二的。针对特殊产品所构建的价格指数方法在《生产者价格指数手册》（2004）中有具体描述，包括模型定价、重复（再现）近期真实销售、规格定价和组件（成分）定价。其中模型定价可能是最好的，它要求生产者根据最近的订单来指定一个名义产品。每个阶段受访者会被要求提供一个假设的价格。

模型设定需要随着时间而改变，以反映市场变化的需求。对于定制和自用软件，《生产者价格指数手册》（PPI Manual）建议将功能点分析作为构建价格指数的潜在手段，其中功能点度量标准被用于测算软件的规模和生产力的手段，它使用功能性的逻辑实体（如输入、输出）以及由软件完成的（趋向于与功能紧密联系的）查询，如代码行数。基本功能点被分为输出、查询、输入、文件和接口五组。功能点被定义为一个最终用户执行的业务功能，如输入查询。如果要确定一个软件产品的大小，将会涉及每一种类型功能点的计数及其加权，这是一个耗时的业务，并且在计算中容易出现错误，即是否有两位训练有素的分析师会计算出同样数量的软件产品。不过，国外仍有大量的软件企业和其他从事功能点分析的企业，正在尝试解决上述困难（Software Engineering Institute at Carnegie Mellon University，2007），因为模型定价和功能点分析相比其他方法而言仍是最有发展前景的。

在实际中，美国推导它们的定制软件价格指数是根据其包装软件指数和基于软件生产成本的投入价格指数（如工资率指数、中间投入的生产者价格指数等）的加权平均而得到。两个指数的权重被强制定义：包装软件25%，投入价格指数75%，理由是，一些生产率增长可以在生产定制软件的时候预期得到，但并不以相同的速率应用于包装软件的生产，至少两个国家，如澳大利亚和加拿大已经采用了美国的做法。为此，《知识产权产品资本测算手册》建议各国应采用美国包装指数的加权平均，再根据不同的通货通胀率进行调整，并编制出自己国家的投入成本指数。次优的方法则是调节定制软件的投入价格指数。

3）自用软件平减指数。从长远来看，当定制软件的价格指数可用时，将其用于自用软件的生产是合理的。在此期间，国家可以按照与定制软件同样的方法。

4）数据库平减指数。数据库通常是存在于一个较小的市场异质性产品，因为大多数据库的生产都是基于内部使用的目的。这使它很难去开发一个真实的产出价格指数。因此，我们必须考虑次优的方法，这里有三个：一是编制一个投入价格指数，但是这将意味着零生产率的增长；二是通过调整投入价格指数——假设数据库生产有多要素生产率增长（Multrifactor Productivity，MFP）[①]，与其他行业类似；三是使用相关活动（这里存在合适质量的价格指数的）的价格指数。

（三）资本服务的测算

资本服务测算的关键指标是对其服务寿命的识别。根据永续盘存法（PIM），它的关键参数是一组资产预期的服务寿命、资产的生产能力或效率预计随年龄而下降的比率，以及价值预计随年龄而下降的比率。最后两个参数是相互依存的，它们之间的关系取决于一个贴现率。但即使是一组类型相似的资产，也不能保证这一组内的所有资产都可以被预计为具有完全相同的服务寿命。因此，通常是使用概率分布函数来确定一组资产的服务寿命。如上文所述，固定资产的年龄—效率函数通常不可观测，而年龄—价格函数一般可观测，但是知识产权产品的年龄—价格函数却不易被观测。原因在于，很多知识产权产品是自产自用的，并且老化退役的知识产权产品一般不被交易。由于缺乏它们的相关信息，就知识产权产品而言，对年龄—效率或年龄—价格都有必要作出假设。

这里假设年龄—效率或年龄—价格函数近似几何分布，以相同的递减速度 δ，这里对于知识产权产品的年龄—效率或年龄—价格函数使用几何分布，因为它相对于其他函数更容易操作。

在实际中，相对于服务寿命而言，δ 在知识产权产品中很少被观测到，不得不用一些方法进行推导。根据给定的服务寿命来决定一个相应的 δ，具体表达如下：

$$\delta = \frac{X}{N} \tag{5-51}$$

式中，X 是余额递减率，N 是一组资产期望的平均服务寿命。这里有两个问题值得关注：不成功的开发一般建议与成功开发的资产同样处理，

[①] 多要素生产率也称全要素生产率（TFP），是指总产出与综合要素投入的比率，即每单位投入的产出。

记录为固定资本形成总额,这意味着当被分类进同一组别中,它们与成功品一样具有相同的服务寿命、年龄—效率和年龄—价格函数都可同时应用。同时对于政府生产的知识产权产品免费提供出去,但却不直接用于生产中,应与其直接用于生产同样对待。在实际中,应分类对知识产权产品的资本服务进行测算,如软件被分解为包装软件、定制软件和自用软件,因为它们有着不同的紧缩指数和服务寿命。而且,娱乐、文学和艺术品原件通常是异质的,最好分开进行测算。因此,以下将分别对R&D、软件和数据库的资本服务的测算进行研究。

1. R&D 资本服务测算

如上所述,永续盘存法被建议用于 R&D 资本测算,包括对资本服务的测算,其中最为关键的是对 R&D 资本服务寿命的估算。一般用于实践的是专利更新方法和计量经济学方法,但这两种方法都有严重的缺陷。[①] 鉴于这些不足,2006 年堪培拉小组和联席会议(NESTI)鼓励各国采用的调查为基础的方法,尤其是针对不同行业的 R&D 实施者所做的调查,即要求提供预期的 R&D 服务寿命。为此,一些统计机构如以色列、德国、日本和韩国等进行了探索性的试点调查,这对于我国如何开展对 R&D 服务寿命的调查具有借鉴性。以下将分别作具体分析。

(1)以色列中央统计局(ICBS)进行的试点调查。由 ICBS 进行的试点调查,覆盖约 30 家企业,主要集中于从事 R&D 的重要工业部门,包括软件、制药、半导体、监控设备、化学品等。同时对 R&D 专家,如风险投资基金代表等作了访问,受访者被问及服务寿命的长度、对收集数据方法的意见和建议等。几乎所有的受访者都能够提供对 R&D 服务寿命平均长度的可靠估算。如果这一数据能从某一行业的多个企业中收集,那么相似的 R&D 类型对服务寿命长度的报告也应该是相似的。

几乎所有的受访者都说他们进行了不止一种类型的 R&D,每项都有其

[①] 一般计量经济学研究假设 R&D 增长归因于所有多因素生产率增长,其主要缺陷在于使用的专利更新方法中数据的不完整,因为大多数 R&D 产出并未申请专利。

特定的服务寿命。区分企业的主要标志是根据其企业R&D涉及的重大创新和较小创新,并报告其R&D服务寿命之间的显著差异。这意味着,在一些行业中所收集的R&D组成的数据是重要的。通过对受访者进行不同R&D分类下的产品在开发的不同阶段(在酝酿滞后期,应用滞后期和用于生产时间)下服务寿命长度的调查,访问调查得到的结果如下:

1)一些受访者认为服务寿命的长度在一些企业变得越来越短。这意味着服务寿命的数据需要被定期收集,至少每几年一次。

2)服务寿命的长度能部分显示出它与R&D项目的持续性和困难性相关。有关R&D项目的持续性数据很容易被获得,因为大部分企业已经建构了R&D项目的具体工作跟踪程序。

3)应用的滞后期在大多数情况下是非常短的。企业报告显示他们正同时从事R&D和它的设计(为生产使用的R&D),所以实现要尽可能快。

4)受访者报告显示他们很多年之前已经详细记录了其工作程序,因此可以对这三个阶段(酝酿滞后期、应用滞后期和用于生产时间)的长度作出回答。

表5-20是从行业中选取的企业样本进行的试点调查结果。

表5-20 试点调查所选择的样本行业中所报告的平均服务寿命

行业	R&D类型	酝酿滞后时间	应用滞后时间	用于生产时间	总的时间
制药	重大改进——独特的、原创的药品	15	1	5	21
	一般的药品	2	1	10	13
化学	重大开发	9	1	50	60
	基于现存产品基础上的开发	1	1	10	12
电子	用于通信—电器用具上	2	0~1	3	5
	用于通信—基础设施上	2	0~1	6	8
	用于运输设备上	2	1	10	13
监控设备	原创产品	4	1	15	20
	基于现存产品基础上的开发	2	1	10	13

续表

行业	R&D 类型	酝酿滞后时间	应用滞后时间	用于生产时间	总的时间
软件	重大改进	3	多达一年时间	5	9
	小的改进	2	多达一年时间	2~3	5
焊接金属产品	重大开发	2	1	15	18
	基于现存产品基础上的开发	不到一年	1	10	12

资料来源：OECD. Handbook on Deriving Capital Measures of Intellectual Property Products [R]. 2010.

由于在试点调查中，每个行业只有一小部分企业被覆盖，因此这个样本有可能不具代表性，尽管这些行业内部的受访者是相似的。从试点调查提供的信息得到的结果如下：

1）包含不成功 R&D：受访者知道成功的概率，而事实上 R&D 可能是不成功的已经被考虑进整个工作计划中。受访者还表示来自成功研发所获得的收入覆盖了所有的研发，包括那些被证明是不成功的。

2）停止使用 R&D 资产的原因：反映了新的 R&D 被开发取代了之前的 R&D 资产，或改进提高取代了之前的 R&D 资产。在大多数情况下，旧的 R&D 资产是被完全丢弃的，但是在某些情况下，它仍然继续被用于一些小规模的生产中，如果它的剩余价值还能被得到的话。

3）可能会延长 R&D 使用的因素：缺乏竞争或 R&D 被包含在大型昂贵的设备中，而这种设备不经常更新。

4）数据收集范围：受访者认为对于特定 R&D 产品类型其服务寿命是相似的，所以来自专家对服务寿命信息的收集可能足够了。

5）企业内部的接触人员：问卷受访者的首要人选应是 R&D 管理者、企业者、项目经理。然而对于面对面访问，对 R&D 管理者和财务管理者同时访问应是被鼓励的。

（2）在德国进行的试点调查。德国联邦统计办公室分发问卷给多个行业协会和企业，以收集服务寿命的信息。主要问题是关于对 R&D 专利的分配、不同类型 R&D 的分配（类型不同显示出服务寿命有极大的不同）

以及内部 R&D 支出总额。通过对 12 个受访者的调查研究，结果表明获得对服务寿命长度问题的答案是可能的。大部分的受访者也能给出关于不同类型的 R&D 和一些分离的产品及其过程开发的信息。那些能够区分 R&D 类型的人大部分也可能在总的 R&D 中估算出分配比例。基于这个经验可以得出这样的结论：在每个行业内部按项目类型分类可以获得服务寿命，去估算不同项目类型的相对价值的大小，以得到每个行业的服务寿命的一个加权平均值。此外，调查报告提出的有关取得 R&D 专利权的分配范围为 1.5% ~ 90%，由此显示在使用专利数据估计 R&D 服务寿命时需要相当谨慎。

（3）日本的调查。日本的调查是由日本科学技术机构负责。这项调查只涉及专利，问卷调查有一系列关于专利时长所产生的专利税收益问题，或包含专利技术产品的平均时长所形成的利润（Goto and Suzuki, 1989）。服务寿命问题也被列入韩国对制造业和服务业行业的创新调查中。这些问题涉及在创新性活动中知识服务寿命的累积，但要区分产品创新和加工创新。

由于创新的概念比 R&D 的定义更广，因此调查的结果不能适用于 R&D 服务寿命本身的估计，除非 R&D 在创新支出中占了很大一部分。然而，调查反馈数量，如 2005 年制造业调查中有 61% 的回应率，超过了大样本，这表明，收集全部无形资产的服务寿命数据的定期调查是可行的。

上述三个国家试点调查的结果显示，通过调查受访者获取服务寿命的方法是可行的，但需对国家的全面开放性调查结果进行评估。在具体操作上，服务寿命调查可以作为 R&D 定期调查的一部分或单独进行调查。三个国家进行试点调查的人支持在 R&D 定期调查中选择子样本进行单独调查。通过将同一单位记录水平下的两次调查数据相连接，它应该有可能用研发支出总量（GERD）数据去获得行业平均寿命。调查可以通过电子邮件、面谈或电话等方式。但无论使用什么方法，通过联系技术专家去获得企业实施的 R&D 的第一手资料是至关重要的。

2. 软件和数据库资本服务的测算

如上述一般性测算原则，资本服务测算包括对其价格和物量指数的估算，由于价格的可观测性，一般是通过对资本服务价格的测算推导得到物量估算。就软件和数据库而言，若要推导其物量估算，最合适的是将软件分解成包装的（或成品）、定制的和自用的三个组成部分，并按照通货紧缩情况处理，或对数据库单独处理。原因在于：第一，软件和数据库的三个组成部分在其编译价格指数时对价格数据的获取在很大程度上是不同的；第二，很可能它们的价格和物量增长的速度是不同的，尤其是包装品之间；第三，如果不存在更适当的物价指数，那么包装软件的价格指数可用于构建其他两个软件的价格指数；第四，物量测算本身就是非常有用的指标。

其中要注意的问题：一是对于包装软件而言，它的购买范围非常大，一般是通过使用许可，存在大量的可获得的价格数据。所面临的问题是建立能够不随规范变化影响和任何其他质量方面变化影响的价格指数。尤其是随着越来越多流行软件的拷贝品被出售，规模经济将使价格下跌。二是对于定制软件而言，它也在市场上出售，但每个定制软件产品都是一次性的，这对于编制价格指数提出了一个明显的问题，即虽然每个定制的产品是不同的，但不同的产品却可以共享相同的部件，或用于开发一个产品的策略可能被用于另一个。这意味着生产率的提高可能会带来价格下跌的压力。

2002年OECD工作组发现，平减指数可以用来导出软件GFCF的物量估算，它们在各成员国间有很大的不同。这在很大程度上反映了一个事实，即许多国家没有适当的价格指数，而是使用其他货物和服务的价格指数作为替代。但国家间的差异正在逐渐缩小，部分是由于国家采用来自OECD软件工作组的报告结果，部分则是由于欧盟决定强制使其成员国采取更合适的平减指数。不过这只是一个一般性的建议，未来仍然有更多的工作需要做，以确定出这些产品的最合适的价格指数，并将其用于实践中。然而在实际操作中，最好是通过投入产出表来实现，以确保解决方案在通货紧缩时实施的内部一致。尤其是对我国而言，软件购买的很大一部分比例是通过进口，因此如果使用方的价格和物量与进口一致，那么至少在国内生产总值 GDP 这一水平上，这一错误的发生不会很显著。

如上所述，PIM 应用于资本服务测算时，选用合理而准确的资本服务寿命很重要。几乎所有国家都是采用永续盘存法（PIM）来估算资本服务（当然该方法也用于估算净资本存量和固定资产消耗，这一点已在前文进行了研究）。PIM 方法正如它的名字所暗示的，它是对随时间而变化的固定资本形成总额的合计，允许存在效率和价值的下降，直到资产达到最终使用年限（服务寿命）而退出。当 PIM 适用于资产组合时，通常需要获得详细的 GFCF 数据。以下将就软件服务寿命参数值的设定问题进行研究，并以其他国家在这方面的实践进行举例说明。

（1）软件资本服务寿命的估算。PIM 的最重要的参数是服务寿命。也就是说，指定服务寿命为 10 年而不是 5 年将会导致资本测算的估算产生很大的不同。如可能会使净资本存量翻倍，固定资本消耗明显变小。因此，值得更多关注，有软件用户调查、软件供应商调查和软件顾问咨询调查三种方法对服务寿命进行估算。

1）软件用户调查。这需要询问软件用户，他们对最近年份所获得的不同软件（包装、定制和自用软件）服务寿命的期待值是多少，或者询问他们最近退役的软件产品的服务寿命是多少。基于上述这些问题编制需求调查表。

2）软件供应商调查。大多数包装软件经由使用许可而获得。软件供应商被期望通过其相关报告来显示许可证的使用时长，但问题在于是否能区分商业用户和家庭用户。

3）软件顾问咨询调查。有的 IT 咨询公司可能已经开展了此项研究。他们一般并不免费提供这样的信息，但它仍是一个划算的方法能够提供关于数据库的信息。

（2）国外的实践经验。许多国家目前还没有估算出其资本服务，也不指定年龄—效率函数。但他们却指定年龄—价格函数，以此来确定某个资产或一组资产的价格如何随着年龄而下降，以对其进行准确估值。2002 年 OECD 软件工作组要求成员国报告他们所设定的服务寿命，以及哪一种年龄—价格函数和退出分布函数。表5-21给出了结果。

表5-21 软件资产存量估算，问卷调查得到的PIM参数（2002年）

国家	服务寿命（年）		年龄—效率或年龄—价格函数	退役分布函数
	自用定制	预制或包装		
澳大利亚	1989~1990年前8 1989~1990年后6	6 4	双曲线的年龄—效率函数	偏态的退役分布——对于包装软件和其他软件
加拿大	5	3	直线	截尾正态分布
捷克共和国	5	4.5	直线	对数正态分布
丹麦	6[a]	4[b]	直线	温弗里S_3
芬兰	5		直线	偏态的威布尔
法国	5		直线	对数正态分布
意大利	5		直线	截尾正态分布
日本	5		直线	无
新西兰	3		"单驾马车"的固定年龄—效率函数	威布尔
西班牙	4		直线	延长线性
瑞典	10[a]	5[b]	几何	无
英国	5		直线	标准分布
美国	5	3	几何	无

注：a代表仅是自产自用软件；b代表所有购买的软件。

资料来源：OECD. Handbook on Deriving Capital Measures of Intellectual Property Products [R]. 2010.

由表5-21可以看到，除了瑞典外，大部分国家的被访问者报告的服务寿命为5年左右。有些国家分别对客户定制的包装软件和自用的包装软件的服务寿命做了识别，结果是后者的寿命更短。澳大利亚的调查显示在1989~1990年资产的服务寿命一直在缩短。澳大利亚选择的是双曲线的年龄—效率函数，并假设每年4%的真实贴现率来得到相应的年龄—价格函数。荷兰选择的是与澳大利亚相似的测算过程,但这里选择的是霍姆斯的"单驾马车"(One – hoss Shay)的年龄—效率函数①,其他国家则假设其为直线折旧,即年龄—价格函数假设为线性衰退。但这里有两个国家是例外的,也就是瑞士和美国报告的是使用几何年龄—价格函数。不过,几乎所有那些没有报告使用几何年龄—价格函数的国家,却都使用了退役分布函。

另一份来自 2008 年 OECD 的调查显示如表 5 – 22 所示,与表 5 – 21 不同的是,它仅是针对服务寿命的调查。

表 5 – 22 软件服务寿命(2008 年)

	自用和定制	购买	总量
澳大利亚			30% 折旧率
比利时			3
加拿大	5	3	
捷克共和国			4.5
丹麦	6	4	
匈牙利			5
以色列	5	3	
日本			5
荷兰			3
新西兰			4
波兰			8
斯洛伐克共和国			5
西班牙			4
美国	5	3	

资料来源:OECD. Handbook on Deriving Capital Measures of Intellectual Property Products [R]. 2010.

由表 5 – 22 可以看到,对于自用和定制软件的服务寿命在 5 年左右,购买软件的服务寿命在 3 年左右,以此可作为对我国软件服务寿命的假定。

---

① 资本品相对效率在其寿命期内保持不变,也称为固定年龄—效率。

四、知识产权产品资本测算方法的数据来源

由于目前我国在 R&D 国际交易数据的获取上还未提供有效的方法，因此，本书重点探讨的是有关 R&D 的国际交易数据。

（一）数据获取的途径

1. 基于资金数据来源的 R&D 调查

我国已经实施了对 R&D 资金数据来源进行的分类调查。一般来说，资金数据来源的获得目的在于确认所有来源的直接转移（都是针对和用于完成 R&D 的资金来源转移），以把它们归入最终来源中。这些转移有两种测算方式：一是执行者基于每个单元件汇总上报的数据总和。即组织或部门从其他单位收到或将收到的单元件，以及组织或部门在一个特定的时期内为了完成内部 R&D 所提供的单元件，包括单位为自己提供的 R&D 资金。二是基于外部支出者上报的来源数据，包括组织或部门报告的已经付出的或承诺要付给其他单位的，以及组织或部门在一个特定的时期内为了完成 R&D 所提供的。这里最重要的是关注"转移"在 FM 手册中比在 SNA 中具有更宽泛的意义，它主要有两类：①获得 R&D 的转移，如 R&D 成果被记录为接受者的产出或接受者的 R&D 产品，则没有必要知道 R&D 的投资者。②提供给 R&D 执行者的转移，如以授权许可或其他经济奖励的形式而提供，R&D 成果将变成 R&D 执行者的资产。

这些转移在意义上与 SNA 不同，SNA 不包括用于获得 R&D 的支出。然而在实践中，我国并未将购买者和上述授权许可分离。为了取得 SNA 所需要的数据，FM 手册进而建议无论在任何情况下，上述转移都应该被分离出来，包括政府所提供的用于企业部门的资金，以及政府提供给高等教

育部门的资金。因此,有必要对 R&D 执行者所获得的资金来源尽可能执行如表 5-23 的分类,如细化分类或宽泛分类。

表 5-23 资金来源分类

细化分类	宽泛分类
工商企业部门	工商企业
自己企业	自己企业的相同部门
其他企业的相同部门	其他企业
其他企业	
政府部门	其他国家政府
中心或者联邦政府（不包括一般大学）	私营非营利
省或州政府（不包括一般大学）	欧盟
公立一般大学资金	国际组织
私营非营利部门	
高等教育部门	

资料来源：FM 手册。

我国对 R&D 资金来源数据的分类有政府资金、企业资金、事业单位资金、国外资金和其他资金。相比之下，FM 建议的分类更宽泛。两者的主要区别在于企业资金来源数据没有进一步细化，这可能导致企业所提供的 R&D 数据出现重复，建议对企业资金来源数据应进一步分类，同时对政府提供给高等教育部门的资金也应作进一步分类。不过基于目前的现实情况，还可选择运用其他来源数据进行校正。

2. 其他获取来源

我国获取数据的主要来源，一般是通过专门 R&D 活动调查表收集到的数据。建议进一步拓展其他来源，如特定的工业调查数据中有关科技 R&D 服务中可能提供的全球或出口收入数据。这个数据来源只应被视为提供一个较次级的来源途径。因为它们不包括公司的 R&D 出口/进口，或者它们确定的主要活动不是 R&D。相比之下，我国应开展全面性的服务贸易调查，因为其覆盖了所有服务，包括 R&D 服务、所有公司活动，而无论其公司分类。除此之外，我国还可开展创新调查作为获取 R&D 的潜在数据来源。在具体调查表的项目设置上应尽可能考虑可拓展的数据来源，使其应能用于知识产权产品的国际贸易的测算。

由于我国在实际调查中得到的数据，大多包括了执行者意图用于来年的 R&D 经费支出，因此，为了得到真实的年度数据，在真实的年度数据和最近年份的意向数据之间可以通过插入与 R&D 分类相关的就业数据来调整。[①]

（二）数据调整

由于我国在 R&D 贸易数据来源存在不足，因此可以利用现有的不同来源数据进行交叉比较，如标杆管理研究或微数据链接运行测试。目前双边统计研究已经被开发，并用于很多国家间整体出口和进口的比较。有关知识产权产品出口和进口的数据质量的研究，可能会被设计进这种双边项目中。这有待后续对双边项目的深入研究。

我国在 GDP 核算中，已经将 R&D 支出中的一部分计入固定资本形成中，但还有一部分属于劳动力成本，计入进劳动者报酬，在实践中要妥善处理，避免 GDP 出现重复计算。具体操作包括：

（1）对 R&D 活动进行判定。一项科技活动是否是 R&D 活动，必须具备系统性、创造性、新颖性三大基本特征。这也是区分 R&D 与非 R&D 的主要标志。

（2）在确认了 R&D 活动后，应区分哪些活动是资本形成、哪些是消费处理。SNA（2008）认为，R&D 的价值应该按照它未来预期可提供的经济利益来决定，原则上不向所有者提供经济收益的 R&D 不形成固定资产，而应作为中间消耗处理。由此可见，一项 R&D 活动最终形成的是费用还是资本，关键在于 R&D 活动的性质。凡是能为研究者未来带来经济收益

---

① 加拿大的数据揭示了意向数据和受访者所报告实际实施之后的数据之间的高度相关。

的 R&D 才能形成资本，因此 R&D 资本化是有条件的资本化。

（3）对不同种类的 R&D 的处理。在 SNA（1993）中，自给性 R&D 通常被作为企业生产的辅助活动。而在 SNA（2008）中，R&D 被视为独立生产活动，其成果即为知识产权产品。而知识产权产品属于资产，在其使用寿命内逐渐消耗殆尽，统计核算要求这一资产必须在整个寿命期内耗减完毕，每年还要多增固定资本消耗。对于专门研发单位（该机构并不使用 R&D 成果）的 R&D 活动所形成的知识产权产品一般是被出售的，其售价是 R&D 的产出价值和购买者获得资产的价值。这与生产和资产购置的一般处理方法相同。但如果购入 R&D 产品仅是最终 R&D 产品中间投入品，按照惯例购入品将被记为购买者的中间消耗。这是因为购入 R&D 价值将体现在最终 R&D 产品中而并非一项独立资产，这一处理可以避免外购 R&D 被重复计算。

第六章
知识产权产品的核算账户处理

本章是在前文研究的基础上，对所测算出来的数据是否能与国民账户体系建立联系作进一步分析，探讨建立知识产权产品卫星账户的可行性。

一、知识产权产品的资本测算对中心账户的影响

根据前文对知识产权产品资本测算的研究，所涉及的相关项目的测算将会对国民账户体系中的相关账户带来影响。具体如图6-1所示。

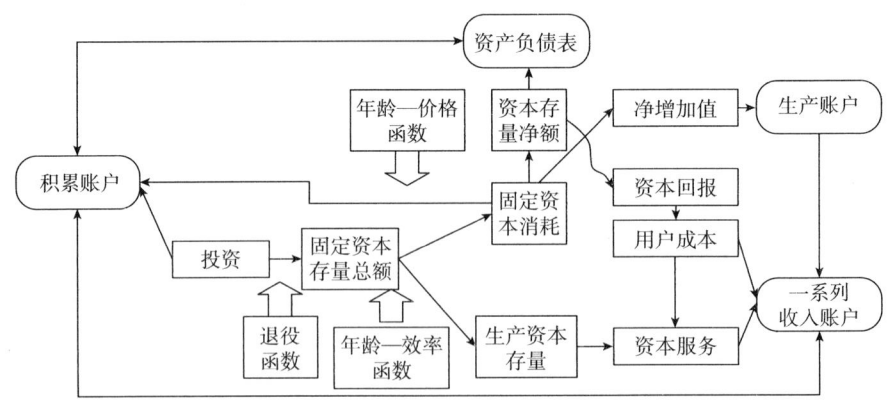

图6-1 资本测算与账户体系的关系

资料来源：Measuring Capital OECD Manual, 2009.

第六章 知识产权产品的核算账户处理

图 6-1 显示，资本测算对相关账户的影响，具体包括生产账户、积累账户、资产负债表、一系列收入账户。为了能对上述账户彼此关系有一个更清晰地把握，明确地把知识产权产品的经济流量关系展现出来，有必要根据国民经济运行的基本过程，整合各子体系账户核算的内容对国民账户体系作一简要介绍，即以资产负债存量为起点和终点的生产—分配—消费—投资过程。中国国民经济核算体系总表如图 6-2 所示。

由图 6-2 可以看到，上述分类是通过不同的方式对国民经济运行过程进行的全面描述，其中"基本核算表"和"国民经济账户"是国民经济核算体系的中心内容。对比图 6-1，知识产权产品资本测算中的相关指标与它们直接相关，有必要对每个指标的账户或核算表的登录项进行详细阐述。除此之外，附属表作为基本核算表和国民经济账户的补充也逐渐在开发，被一些国家引入对知识产权产品的核算中，如美国和法国编制的 R&D 卫星账户，而我国也正处于对 R&D 卫星账户的开发和研究中，其初衷是源于在现有的 SAN 中心框架内，研究者错误地将许多投资与支出定义为消费，使这些支出无法直接累积为资产。尤其是对于 R&D，很多情况下它是一种非市场性的支出，使它无法用现有的 SNA 中心框架中的定义和方法去直接分析，因此就需要对中心框架中的某些概念和范畴进行修改，才能准确地将它们核算进去，卫星账户正体现了这一功能。但是，新版 SNA（2008）已经逐步修正了对 R&D 支出的认识，即建议在通常情况下，应将研究与开发支出视为固定资本形成，除非这项活动明确地不会给其所有者带来任何经济利益。对比 SNA（1993）中推荐的使用卫星账户的几种前提条件，如当需要改变国民经济总体边界的定义时，当要核算自给性生产活动时，当分析特定产业特定问题时，当要改变对资产、中间消耗、消费和投资之间界限的定义时，只有当这些情况发生时才有必要开发卫星账户。然而事实上，SNA（2008）的中心框架已经明确了 R&D 的中间消耗、消费和投资之间的界限，那么是否还有必要建立 R&D 卫星账户值得商榷，更何况我国还不具备编制卫星账户的基础条件。那么本节将围绕资本测算中涉及的相关指标来探讨是否需要构建其卫星账户。也就是说，是否需要拓

知识产权产品核算问题研究

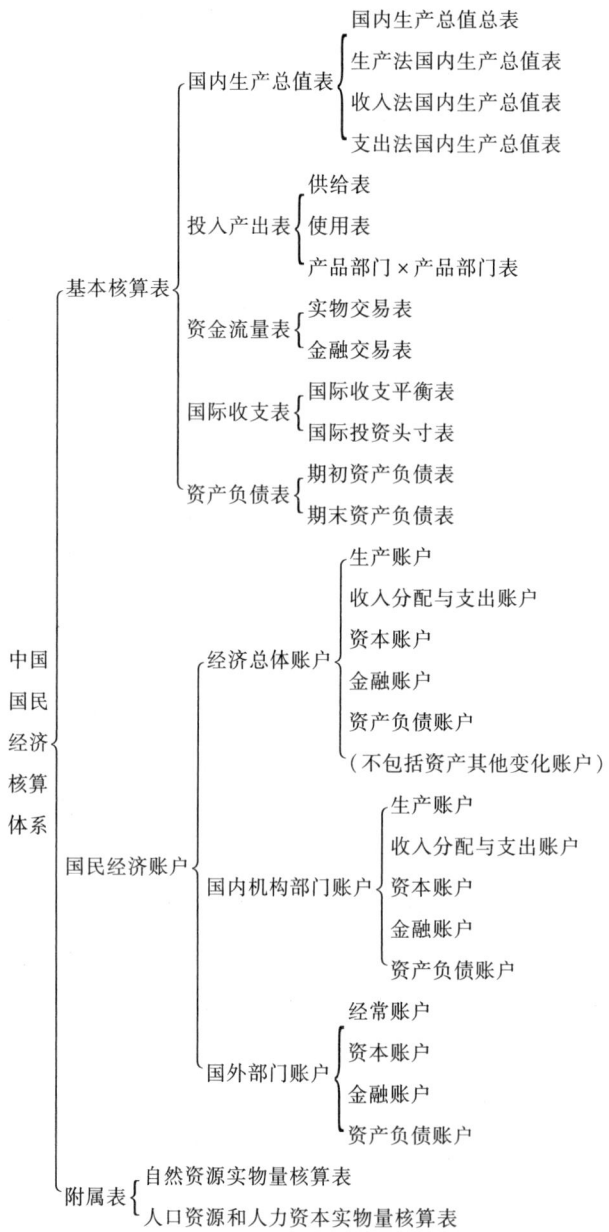

图6-2 中国国民经济核算体系基本框架

注：由于我国没有资产物量其他变化和重估价的数据，因此暂时没有将资产其他变化账户列进来。但理论是它应属于经济总体账户中。

展中心账户,如果能够证明中心账户能将知识产权产品相关流量准确识别和记录,那么就不需要借助其他账户表的开发。

(一) 中心账户的结构和再分解

图 6-3 表示出了核算表和核算账户的对应关系,同时在不同账户之间也显示出了相关变量,有必要将这些总的变量对应图 6-1 中与资本测算相关的变量,对它们在账户中的处理做进一步研究。在研究之前,我们认为应对经济总体账户作一简要分析。

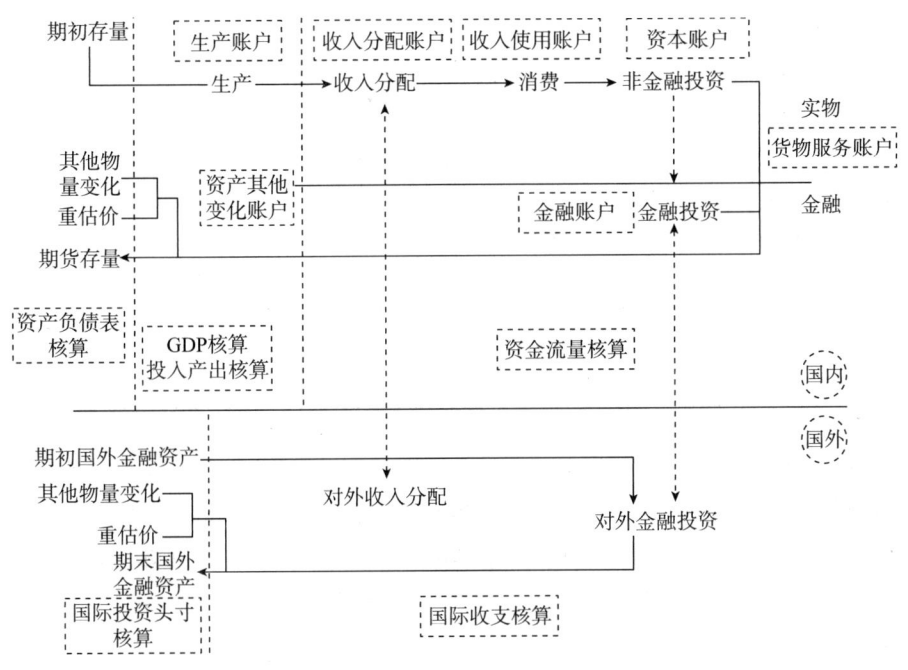

图 6-3 基本核算表和经济总体账户的相互关系

"经济总体账户"反映的是国民经济从生产、分配到使用的全过程,设置各环节的账户,是对国民经济核算体系的纵向分类,它主要包括经常账户、积累账户和资产负债账户三个部分。我们用表 6-1 中的数据作为例子。

表6-1　经济交易账户间的关系

账户Ⅰ　国民经济总体生产账户

使用		来源	
中间消耗	1883	总产出	3737
国内生产总值	1854		
固定资本消耗（-）	222		
国内生产净值	1632		

账户Ⅱ　国民经济总体收入分配与使用账户

使用		来源	
最终消费支出	1399	国内生产总值	1854
对外经常转移净支出	38	固定资本消耗（-）	222
		国内生产净值	1632
		国外的雇员报酬与财产收入净额	10
总储蓄	427		
固定资本消耗（-）	222		
净储蓄	205		

账户Ⅲ　国民经济总体资本账户

资产变化		负债和净值变化	
资本形成总额	414	总储蓄	427
固定资本消耗（-）	222	固定资本消耗（-）	222
资本形成净额	192	净储蓄	205
		对外应付费本转移净额	-3
净贷出/净借入	10		

账户Ⅳ　国民经济总体金融账户

资产变化		负债和净值变化	
金融资产净获得	436	对外净贷出	10
		金融负债净发生	426

1. 经常账户

经常账户记录的是生产及收入的形成、分配和使用,即通过设置生产账户、收入初次分配账户、收入再分配账户和可支配收入使用账户来记录生产过程。收入的初次分配和再分配及其结果可支配收入的使用加以核算。其中生产账户是国民经济账户序列中的第一个账户,是对生产成果和价值形成的核算,生产所形成的收入要结转到收入账户中。假设生产账户的初始流量是总产出,即生产成果 3737,扣除中间消耗 1883 得到平衡项国内生产总值 1854。然后将平衡项国内生产总值 1854 流转到收入初次分配,在生产要素所有者和政府之间进行分配,从两个层次设置两个账户核算,即收入形成账户和原始收入分配账户。其中收入形成账户是从生产者角度记录直接与生产过程联系的各种分配交易,原始收入分配账户是收入形成账户的继续,收入的再分配账户是在初次分配基础上进一步产生的各种经常转移收支得到国民可支配收入,再流转到可支配收入使用账户,显示可支配收入是如何在最终消费和储蓄之间进行分配的。可支配收入使用账户来源方是收入再分配账户的平衡项国民可支配净收入 1632,使用方是最终消费支出 1399 和储蓄净额 233。储蓄净额是国民可支配收入使用账户的平衡项,也是积累资金的重要来源。注意,经常账户中的生产账户和系列收入账户是与知识产权产品的资本测算相关的账户。

2. 积累账户

积累账户涉及资产、负债和净值的变化,其中因经济交易引起的资产、负债变化由资本账户、金融账户核算,非经济交易引起的资产其他数量变化和资产价格变化由资产其他变化账户核算。资本账户用于处理非金融性资本交易。这里假设初始流量是储蓄净额 205,加上资本转移收支净额 -3 后形成用于投资的资金总来源 202,扣除资本形成净额 192 之后得到平衡项资金余缺 10。资金余缺要流转到金融账户,通过金融市场来调剂,当资金余缺为正值时,表明资金剩余,要流向金融市场;当资金余缺为负值时,要从金融市场拆借资金。至于资产其他变化账户则记录的是由于非经济交易引起的资产数量变化,以及由于价格变化而形成的持有资产

（或负债）的收益和损失。注意此处的积累账户是与知识产权产品的资本测算相关的账户。

3. 资产负债账户

资产负债账户包括期初资产负债表、资产负债变化表和期末资产负债表。期初资产负债账户是对一国期初拥有资产负债存量状况加以核算，该账户的平衡项为：期初净值 = 期初非金融资产 + 期初金融资产 - 期初负债。资产负债变化核算是指对一段时期内即期初与期末之间全部资产负债所发生的价值变化的核算。它可以区分为经济交易引起的、某些意外事件和价格变化而导致的资产负债数量变化两类。前者通过资本账户和金融账户核算，后者通过资产其他变化账户核算。即资产负债变化量 = 经济交易引起的资产负债变化量 + 某些意外事件和价格变化而导致的资产负债变化量 = 资本账户中非金融资产变化量 + 金融账户中金融资产负债变化量 + 资产其他变化账户中的资产负债变化量，非金融资产变化量 = 资本形成总额 - 固定资本消耗 + 资产其他变化账户中的非金融资产变化量。在这部分，资产负债账户是与知识产权产品的资本测算相关的账户。

由图 6 - 4 可以看到，经常账户和积累账户属于流量账户，资产负债表属于存量账户，这样的账户分类是根据经济的循环过程所进行的分类，它可以反映社会再生产的条件、过程和结果。对比图 6 - 1，资本测算所涉及的生产账户、积累账户、收入账户和资产负债表都包括在"经济总体账户"中。那么，是否意味着这些存量价值和流量价值可以通过经济总体账户来记录和反映，而无须拓展至附属账户呢？

这里存在两个问题：一是根据图 6 - 1 所描述的资本测算路径，主要是基于生产过程，对因对外交易而引起的资产价值的变化未被考虑。就我国知识产权产品而言，这一交易更多地表现在国际交易上。因此，有必要对国际交易进行拓展，如是否可通过国际收支表进行核算，具体将在后续部分进行讨论。二是根据图 6 - 4，流量账户又可细分为经济交易账户和其他经济流量账户，而我国国民经济核算体系目前是没有包括其他经济流量账户的，然而对于知识产权产品的其他经济流量变化应被识别记录，因为它也会对资本测算结果带来影响。上述两个问题的存在有必要进一步讨论将中心账户拓展至附属账户的可能性。具体将在下节研究，下面对资本测算与中心账户之间的登录项的记录和处理进行研究。

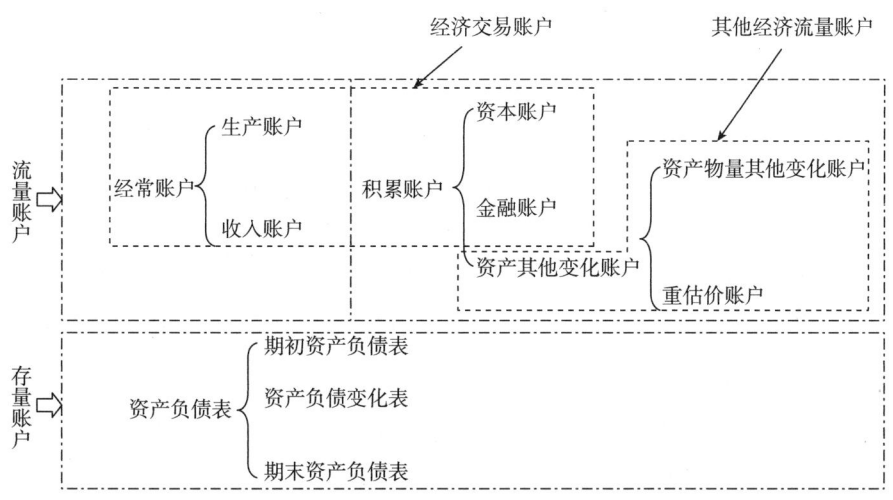

图6-4 经济总体账户分类体系

（二）资本测算指标的账户登录和处理

本节中对资本测算指标的账户登录和处理的研究主要是基于图6-1中对资本测算路径的描绘中所涉及的相关指标项，意在对每个指标项都找到其对应的账户登录项进行记录。但事实是有些指标项可能无法在现有的中心账户下找到对应的登录项，这就使本书在现有中心账户的基础上不得不继续推进对中心账户拓展的探讨。具体来说，就是对无法在本节中建议与中心账户联系的部分指标将留到下一节的中心账户拓展中进行研究。因此，本节仅对属于中心账户部分的指标进行账户登录和处理的研究。

1. 投资指标的账户登录

在图6-1中，投资是资本测算的起点，在SNA（2008）中对于知识产权产品的投资被作为固定资本形成总额处理。因此，有关投资指标的账户登录和处理将进一步转化为对固定资本形成总额的账户登录和处理。然而在实际上，我们会发现，固定资本形成是由以往时期的投资所形成，但在很多时候这一投资常被错误地处理为消费或者中间投入，导致这些投资无法被正确地处理为资本形成，使它们对我国经济福利的贡献被错误归类、低估或者遗漏。所谓被错误归类，是因为这些投资被处理为消费和中间产品。如在我国，R&D虽然在独立的研究与开发机构（商业化研究机构、非营利性研究所等）中被大量地处理为资本形成，但在企业中很多研究与开发活动仍被处理为中间产品，而不是投资。所谓被低估，则是因为从GDP核算的角度，这一处理将使GDP被低估，无法正确地反映出这些活动真实的产出增长，如将本该处理为固定资本形成的R&D处理为中间投入将会减少增加值，同时增加中间投入，从而导致生产法和收入法GDP的减少；另外从GDP使用核算的角度来看，将R&D支出处理为中间投入，将会降低资本形成总额，导致支出法GDP减少。所谓被遗漏，则是由于在核算中根本没有考虑这些活动，尤其是很多知识产权产品的生产活动被非市场生产者执行。上述这些问题，都值得进一步对知识产权产品的固定资本形成总额的识别和处理进行研究，这有助于我们准确将作为资本形成部分的知识产权产品记录在资本账户下的固定资本形成总额登录项。

（1）解决固定资本形成总额被错误归类的问题。

1）应对知识产权产品的不同存在形式进行准确识别。虽然在概念上，知识产权产品与其他产品或服务一样对待，因此理论上知识产权产品的支出均应该被记录为固定资本形成总额，前提是它首先要满足SNA（2008）的-3.30对资产的定义。不过，在实际中知识产权产品还存在一些特殊问题需要进行说明，以决定这些支出是否也应记录为固定资产形成总额。如很多知识产权产品还可能被复制，尤其是软件产品，这些复制品也可能满足资产的条件。在这一情况下，复制品的支出是否也应记录为固定资本形成总额。同时，公司也可能购买知识产权产品的复制权或使用权，也就是复制许可和使用许可，如果这些权利也能满足资产的条件，是否也应记录为固定资本形成总额。考虑到上述这些交易应该如何被记录，有必要对原始品、复制品和许可权的概念做出明确区分。原则上，并不是所有的复制品都应记录为资产，但所有被期望用于生产并超过1年的原始知识产权产品则都应记录为资产，无论它们是否只是用于生产复制品或直接用于生产其他产品或服务，这意味着所有原始知识产权产品只要满足用于生产超过1年的条件，对它的支出均应记录为固定资本形成总额，不过在现实情况下，原始品还存在特殊问题，如对不成功原始品的处理。因此，以下将分别对使用许可、复制许可、原始品及由政府生产并免费提供的知识产权产品的固定资本形成总额的记录做进一步解释。

①使用许可。它是产品，其获取成本也可以记录为固定资本形成总额，但应满足SNA（2008）中对资产的定义。同时，原始的知识产权产品的价值与这些被期望的许可销售相关，不过重要的是，无论最终实际发生的许可销售是否不同于预期的销售，原始知识产权产品记录为固定资产形成总额是不会改变的。但是，原始品的价值在平衡表中却是随价格物量的变化而变化，这一变化应记录在资产物量其他变化账户中。

②复制许可。它和使用许可是不同的产品，但其获得的成本也可记录为固定资本形成总额，但应满足SNA（2008）中对资产的定义。不过，与使用许可单独识别为固定资本形成总额不同的是，一旦复制许可被确认为是资产，它就应该被记录为原始品销售的一部分或全部。如果不满足资产的定义，则获取它们的成本应记录为中间消耗。

③原始品。对于原始品的记录还存在一个特殊的问题，即对不成功的原始品的记录的处理。由于并不是所有在生产原始知识产权产品上的支出和努力，都可以直接形成一个成功的原始品的创新，这就引出了一个有争议的问题，即关于如何记录不成功的原始品。针对不同的观点，知识产权产品资本测算手册（2010）基于现实角度下的考虑，建议发生在创新原始品上的支出即使最终被证明是不成功的，也应记录为固定资本形成总额，而不建议将其资产价值记录为0。

④对于由政府生产并免费提供的知识产权产品。SNA（2008）提出成

为资产的一个必要条件就是拥有所有权,也就是其所有者能通过管理和控制这些资产获得最终的经济利益。一般来说,如果是由政府生产的知识产权产品,用于提供给非市场服务,如医疗教育,只要它满足资产的条件,那么即使知识产权产品本身是免费提供给其他人使用,也应记录为固定资本形成总额。但如果是由政府自己投资创造的知识产权产品却不用于非市场服务的供给,其所有权问题是有争议的。基于争议双方的优缺点,知识产权产品资本测算手册(2010)建议以一种实用的方式进行操作,即政府所有用于生产知识产权产品上的支出,并满足用于生产超过1年的条件,均应记录为固定资本形成总额。

2)应对固定资本形成总额和中间消耗的支出进行准确识别。在实际记录的时候,按照上述原则下的较小的支出应该从对知识产权产品的固定资本形成总额记录中被扣除,不过在实践中目前并没有好的方法去识别和排除它们。既然对支出数额大小的区别处理在现实中缺乏可操作性,那么研究者就转而去关注对支出类型的识别,这里主要是对资本特性和中间消耗(Intermediate Consumption,IC)这两类支出的识别。现实情况下,可能会出现五类情况导致识别的困难,具体包括维修与保养、使用许可、复制许可、知识产权产品用于生产其他知识产权产品及免费获得的知识产权产品。

①维修与保养。SNA(2008)将普通的、常规的维修与保养定义为是中间消耗,大的翻新、增加了资产的使用寿命的应记录为固定资本形成总额。虽然从自然属性上讲,知识产权产品不会磨损或者发生其他物理形式的退化,但是却可能由于其他原因使它们被修改或扩大。理论上,任何对资产性能提升和服务寿命延长的支出都应记录为固定资本形成总额。但在实践中,识别这些不同类型的维修比较困难。SNA(2008)的10.45~10.47认为,大的、有计划的改进和维修应记录为固定资本形成总额,而小的没有计划的改进建议记录为中间消耗。

②使用许可。不同类型的知识产权产品的使用形式存在着不同,例如,有些知识产权产品由负责开发的单位或经转移后得到产品的单位单独

使用，如矿产勘探与评估。其他知识产权产品，如计算机软件或艺术品原件则有两种使用形式：一是原件或原版拷贝，它们通常仅由一个单位控制，但也会存在例外；二是把原件制成复制品，再将复制品提供给其他单位使用，这类复制品可以直接出售或由其他单位通过使用许可而获取。对于这类通过使用许可才能获取复制品的方式，如果满足一定的条件，即它被用于生产的时间超过1年，且许可证持有者承担了与所有权相关的一切风险和报酬，则可将其视作固定资产，对其支出记录为固定资本形成总额。但是 SNA（2008）的 -10.100 提出，上述条件应存在一个前提，即假设是一次性购买了可以使用多年的使用许可证。如果存在下列情况，则应视情况不同而进行不同的处理：

A. 如果使用许可是通过长期合约的分期付款而获得，而且经判断被许可人已经获得了复制品的经济所有权，那么它也应视为固定资产的获得，支出视为对资产的购买。

B. 如果是在没有长期合约情况下通过分期付款而获得的使用许可，那么该支出只能视为对服务的购买。

C. 如果最初有一笔大额付款，而后在接下来的年份中有一系列相对小额的付款，则最初的付款记作固定资本形成总额，接下来的付款则记作对服务的支付。

③复制许可。如果许可证允许其持有者对原件进行复制，随后承担发放、维护和保养复制品的责任，则该许可证称为复制许可证，应视作向持有复制许可证的单位销售了部分或全部原件。

④购买的知识产权产品用于生产其他知识产权产品。一般来说，决定购买的产品是否应该被记录为固定资本形成总额和中间消耗，可依据以下内容进行判断：

A. 如果它被期望使用不到1年，则肯定属于中间消耗。

B. 如果它完全包含于另一个特定的知识产权产品中成为其一部分也应属于中间消耗。也就是说，如果这一购买的知识产权产品已经变成了新创造的知识产权产品的一部分（注意这里的新产品是为自用而生产），即使这一知识产权产品之前被单独地认定为固定资本形成总额，在这种情况下也应属于中间消耗。例如，一套可独立存在的软件被包含进为自用而生产的新软件的原件中，原则上对获得这一可独立存在的软件的支出应记录为中间消耗。然而，如果可获得的软件能被重复使用或持续地用于生产另一软件原件超过1年以上，则它就应该被识别为独立的固定资产，其在每个核算期所提供的资本服务的价值应被用于对每期原件的固定资本形成总额的测算中。不过，在处理"为自用而生产的产品最终用于生产其他产品"的价值时，学术界存在争议。如假定处于生产阶段的自用软件是附加于R&D下的，理论上存在下面三种情况：第一种，如果R&D产出被用于软件原件的生产不到1年就耗尽，原则上，R&D承担的成本应包括在软件原件的生产成本中，这里就不应该有R&D资产的固定资本形成总额，否则会造成重复计算。第二种，如果R&D被用于生产不止一个软件原件且不到1年就耗尽，原则上，它的成本应被分摊并包括进创造的每一个软件原件的成本中。第三种，如果R&D产出被期望用于开发一个或一个以上的软件原件超过1年才耗尽，则它应记录为固定资产，而它所提供的资本服务的价值应该被分配进每个核算期内所创造的不同的软件原件中。但在实践中，要实现上述区分很难，无论这种用于生产新知识产权产品的已有知识产权产品，其是否是购买还是为自用而生产。而且，这类用于生产另一个新的知识产权产品的知识产权产品，无论是购买的或自产自用的，在一年内就完全耗尽在现实中并不常见，如软件和R&D。因此在实践中，无论是购买或是为自用而生产的这类产品，当它包含于或用于生产其他新的知识产权产品时，因它有助于新的自用知识产权产品的固定资本形成总额，所以它也应被记录为固定资产，其固定资产所提供的资本服务就应该被包括进成本中。只有在一种情况下，即用于专门生产被销售的知识产权产品的这些元件的支出才被作为中间消耗处理，记录进新的被销售的知识产权产品支出中；或者当它能很清晰地被识别是包括进其他产品中：如购买的软件复制品包含进计算机的销售中，或者存在其他特定的信息，如许可证的使用存在不到1年，这些支出也应记录为中间消耗。由此可见，一般情况下，假设 R&D 用于开发自用软件时，如果这一自用软件的固定资本形成总额是用总成本方法去估计时，其成本应该包括 R&D 所提供的资本服务的部分。具体对于提供的资本服务的测算，也是通过使用 PIM 方法来对过去资本支出进行测算，数据来源一般是基于用于生产特定知识产权产品的元件的数据。

C. 如果它被期望重复或连续使用 1 年以上，则记录为固定资产的获得。

⑤免费获得的知识产权产品。免费获得的知识产权产品并不能排除其可能记录为资产的情况。也就是说，只要这个原件的生产者期望从知识产权产品的资产剩余中获取经济利益，则也可以记录为资产。不过，如果市场生产者开始可能不是为自用而是免费提供的，这种情况下获取经济利益的目的不明显，但也并不是不可能，如有些市场生产者可能选择免费的目的是增加其公司的美誉度或在新的市场中占据一席之地。对这一情况，知识产权产品资本测算手册（2010）建议，"不是专门为自用而生产的"知识产权产品的市场提供者，对他们能否获取经济利益需要相关信息证明，当然在一些情况下，这些支出很明显不能满足资产需要。但是，现实情况下对市场生产者做出这种区分没有必要，因为市场生产者一般不是无私的。不过，对于政府生产的知识产权产品（不是用于政府自用的）的情况需要做进一步解释。一般的处理建议是：第一，简单将其作为中间消耗处理，如果政府从资产的开发中获取的不是直接的经济利益；第二，从政府角色的角度进行考虑。如在很多国家道路是免费提供使用的，但仍记录为政府资产。然而，这一观点认为政府执行的是生产资产的行为，尽管这一资产本身并不能用于自身，但是却使其免费使用。也就是说，它是为所有的公共货物所投资的。这里存在的难点在于，围绕以政府职能为中心的争议，因此有必要对政府和非政府部门进行解释。如政府在用于医院的医药研究上的投资在政府部门内部进行分类，这类支出应记录为投资，即使被免费给予非政府部门的医院也应作同样的处理，因为一般认为政府将会直接获得医院所提供的服务。但是，如果所有的医院都在政府部门的外部，

那么资产将不能直接被政府所用，这种非直接的获得将会通过从医院购买服务。与此相反的观点是，将医药研究记录为资产会导致相关支出的不对称处理，这主要取决于医院是属于政府部门内部或是外部。争论认为应对政府部门通过购买服务获得的资产免费提供给知识生产者，以及不是购买的资产而免费提供给知识生产者之间要加以区别，前者认为政府可以通过缩减成本来获得经济利益，后者则不明显。这是因为争论认为提供的资产可以减少市场生产者的生产成本，而政府将缩减其提供给公众服务的成本，或者是除资产以外的形式，如补贴或赠与。现实主义者认为政府在知识产权产品上的所有支出均处理为固定资本形成总额。OECD任务组经过调查分析认为，如果可以使用SEO（Socio–Economic Objective）数据，则可以据此判断哪种政府在R&D上的支出应记录为固定资本形成总额，哪种不记录。不过由于测算存在问题，这将可能降低国际可比性。因此，知识产权产品资本测算手册（2010）建议政府在所有知识产权产品上的支出，无论是政府直接使用还是给予其他用户使用，包括R&D，都应记录为固定资本形成总额，只要它满足资产用于生产1年以上的条件。

3）应对不同类型的知识产权产品的固定资本形成总额进行准确识别。由于不同类型的知识产权产品的GFCF记录不同，有必要对R&D、软件和数据库的支出分别进行识别。

①R&D支出的识别。R&D资产所有者能在法律上建立一种专利权或采取其他方式，如在一个科学研究期刊上发表R&D成果。但大部分R&D产出是不能被直接保护的，因为所有者并不认为这样做能够实现自己的最佳利益。原因是法律保护是昂贵的，它需要将R&D产出公之于众。而且，一旦保护期过了，所有者所期望的经济利益就变得相对少了，这些都使他们不愿去寻求法律保护。因此，由于缺乏法律保护，所有者有时就被认为是R&D产出的购买者，自用R&D的人则被认为是生产者，上述的认定一般被认为是合理的。原因是，R&D产出的所有者，尤其是对基础研究的产出去真正免费从其他人那里获得的情况很少发生。一般来说，所有者可能希望从首次出版中获取利益，或者获得威望，或者从活动中被激励（通过

第六章 知识产权产品的核算账户处理

使获得的知识给予别人），或者它可能仅仅是研究者简单的发现（如果他们不将知识分享给其他研究者将什么也获得不了），所以这是他们所认为的最佳利益的分配。事实上，几乎在任何情况下，所谓免费获得的知识都不可能排除来自资产所有者提供这一知识所希望获得的经济利益。无论管理者是如何有效地管理和控制知识资产，他们的目的都是希望能获得经济利益。

原则上，核算体系认为当所有权认定为存在的前提下，如果知识是免费获得或者不能给所有者带来经济利益，则不被认为是资产，但当它的生产能给所有者带来经济利益，如可以提高生产率或降低成本，它就应该被视为资本化。由此对 R&D 支出的识别进一步引出了对所有者经济利益的识别，包括对市场生产者和非市场生产者。其一，市场生产者一般不是无私的，因此其希望从 R&D 的全部或大部分中获得经济利益应是合情合理的。其二，对于非市场生产者，决定其所有者能否获得利益是较为重要和有意义的。例如，如果政府承担了 R&D 的资金投资，如医学研究，其目的在于希望用这种知识去获得政府自己的成果，如医疗健康服务成果，或希望通过它们缩减成本，如提供免费的医学研究成果给私营医疗供应商，减少政府本需要经由付费给私营医疗供应商而向公众提供服务，这些正在获得的 R&D 资产相当于所期望的经济利益。但是，如果他们所进行的 R&D 的资金投资属于不直接的产出或者并没有付给最终的接受者（那些获得知识并提供公共服务的人），对于这类支出是否能视为投资有争议，其焦点主要在于对政府角色和经济利益的不同理解。另一种可供选择的观点是，这类支出应该像所提供的公共货物一样记录为投资，因为在现实中，政府究竟付钱或没有付钱给生产者（用这些知识提供公共服务的人）并没有相关的判定标准。为此，知识产权产品资本测算手册（2010）对上述两种不同的观点提出了一个更实际的建议，即知识产权产品研究小组数据的有效性与否将有助于测算非市场固定资本形成总额（基于更加严谨的对经济利益的解释①)。目前已有半数 OECD 国家能获得数据来源，基于这一现实情况，非市场部门的大部分 R&D 支出应记录为固定资本形成总额。

通过上述分析可以认为，实际中，无论对于市场生产者还是非市场生产者而言，所有购买的 R&D 或为自用而生产的 R&D，都应被视为固定资本形成总额。除了原件生产用于销售的情况。

②软件和数据库支出的识别。以下对软件和数据库的细分类型进行单独识别。

A. 定制软件和非定制软件原件应识别为固定资本形成总额。

B. 非定制软件的复制品的直接销售和长期性的使用许可应识别为固定资本形成总额。

C. 非定制软件的短期性的（不到 1 年）使用许可应识别为中间消耗。

D. 非定制软件的复制许可（类似经营租赁）应识别为中间消耗。

E. 非定制软件的复制许可（不类似经营租赁）应识别为固定资本形成总额。

F. 硬件和软件咨询公司，安装实施服务，分析、设计和程序系统使用应识别为固定资本形成总额。

G. 计算机和外围设备维修费、数据修复服务、提供的解决与计算机资源管理有关的建议、系统维护和其他支持服务（如培训）、数据处理、主机服务、应用软件的提供、后台应用程序的提供以及计算机设备管理的提供应识别为中间消耗。

在实际操作中，建议将几乎所有的数据库服务支出均处理为消费，而不是资本形成。②

（2）解决固定资本形成总额被重复和遗漏问题。从某种意义上说，所有的资本形成都会涉及在国民经济核算中双重或多重计算的情况。资产的生产记录在总增加值和国内生产总值下，在其往后期间可以提供资本服

---

① 在附录三中有详细解释。
② OECD. Handbook on Deriving Capital Measures of Intellectual Property Products [R]. 2010.

务,有助于对生产的商品和服务做出贡献。因此,对超过一定时间内的核算会出现重复计算,这就是为什么将R&D列入资本范围内能增加国内生产总值,为什么估计固定资本净消耗是首选。

从国民经济核算的角度看,某一单位获得了由另一单位所开发的R&D,将其记录为固定资本形成总额或消费应视情况而定,不过作为一般规则,对知识产权产品的所有支出,无论是购买或者为自用而生产,如果他们预计将为所有者提供经济利益,是应该被记录为固定资本形成总额;只有在某种情况下,即那些专业生产知识产权产品用于销售目的的单位,对该产品的获得应该记录为消费,或者如果它嵌入在其他产品中,如购买的软件拷贝产品嵌入计算机中用于销售,或以其他某种特定信息的形式而存在,如某个许可证持续1年以上或不到1年。根据上述描述,一般R&D都应记录为固定资本形成总额,假设其产品能够给所有者带来经济利益,除非购买或生产的R&D具有将来出售的目的和倾向。这一情况最有可能发生在科学研究与发展行业分类中(72类中,ISIC第4版),然而这并非总是如此。当R&D研发部门处于对该项目的启动阶段,如开发阶段,这是在销售之前已经发生了的,即使预期未来生产的产品用于销售,在这种情况下,R&D也应予以资本化。除非存在相反的信息,否则在科学研究和开发分类上(ISIC,72)的所有支出(包括市场生产者生产的R&D和购买的R&D)都应记录为中间消耗,或以其他方式支出,上述结论的前提是假定这类单位生产R&D是用于销售,或任何购买被组合进其他产品中销售。只有当存在的有效信息与上述相反时,在科学研究与发展行业分类中R&D的获得才可能被记录为固定资本形成总额,即R&D的完成者处于其开发初期,但仍没有销售或是将其专利拿出来售卖其使用许可。

另外一个问题是关于如何处理生产两个或多个资产时重复计算成本的问题,当将其成本累加用于估算固定资本形成总额时。这很容易地发生在企业内部对软件开发的经费支出;反之亦然。该问题已在本节前部分做了说明。

还有一个问题是,知识产权产品可被开发出来用于生产其他知识产权产品。如软件能被用于或开发正在开发的 R&D 产品；反之亦然。如果任何一种知识产权产品是为了自身最终使用而生产出来的又作为投入（生产另一种知识产权产品），同时也满足资产标准，那么它们就应该按下面的方法记录：它们所提供的资本服务应该被包括在总成本中，以用这个成本去估算那些被用于生产的知识产权产品的固定资产形成总额。因此，当被要求用单元产品去估算为自身最终使用而生产的资产的成本时，它们应该被分摊估算进每个知识产权产品资产的成本中，包括来自其他资产的使用所提供的资本服务，尤为重要的是：在用总成本方法去估算用于自身最终使用而生产的知识产权产品资产时，相同的成本对一个资产不能估算两次，只有中间消耗、劳动力、资本服务等用于创造知识产权产品资产的才包括进总成本中。

（3）解决固定资本形成总额被低估问题。SNA（2008）认为，记录资产获得和处置的时间的一般原则是，当所有者将固定资产的所有权转移给打算用它进行生产的机构单位之时记录。注意，这个时间不同于固定资产被生产出来的时间，也不一定是它们被投入到生产中用来生产其他货物或服务的时间。因此，一般来说，资产处于生产中记录为在制品库存，当它们完成被重新分类时则作为完成品的库存。然而，如果资产是自产自用的，则处于加工中的半成品应被记录为固定资本形成总额。

对自产自用资产记录为固定资本形成总额时，一般是在开发过程中将资产价值记录为固定资本形成总额，不过可能会发生对不成功的开发的处理。一般的方式是在开发过程中记录资产价值为固定资本形成总额，同时去除被放弃的项目，这需要记录在资产其他物量变化账户中。但这只是一般的方法，在对知识产权产品进行处理时却很少适用。首先，对于不成功的知识产权产品的定义是有异议的。如特殊药物的完成可能是无效的，但它可能是实验进程（最终导致成功药物的）的一个重要部分，因此这些成本可以被合理地视为形成成功药物总成本的一部分。即使有可能去判断这种不成功的支出不是导致最终成功的连续进程的一部分，但如果只有成功活动的成本被用于对所生产的资产进行估价，这将会产生一个潜在的影响，即平衡表中对资产价值和固定资本形成总额的低估。这是由于知识产权产品的开发蕴含着潜在的高风险，其所期望带来的连续的经济利益有可能是以多次失败的尝试所花费的成本作为代价。不过，软件开发完全失败的风险低于矿产勘探和R&D。因此，当用加和成本法估算知识产权产品的固定资本形成总额时，为避免被低估，所有的成本都应包括在内，无论这一活动是否能带来最终的成功。也就是说，即使资产的价值随后被证明不成功也不应在资产物量其他变化账户中扣除。相反地，它应该与被证明是成功的资产类似的方式进行贬值。

除此之外，还有对于所有权转移费用的记录。原则上，对于所有权转移费用应随着资产购买者占有的预期时间减记。如果该资产在所有权转移费用完全被减记之前就被处置了，那么所有权转移费用的余下部分应当记录在资产物量其他变化账户中。

2. 固定资本存量总额指标的账户登录

在图6-1中，固定资本存量总额是资本测算的一个重要指标，但是通过对中心账户列表的分析可以看到，并没有这一指标对应的账户登录项，但它不仅在资本测算中是固定资本消耗和资本存量净额的传统起点，同时这一指标本身还具有重要的分析用途。一是它被广泛作用于一个国家生产能力的主要指标；二是作为一个部门或经济总体的资本存量总额，经常与增加值比较以计算资本—产出率；三是营业盈余总额，通常以总额为基础，除以资本存量总额来测算一个部门或经济总体的收益率；四是资本存量总额有时还用于测算全要素生产率研究中的资本投入测算。由此可见，固定资本存量总额是一个重要的指标，应该在相关账户中予以反映。因此，本书认为为了展示这一指标，有必要拓展中心账户。

3. 固定资本消耗指标的账户登录

有关固定资本消耗的定义在前文已经做了具体阐述，它包括因自然退化、正常淘汰或正常事故损坏而导致的生产者拥有和使用的固定资产存量现期价值的下降，但不包括由于战争行为、自然灾害或意外等不能预料的特殊事件，对于这些情况下的固定资本价值的下降应记录在"资产物量其他变化账户"下的对应登录项中。而对于属于固定资本消耗定义范围内的资产存量现期价值的下降应记录在"资本账户"下的对应登录项中。但是事实上,固定资本消耗也会记录在其他账户下的对应登录项中,前提是当这些账户需要以净值来记录。如对于生产账户、收入分配与使用账户中所记录的净额都是通过总值减去固定资本消耗而得到。也就是说,从生产、收入和储蓄的总值中减去固定资本消耗将得到这些合计的净值。SNA（2008）认为,净额数据通常是一个从概念上来说,对于分析更适合更相关的数据。而且,作为经济中经常使用的概念,储蓄和收入一般总是被理解为固定资本消耗的净额。此外,在对政府部门和其他非市场生产者的产出和增加值进行估算时,固定资本消耗是必要的成本项目之一。同时,固定资本消耗还是交易中的一项,它解释了期初和期末固定资本存量的差额,还应记录进资产负债表下的相关登录项中。但这里要特别指出的是,就知识产权产品而言,当其非生产资产所有权转移费用被识别为资产时,也应计提固定资本消耗,记录在有关固定资本消耗的相关账户登录项下。

4. 生产性资本存量指标的账户登录

生产性资本存量是指用于生产的资本,它是基于每种资产过去投资的累计,再通过资产效率的下降程度进行转换而得到。原则上,对资本存量总额效率的调整相当于生产性资本存量。也就是说,通过将不同资产的生产性资本存量的加权累计得到全社会的总生产性资本存量,它反映的是新的市场价格,其中不同资产的权重反映了资本用户成本。这一指标反映了该资产的生产能力,即表示的是核算期内资本所能提供的生产性服务的流动。一般来说,假设资本服务（资本资产用于生产中的生产性服务）的流动与生产性资本存量有一个固定的比例,这将意味着资本服务的变化率可以从生产性资本存量的变化率中推导出来。由此可见,生产性资本存量指标是用于衡量资产的生产率的,在全要素生产率分析中具有重要的作用,但是这一指标无法与中心账户的相关登录项建立联系,基于这一指标在经济生产中的重要作用,有必要进一步拓展中心账户。

5. 资本存量净额指标的账户登录

资本存量净额是资本存量总额扣除固定资本消耗后剩下的部分,它被记录进期初和期末的资产负债表中。它是不同机构部门和全国所拥有的固定资产的市场价值，其本身是对国民财富的测算，被认为是国民财富的衡量指标，在工业化国家中也通常是国民净值的最大部分。但这里要注意的是，资产出现在一个单位的资产负债表中，该单位应是经济所有者。在融资租赁情况下，被租赁的资产出现在承租人的资产负债表中，出租人拥有等价的金融资产以及对承租人相应债权。资源租赁情况下，是自然资源的话，资产记录在出租人的资产负债表中。

6. 资本服务指标的账户登录

资本服务是 SNA（2008）中新提出的一个概念，表示资本对生产的贡献，当资产被其所有者出租给其他生产者时即发生资本服务交易。也就是说，资本服务交易只在经营租赁情况下发生，在金融租赁情况下，资产被作为使用者所拥有来处理，有关的支付被视作贷款偿付。由于它能够更好地解释总营业盈余的来源，用于对财产收益的测算和资产生产贡献指标的测算，因此它应该与相关账户建立联系。但是在中心账户中并没有对应的登录项，目前的生产账户仅是一个纯粹的增加值账户，而并不是一个严格意义上的生产账户，并不能反映出资产对生产的贡献或资产的资本投入。因此，笔者认为为了展示这一指标，有必要拓展中心账户。

二、中心账户的拓展

（一）知识产权产品卫星账户编制的现实基础

SNA（2008）的 –29.4 认为，更具灵活性并体现进一步扩展中心账户的一种形式是编制卫星账户。广义上讲，卫星账户有两种：一是以对 SNA 概念的替代为基础，即人为改变中心账户体系的某些概念，变化包括生产范围的不同选择、消费概念或资本形成概念的扩大以及资产范围的扩展等，使用这些替代概念可能会形成局部的补充性能量，其目的是对中心账户体系进行补充。由于这类账户允许使用新概念和新方法论进行实验，因而比在中心账户体系中具有更大的自由度。因此，一般也被称为外部卫星账户，它可能会增加一些非经济数据，或改变一些核算惯例，或两者兼有，被作为一种适用于开发新研究领域的方法。二是重新排列中心分类并可能引入补充内容。它们可能与中心体系在某些地方存在不同，如对辅助活动采取了另一种处理方法，但并未从根本上改变SNA的基本概念。SNA（2008）进而提出，如果要开发这种卫星账户则可能是基于以下现实原因，如果将感兴趣的所有部门的全部细节都纳入中心账户的核算体系中会使该体系负担过重，并可能分散对账户整体主要特征的注意力。在卫星账户中显示的一些内容有可能是在中心账户中不能直接看见或根本看不见的，如有些内容在编制中心账户时是有明确估计的，但它们被合并成更综合的数字指标来展示，也有些内容仅仅是整体估计交易的内在构成部分。因此，这一类账户有时也被称为内部卫星账户，即它会遵循SNA的全套核算规则和惯例，但要打破标准分层和层级关系来重点讨论所关注的某一方面，如旅游卫星账户。不过SNA（2008）提出，在根据不同需求编制卫星账户时并非只限定在上述两种中的其中一种形式，事实上有些卫星账户可能同时具有内部卫星账户和外部卫星账户的特征。因为在实际中，卫星账户和一套明确详细的SNA之间的界限并不清晰，甚至与其他统计体系之间的界限也不清晰，如与BPM6展示的国际收支平衡表和国际收支账户、2010年《政府财政统计手册》（GFSM2001）展示的政府财政统计的联系，均可视为卫星账户的一种形式。

基于上述对有关卫星账户的阐述，本书进一步探讨对知识产权产品编制卫星账户的现实可行性。通过前文对知识产权产品核算问题的相关研究，大致可以得到如下事实：一是SNA（2008）对知识产权产品概念和范围已经做了明确的规定，将知识产权产品作为固定资产的一种重要组成形式，它不仅包括原无形固定资产的内容，还在其基础上进行了扩展和补充。目前，SNA（2008）对知识产权产品的界定能够满足现实需求，因此，对于知识产权产品的相关概念无须改变。二是根据上述将资本测算指标与中心账户建立联系的结果显示，有些指标是不能在中心账户中显示出来的，如资本存量总额、生产性资本存量和资本服务，但这些指标在经济分析中又具有重要作用，应该被展示。三是基于永续盘存法下对资本测算路径的描述实际上是限制在生产过程内，而对于知识产权产品的交易活动没有进行描述，如没有描述知识产权产品在行业间的交易以及对外经济交易，因此无法反映出知识产权产品的生产与其他产业活动的联系，也没有反映知识产权产品对外交易活动，尤其是对于软件产品，我国主要采用的是进口的形式，如果不能将这一对外交易活动准确记录和识别出来，将可能影响我国在特定时期对外贸易发展情况的判定，甚至政策制定以及外汇汇率。因此，有必要使用相关账户将其呈现出来。四是对于知识产权产品的投资者而言，希望得到的是能够反映出知识产权产品的生产与其他投资的关系以及在整体中投资的比例，以鼓励他们是否继续进行投资。五是对于政府而言，希望得到的是知识产权产品的活动所产生的知识资本存量的积累和减少等情况，以判断其对国民经济的影响。

通过上述分析，本书得到两个结论：一是有必要对知识产权产品的中心账户进行拓展，编制卫星账户。二是对知识产权产品卫星账户的编制应以内部卫星账户的形式更为合适。以下，将基于上述在中心账户中未解决的问题开展对知识产权产品卫星账户构建的研究。

（二）知识产权产品卫星账户编制的探讨

基于我国仅有的对 R&D 相关数据的调查，本节重点探讨 R&D 卫星账户的构建。

1. 卫星账户编制的原则

（1）目的性原则。即构建卫星账户的目的是为了什么，如需要通过这一账户显示出哪些关键指标，反映出哪些经济活动，具体可以从中心账户中未解决的问题进行拓展。我们认为应是以较为全面地反映我国知识产权产品相关活动的情况为原则,同时又考虑我国统计制度和方法,衍生出最为重要的关键指标和内容。如本书所提出的基于建立资本测算中关键指标与账户联系的思路,得到需要在中心账户中显示的内容,即资本存量总额、生产性资本存量和资本服务等。

(2) 可操作性原则。即在按上述目的性原则下所提出的相关需要展示的内容和指标,是否有可获得的数据,它是否能够较容易地从现有数据中直接得到或者通过估算间接获得。如本书基于永续盘存法下对知识资本存量测算的研究,将可能获得有关指标的具体数据。

(3) 一致性原则。基于本书选择的是内部卫星账户的编制方式,因此需要使这一卫星账户使用的概念和方法与中心账户所用的概念和方法保持一致。就本书而言,就是在对知识产权产品的构建中应根据对其核算概念、核算范围和核算方法研究所得到的结果进行构建。

(4) 全面性原则。对知识产权产品卫星账户的开发应能全面反映它在我国经济中的整体运行情况,这主要包括四个方面:一是基于生产者角度而言,应包括对知识产权产品的资金投入情况和产出情况的描述;二是基于消费者角度而言,知识产权产品的生产在多大程度上满足了消费者的需求,即产品利用率是多少,这与社会主义生产目的直接相关;三是基于政策制定者角度而言,知识产权产品的生产对整个经济体增长的贡献率是多少、资本存量积累是多少;四是基于福利研究者角度而言,知识产权产品生产对经济福利的影响,也包括其外部性对福利的影响。SNA(2008)认为,福利是一个范围很广的概念,它涵盖了很多不同的方面,因此其中有些方面可以直接从中心账户中的一个或多个关键总量指标中获取,但有些则需要通过对中心账户的某些内容进行扩展而获得,由此可以认为对知识产权产品的经济福利的测算应通过卫星账户进行显示。

(5) 渐进性原则。考虑到我国现有发展基础和资料的可获得性,对知识产权产品的编制过程应该分为几个渐进阶段,逐步推进。如可在我国现有对 R&D 相关研究的基础上开发 R&D 卫星账户。

基于上述原则,下面继续探讨对知识产权产品卫星账户中具体内容的编制。

2. 卫星账户编制的内容

这一部分的理论基础来自两方面：一是 SNA（2008）在构建卫星账户上的方向性指导；二是现有国内外对卫星账户研究的经验借鉴。具体编制内容的步骤主要是参考 SNA（2008）对有关卫星账户内容编制的建议，并结合产品特征和我国实际进行改进而得到。

（1）确定所关注领域的特征产品是什么，它们的生产会涉及哪些产业。为解决这两个问题，我们需要明确是否能够找到所需要的相关资料，如果不行，那么说明这一内容在现实中是不可实现的，应予以放弃。具体对应资料分析如下：

1）特征产品是什么？R&D 产品概念和存在形式在前文已经做了分析，是可知的。

2）生产会涉及哪些产业？这实际上是将讨论哪些产业会涉及 R&D 活动，这一内容也已在前文进行了分析，是可知的。

（2）确定产品的生产过程。即生产者在对 R&D 产品上的投入是多少、产出是多少。这实际上是两个指标，尤其是对于产出的测算极为重要，但目前 R&D 产出的形式仅表现为文章篇数以及专利项数这样的实物单位，作为 R&D 产出的测算显然是不合适的，因为它们无法与那些可能使用这些知识的活动的测算联系起来，相互间缺少像货币这样具有共同性的尺度，因此，研究者一般把知识的产出等同于生产它们所需要的支出，以此作为 R&D 活动产出的统计。但事实上，将投入代产出目前已经被证明存在缺陷。首先，它是间接的测算，同时也无法被证明。这样一种产出测算建立在无论多少部门选择在这种产品上消费和购买，其结果都是一样的，但这不合常理。其次，它意味着随着时间的变化，其产品的生产率没有变化，因为产出不能被直接测算，实际中产品的生产率肯定会变化。最后，由于技术改进而带来的支出减少将使产出减少，而事实上只有投入才可能被减少。事实上，R&D 对于一个国家经济与发展的贡献非常大，它不仅包括直接的贡献，也包括间接的贡献，使用投入代产出的方法却无法准确测算出来，但有一点肯定的是，R&D 产出应是远远大于投入的。基于这个问题，本书认为可以使用前文提出的 R&D 测算方法，即通过将 FM 与 SNA 数据之间建立联系，使 R&D 产出的测算与投入结合起来，得到一个对 R&D 总需求的测算，再通过商品流动方法分配进使用分类中，最终所得到的产出作为 R&D 供应的分析。

（3）确定产品的使用过程。即产品的产出在多大程度上满足了人们的需求，这实际上是对 R&D 使用的分析。一般是将其与产品的生产过程结合，得到对产品供给和使用的分析。

（4）确定产品的转移过程。对于 R&D 来说，对它的使用有时需要通过复制和许可权的转移而得到。SNA（2008）也提出，对许多有特殊利益的产品来说，可能要对其生产或使用征收特种税或发放补贴。为解决上述问题需要获取的信息是：对与生产或使用有关的全部转移的分析。这一部分的资料目前没有。

（5）确定产品对宏观经济的影响。用以说明 R&D 的规模及其经济重要性。

（6）将经济数据与其他非货币信息之间建立联系，有时候非常有用。

基于上述分析，就可能初步开发一个包括七个方面内容的 R&D 卫星账户：一是描述 R&D 特征产品和对应的活动，即建立产品和活动对应表，具体已在核算对象分类中进行了分析，并给出了初步分类结果。此处不再作重复阐述。二是描述 R&D 生产所涉及的产业，即建立按产业分类的 R&D 对应表，我国已经编制了按产业分类收集的 R&D 活动数据，但未与 ISIC Rev.4 建立对应，具体也已在核算对象分类中进行了处理和调整。三是描述 R&D 生产情况，即建立 R&D 投入产出表。其中投入来源通过建立 R&D 活动经费支出来源表和国家财政科技拨款表获得，产出则根据测算章节中所提到的产出测算方法，还可进一步分解得到直接产出表和间接产出表。四是描述 R&D 使用情况，即建立供给使用表。对于供给使用表中所需的相关数据，已在测算章节中进行了研究。五是描述产品的转移情况，包括经济体内部的转移和经济体对外的转移，后者应给予更大的关注，也就是需要获得对外经济交易分析的数据，前文已经对 R&D 国际交易数据的来源和调整做了初步分析，有待于后续深入研究。六是 R&D 对宏观经济的影响，应通过建立 R&D 经济影响模型，分析它对经济增长的贡献率，但这需要的基础数据较多，需进一步开发。七是将经济数据与其他非货币信息之间建立联系，SNA（2008）认为将这些数据联系起来在许多情况下有用，这意味着需要获取就业和 R&D 资产的相关资料。

通过对上述七个方面内容的描述可以得到的相关列表为：按产业分类的 R&D 活动经费支出来源表、国家财政科技拨款表、直接产出表、间接产出表、投入产出表，按产业分类的 R&D 活动经费支出使用表、供给使用表、对外经济交易账户表、R&D 对 GDP 影响变化表、R&D 活动人员支出表。但按上述方法所得到的相关卫星列表有可能出现遗漏，下面将继续对现有国内外 R&D 卫星账户表进行比较，以修正和完善上述列表。

3. 卫星账户编制内容的修正和调整

目前对 R&D 卫星账户进行编制的主要有美国和法国，但基于不同的经济需要和现实基础，两国编制的卫星账户也不同。如美国开发的卫星账户共有五类表[①]，每类表下又有细分，加在一起共有 28 张表。其中第一类表是用来反映 R&D 资本化前后的 GDP、GDI、储蓄收入以及资产总回报的变化情况，其下分别有 5 张表：R&D 资本化前后的实际 GDP 变化、R&D 资本化前后的名义 GDP 变化、R&D 资本化前后 GDI 变化、R&D 资本化前后的储蓄收入变化、R&D 资产总回报。第二类表是用来反映 R&D 活动的资本存量、资本净存量以及折旧，其下分别有 6 张表：按出资机构类型分类的名义 R&D 投资情况、按出资机构类型分类的实际 R&D 投资情况、按出资机构类型分类并以现行成本计算的名义 R&D 净存量、按出资机构类型分类并以现行成本计算的实际 R&D 净存量、按出资机构类型分类并以现行成本计算的名义 R&D 折旧、按出资机构类型分类并以现行成本计算的实际 R&D 折旧。根据各表的相关内容可以看到，美国将出资机构类型

---

① 来源于 BEA 美国商务经济分析局网站：http://www.bea.gov/。

分为私人和政府，这里要注意的是它将不同性质的大学与学院做了区分，分别放在私人和政府分类下。第三类表是用来反映 R&D 总产出情况，其下分别有 2 张表：按完成者分类的名义 R&D 总产出、按完成者分类的实际 R&D 总产出。第四类表是用来反映 R&D 投资的价格指数的，其下分别有 2 张表：R&D 投资的总投入价格指数、R&D 投资的替代价格指数。第五类表是用来反映的 R&D 的产业情况，其下分别有 13 张表：美国产业 R&D 投资及其分布，R&D 资本化后的工业总产出，R&D 资本化前后的产业增加值变化，R&D 资本化前后的药品和药品制造业的总产出平衡表，R&D 资本化后对总产出、中间投入及增加值的影响。其他 8 张表描述了 1987~2007 年的 R&D 资本化前后各产业总产出、增加值的时序数据。

  由上述五类表可以看到，美国 R&D 卫星账户主要包括五个方面的内容：一是提供了美国用于 R&D 活动的支出，包括按出资机构类型分类、按完成者分类、按资金来源分类的支出；二是把 R&D 支出作为一种投资处理，并提供了投入价格指数；三是提供了知识资本存量的相关估计数据；四是反映了 R&D 对宏观经济的影响；五是反映了 R&D 对行业的影响。对比前文对我国 R&D 卫星账户内容的探讨，美国更多的是基于 R&D 活动对宏观经济和各产业的影响，这种将 R&D 活动更多地与宏观经济联系的观点对我国编制 R&D 卫星账户具有一定的借鉴作用。但是，那是建立在美国 R&D 基础数据收集完善的条件下，我国 R&D 数据调查才处于起步阶段，目前直接相关的数据调查表有四张，即科学研究和技术开发机构调查表、科技信息与文献机构调查表、县属科技机构调查表、有 R&D 活动调查表，前 3 张表是按机构区分所做的调查，后 1 张表是按活动分类所做的调查，调查内容主要包括 R&D 人员情况、经费收入情况、经费支出情况、科技课题综合情况、R&D 活动情况，研究设备和资产情况等。根据这些有效的数据信息是无法按照美国 R&D 卫星账户进行编制的。而法国编制的卫星账户相对于美国则简单得多，只有两张研发资金投资和使用表，一张是按机构部门分类的，一张是按产业活动分类的。由此可以看到，法国编制的卫星账户主要是用于分析 R&D 活动资金的来源和使用，以及在各机机构部门和行业中的分配，而没有深入分析 R&D 产出对国民经济的影响，也没有对 R&D 资本存量进行记录。相比而言，这种账户形式又过于简单。

因此，本书综合美国和法国卫星账户，结合上述对我国 R&D 卫星账户内容的初步分析，作出进一步调整和完善。首先将资本测算指标中不能登录中心账户中的部分指标，即资本存量、生产性资本存量和资本服务 3 个指标包括进卫星账户中。其次，对前文初步分析所得到的卫星账户编制内容进行删减，原因是考虑到数据获取的困难，但仍应将其作为后续我国 R&D 卫星账户的拓展中，因为编制卫星账户是一个渐进的过程，而我国还处于第一个阶段，目前对应的是对内部生产活动的分析。因此，将对外经济交易账户表、R&D 对 GDP 影响变化表暂时排除出去。最后，所得到的 R&D 卫星账户列表包括按产业分类的 R&D 活动经费支出来源表、国家财政科技拨款表、直接产出表、间接产出表、投入产出表、按产业分类的 R&D 活动经费支出使用表、按执行者分类的经费来源和使用平衡表、供给使用表、资本服务补充表、R&D 活动人员支出表，这里最核心的是供给使用表和投入产出表的编制。本书提出的 R&D 卫星账户的编制是以经济体内 R&D 产品需求与供给的基本平衡为基础，而这种供需关系的分析最终应放在投入产出的分析框架下来展开。具体来说，R&D 产品需求与供给的平衡分析依赖的是投入产出分析的平衡框架，在此基础上才能从静态分析发展为动态分析。投入产出方法在结构分析方面的优势，将能够很好地揭示 R&D 活动内部结构问题。此外，投入产出还可用于各种灵敏度分析，以揭示当产出模型中的某些变量发生变化时所产生的影响。对于 R&D 投入产出表的具体指标项的编制将有待后续深入研究。

第七章
结论与展望

一、研究结论

通过对上文的分析,得到的主要结论如下:

一是在对知识产权产品、知识产权资产、知识产权资本这三种概念进行辨析的基础上,明确 SNA 中知识产权产品的核算对象应是对知识产权资本的核算,而不是一般所理解的对所有知识产权产品的核算。

二是在对生产范围、分配范围、消费范围和资产范围进行分析研究的基础上,厘清了知识产权产品如何从最初的生产到中间的流通最后变为资产的过程。通过对知识产权产品经济运行的过程,明确限定其核算的最终范围,排除用于中间消耗和最终消费的知识产权产品,确定其用于投资的固定资本形成。

三是在对上述核算对象和核算范围明确的基础上,对知识产权产品进行分类。试图达到在对其纵向分类(产品分类和活动分类)和横向分类(国际标准分类和我国国民经济行业分类)的基础上,探讨建构适合我国的知识产权产品的分类框架,这将有助于后续的知识产权产品资本测算的应用,原因是准确的分类方法将意味着有效数据的收集,而所有的测算都应建立在获得高质量数据的基础上,否则会由于分类的不准确而可能对知识产权产品相关数据的遗漏缺失，导致测算和核算的错误。

四是对知识产权产品资本测算指标进行了系统分析。对资本测算中的关键指标的测算方法进行了比较研究，提出了对知识产权产品更适合的指标测算方法。并对R&D、计算机软件和数据库这两类知识产权产品的测算方法做了重点研究，就供给方法和需求方法在R&D、计算机软件和数据库中的应用做了探讨。

五是建立知识产权产品资本测算与国民账户体系之间的联系，这是本书研究的意义所在，可以说上述所有的研究都是为了这部分服务的。也就是说，上述通过建构科学合理的价值测算方法所得到的知识产权产品的价值数据，还应做进一步的核算账户的处理，以通过国民账户的形式呈现知识产权产品在经济运行的全过程，研究主要是从中心账户和卫星账户两个角度展开，尤其对知识产权产品的卫星账户做了进一步的分析研究，提出了对我国R&D卫星账户编制的初步设想。

二、研究展望

全书试图从系统性的角度，对知识产权产品核算存在的问题提出解决思路和方法，却仍显分量不足，其中最为重要的是缺乏有效的数据支撑，使研究无法进一步推进，有必要加强对相关数据的调查研究。同时，对于知识产权产品的国际交易的相关内容没有进行具体阐述，其中一个原因是将与知识产权产品相关的国际贸易服务从其他活动中分离出来很困难，尤其是对于关联企业内部的服务。因此进一步的研究应是，获得关联企业之间的交易价值和其特征，同时对其资产价值的变化也应进行记录，以为编制我国知识产权产品卫星账户做好基础性数据收集工作。此外，应继续推进对知识产权产品卫星账户的编制研究，尤其是对投入产出表的编制应做深入研究。

附录一

额外的数据需求

下面是由堪培拉Ⅱ组在2005年发给经合组织NESTⅠ组的一个列表。

1. 项目内容是用于估算的（通过使用来自R&D的调查数据）

（1）R&D的获得来自其他实施者：来自R&D调查的外部支出数据可以分类为：从国内实施者手中购买的R&D、R&D从国外进口和捐款以及其他转移。这样的分类使额外获得的由国内实施者提供的R&D（假定为中间消费）被添加到其内部R&D支出中，以得到一个总的R&D国内产出的测算。总的R&D的供给相当于R&D国内产出加上R&D的进口。

（2）R&D的使用：在收到的资金数据中应做一分离，即在将R&D销售给国内的生产者和给其他国家（R&D出口），以及收到的转移之间做一分离，这将能使R&D产出使用的测算用于供给使用表。这种分类已经存在于R&D调查中，对于政府部门资助高等教育和商业部门的调查部分。

（3）部门协调：高等教育部门支出的分解将需要得到机构部门的分解（这一分解是用于国民账户体系中的）。因此，需要对高等教育部门的数据应按部门进行分类：

1）企业和准企业（包括非营利性机构提供）。

2）一般政府部门（包括由政府控制和提供大部分资金的非营利性机构）。

3）为家庭提供服务的私人非营利机构。

2. 以下是通过将R&D统计与国民账户数据相融合所做的估算

（1）其他生产税减生产补贴：SNA定义了其他生产税作为生产税的一

部分,"主要包括土地所有权或使用税收,建筑或其他资产用于生产或雇佣劳动力,或补偿员工支付等的税收"。其他生产补贴主要包括工资或劳动力补贴。FM没有明确显示其他生产税的流量,但流量应包括至少部分的经常性支出,如工资税作为劳动力成本的一部分。然而,其他生产补贴的流量并不占内部支出,但却作为内部支出的资金来源。在过渡期间,在R&D调查中的数据可用之前,关于补贴的国民账户数据可以用于估算这些流量。

(2)由自有固定资产提供的资本服务的成本:这些估计将最好通过以下方式获得:将PIM用于过去的GFCF。FM资本支出的分解需要更多的细节去区分资产类型(其有显著不同的价格增长和不同的服务寿命)。

3. 以下项目收集的是外部R&D调查的数据

生产者部门除了生产R&D,也可能对外销售及对外购买R&D。在这些国家,这种交易是重要的,他们将不得不被包括在其他类型的来源中。例如,在经济调查或在国际服务贸易调查和外国直接投资调查。数据的另一个来源是创新调查也可能提供关于R&D生产者交易信息。

附录二
针对R&D国际交易的数据开发

1. 关联企业之间的国际交易

用于国际收支统计(BOP)目的所做的国际交易调查数据的收集已经涵盖了附属和独立的交易。国家会计、税务机关和研究者意识到信息失真(无论是否存在潜在原因)暗示了存在财政方面的转移价格问题(Hines,1996),以及国际收支账户(Landefeld et al., 2008)和最近的无形资产生产和开发的测算(Lipsey, 2008)存在问题。

国际货币基金组织的BOP编译指南(IMF 1995)提供了基于国际贸易角度上对这个问题的指导。特别指出了对于公司内部交易存在的误报问题,即低估或高估数量或价值,以及将对外直接投资企业之间利用转移定价描述为价格"严重扭曲了市场价格"。进一步来说,一个企业可以把货物卖给相关企业,其价格可以与生产成本或货物的采购成本无关。这样一个销售是存在的,例如,出于税收的原因,将利润从一个国家转移到另一个国家,或是因为这个国家的直接投资企业强加限制将收入汇回国内。OECD转移价格指南(The OECD Transfer Prices Guidelines, 2001)建议用于税务管理目的的内部交易该被报告,应假设它们以正常的市场价格被独立单位所完成。

国际货币基金组织的BOP编译指南还建议调整报告数据,并强调这种调整应只有当遇到重大扭曲时才被采用。值得注意的是,由OECD或国际货币基金组织指南所推荐的调整,其目的是为税务机关可以获得纳税人的记录,当然有些材料可能适用于调查工作,如对于微数据的编辑,分配以及进一步调查开发。另外，调整聚合数据必须由国家会计师完成。然而，国际上通用的指导可能是对 R&D 出口转移价格的调整，总的进口由于数据和元数据的局限性而被限制。此外，考虑到总的外商直接投资（FDI）和交易数据中 IPPs 占相对较小的份额，因此新的或者改进的关联企业之间的交易数据应该通过无形资产、国民账户、全球专家和工作小组共同设计和进一步开发。

2. 联合生产的所有权

联合生产，包括内部的和跨国公司的，这在 OECD 转移价格指南中被识别，标记为"费用分担契约"。后者被定义为"在开发中、生产中、或获得资产、服务，或获取权利中的合同规定所分担的成本与风险"。指南指出，这些安排在概念上不同于许可协议，也不同于现有资产的交易或转让。同时，其目的是使用公平原则。在跨国公司内部，联合生产使共同所有权发生混乱，这凸显了区分的必要性，即区分法律所有权、经济所有权和解决资产边界问题的影响，应根据谁受益于何物和何地的原则。指南指出，"法律所有权是对开发无形财产权利赋予的唯一性，即所有者能得到有效的所有权利益。"这些问题围绕的一个核心就是去正确定义直接的贸易流量，不仅包括 R&D（Yorgason，2007），也包括手册中其他的 IPP 产品。

3. 商业的和"无生产线"生产

商业是由编表经济体中的住户部门从非住户部门中购买一个货物，随后转售这个货物给另一个非住户部门，货物没有在编表经济体中进入或离开。因此，对编表经济体，即使没有货物进入或退出，其所有权的改变也会影响住户。然而，货物物理形式在货物属于商业期间，由于其他实体提供的制造业服务，其可能被改变。在这些情况下，企业拥有货物在制造过程中的分配权，如提供规划、管理、专利和其他知识，营销和融资，但不包括货物本身的支配。特别是对于高科技产品，这些非物质的贡献更大，涉及材料和装配的价格。这些交易特别重要，如在全球和合同制造中的服务外包和分包，以及跨国公司内部交易，包括所谓的无生产线公司。

4. Non-R&D 测试服务

CPC Ver.1 没有提供一个单独的代码用于商业 non-R&D 测试服务。但这样的一个类别在北美产品分类系统（NAPCS）中类别 NAICS 5417 被提供。除了类别代码类似 CPC，NAPCS 还包括了实验室测试服务，其中定义为服务的是：提供各种合格评定服务，如测试、仪器校准、产品认证、管理体系注册和商业检验服务和其他相关服务，如标准信息的出售，咨询和培训的出售。涉及贸易和研发调查数据的测试则可能通过提供额外的工具来分离出 non-R&D 测试。

5. R&D 转移

如果我们假设将来 FM 对转移的定义和 SNA 中的定义一致，那么未来可能的 R&D 转移（包括完成的或正在进行的）来源统计是基于 FM 的调查。

6. IP 购买

除了当前 R&D 生产的流量，R&D 的完整贸易流量也需要合并进过去 R&D（以专利权和其他形式的知识产权法律所保护的那部分 R&D）的购买中。这些流量是从许可和专利费的统计数据（那些已经在服务贸易统计数据中认可的统计数据，包括使用和复制）中分离出来的。然而，有关知识产权资产直接购买的信息则非常有限。一个相关的指标就是 R&D 执行或 IP 控股公司的跨境兼并和收购。Peleg（2008）提出了用"决策树"来定义涉及 IP 产品的并购交易。

附录三
早期观点对于 R&D 的非市场生产者

早期 OECD 达成一致商议意见,即倾向于并非对所有的非市场部门的 R&D 支出都记录为 GFCF,并提出了一种基于 SEO 数据支持的测算方法。该方法提供了一个较为粗糙的结果,但是最终有两个原因导致 OECD 任务组更新其最初的想法:一是应扩展对非市场部门的经济利益的解释;二是一般的 OECD 国家并没有可需要的数据去做这样的估算。尽管这个结论只是一种有益的描述这种方法,却对后续的研究有所帮助。

OECD 任务组调查:支出是否记录为 GFCF 应根据 SEO 分类,或者活动类型(来自 R&D 的调查)能被分配进 GFCF 应基于对经济利益的详细解释。有研究发现,按活动类型并不是非常有用的来源,因为有些活动类型,如基础研究需满足更严格的标准条件,有些则不是。然而,基于 SEO 类别却不能提供一个有意义的结果。

OECD 任务组得出结论:政府或 NPISH 能够获得经济利益(基于一个严格的定义),通过承担 SEO 中 2~4 的支出,8 和 2(他们的主要活动)以及 SEO 1 和 5(经由来自矿产开发勘探的专利税/版税)。相比,政府或 NPISH 一般并不从事农业或工业的生产,如 SEO 6 和 7。OECD 任务组因此认为与这些有关的支出不能视为 GFCF,类似的决定也针对 SEO 9 和 10。同时建议要混合某些分类,如 SEO 11 应尽可能适当地重新分配进其他 SEO 中。

两种 SEO 数据被考虑:R&D 执行者的调查和政府对 R&D 预算拨款或

经费支出（GBAORD）。前者被 FM 认可为比后者具有更高的质量。在收集时，要将高等教育和其他一般政府的数据分开。相比而言，政府对 R&D 预算拨款或经费支出有一个附加的 SEO 分类"研究经费用于提供给一般大学（以资助形式）"，这包括了大部分政府资金资助（给予高等教育单位实施的 R&D），对于很多国家来说，这部分没有根据 SEO 做进一步分解，GBAORD 作为 SEO 来源仅适用于中央政府。调查已经揭示了来自 GBAORD 的 SEO 数据通常不能很好地被 SEO 分配，然而几乎所有的 OECD 国家都有 GBAORD 的数据，因为第一种情况下的数据更难获得，同时后者的数据也应被及时更新。

有关 R&D 执行者数据需要做进一步调整，这与内部支出有关，所以要把政府和 NPISH 部门对 R&D 的购买和销售相结合。OECD 任务组认为：外部支出更适合在授予和购买中分离，能被用作第一次调整，但外部支出不适合 SEO。而资金来源适合在授予和购买中分开，被认为是第二次调整。任务组假定由政府和 NPISH 部门生产的 R&D 产出，其出售主要与这些 SEO（主要目的是市场生产者，SEO 6 和 7）关联，并建议根据 SEO 选择两种方式来代替总的内部支出，一是与那些推荐为 GFCF 的有关（SEO 1~5、8、11 和 12），二是被推荐为最终消费支出（SEO 6、7、9、10），R&D 销售的价值被从后者中减去（或者是前者，如果销售的价值超过后者累计价值）。任务组认为，由于缺乏执行者数据，GBAORD 应被用于政府部门。GBAORD 数据一般与执行者数据不一致，所以 GBAORD 数据比例（通过 SEO）应被用于去分配总的内部支出和外部支出（由政府支出的），以获得支出（通过 SEO）。政府 R&D 产出出售的调整与对执行者数据使用相同的方法。更早前提出，GBAORD 数据的缺陷在于大部分投入到大学的政府资金一般混进了"研究经费用于提供给一般大学（以资助形式）"，没有进一步被 SEO 分解。在这些情况下，解决 SEO 的一个关键问题就是要使用最合适的数据，如通过进入 R&D 支出的科学技术分类领域中识别，另一种可能是使用年报信息。

参考文献

[1] 巴鲁·列弗. 无形资产——管理、计量和呈报[M]. 北京：中国劳动社会保障出版社，2003.

[2] 鲍敦全，陈金良. 知识资本价值形成与价值增殖分析[J]. 新疆社会科学，2001（4）.

[3] 陈梦根. 经济统计若干前沿问题研究[M]. 北京：中国统计出版社，2014.

[4] 陈禹，谢康. 知识经济的测算理论与方法[M]. 北京：中国人民大学出版社，1998.

[5] 陈杰. 如何测算非市场生产者在生产中使用的资产[J]. 统计研究，2008（2）.

[6] 蔡晓陈. 中国资本投入：1987～2007年——基于年龄—效率剖面的测量[J]. 管理世界，2009（11）.

[7] 曹跃群，秦增强，齐倩. 中国资本服务估算[J]. 统计研究，2012（12）.

[8] 陈汉琪. 国民账户功能解读[J]. 商场现代化，2008（11）.

[9] 蔡虹，许晓雯. 我国技术知识存量的构成与国际比较研究[J]. 研究与发展管理，2005（8）.

[10] 陈则孚. 知识资本研究[D]. 北京：中共中央党校论文，2001.

[11] 杜月. 知识生产中的创造性劳动[J]. 深圳大学学报（人文社会

科学版），1999（4）．

［12］丁堃．关于学科知识测算体系的思考［C］．科学学理论与科学计量学探索——全国科学技术学暨科学学理论与学科建设2008年联合年会论文集，2008．

［13］范领进．知识价值理论研究［D］．长春：吉林大学论文，2010．

［14］弗里茨·马克卢普．美国的知识生产与分配［M］．北京：中国人民大学出版社，2007．

［15］高敏雪，李静萍等．国民经济核算原理与中国实践［M］．北京：中国人民大学出版社，2007．

［16］高敏雪．美国国民核算体系及其卫星账户应用［M］．北京：经济科学出版社，2001．

［17］高汝熹．知识交易及其定价研究［M］．上海：上海社会科学院出版社，2008．

［18］高新亚，邹珊刚．知识测算的思考［J］．自然辩证法研究，2000（2）．

［19］国家统计局．中国国民经济核算体系（2002）［M］．北京：中国统计出版社，2003．

［20］葛守中．对社会生产核算范围的几点思考［J］．当代财经，1988（9）．

［21］何强，宫凤．2008年SNA修订工作的进展［J］．浙江统计，2006（1）．

［22］何枫，陈荣，何林．我国资本存量估算及其相关分析［J］．经济学家，2003（5）．

［23］何平，陈丹丹．R&D支出资本化可行性研究［J］．统计研究，2014（3）．

［24］洪作维．当前无形资产会计核算的局限性及其完善对策［J］．现代企业文化，2008（18）．

［25］韩中．住户部门卫星账户的构建与理论阐述［J］．统计研究，2011（11）．

［26］蒋萍．知识经济和可持续发展：测算方法与实证分析［M］．北京：北京师范大学出版社，2011．

［27］蒋萍，徐强，杨仲山．国民经济核算初级教程［M］．北京：中国统计出版社，2014．

［28］蒋萍，刘丹丹，王勇．SNA研究的最新进展：中心框架、卫星账户和扩展研究［J］．统计研究，2013（3）．

［29］蒋萍．核算制度缺陷、统计方法偏颇与经济总量失实［M］．北京：中国统计出版社，2011．

［30］经济合作与发展组织（OECD）（王益烜译）．资本测算手册：关于资本存量、固定资本消耗及资本服务测算［M］．北京：中国统计出版社，2004．

［31］康蓉．加拿大旅游卫星账户供求数据的调整及启示［J］．经济管理，2006（8）．

［32］卡尔·门格尔．国民经济学原理［M］．上海：上海世纪出版集团，2013．

［33］刘丹丹．住户无酬工作核算：概念、估价方法及卫星账户构建［J］．统计与信息论坛，2007（1）．

［34］李明．浅析新准则下无形资产核算范围原则［J］．世界家苑，2012（11）．

［35］李国秋，吕斌．国际标准产业分类新版的信息产业分类分析［J］．图书情报知识，2010（5）．

［36］李治国，唐国兴．资本形成路径与资本存量调整模型——基于中国转型时期的分析［J］．经济研究，2003（2）．

［37］刘建翠，郑世林，汪亚楠．中国研发（R&D）资本存量估计：1978～2012［J］．经济与管理研究，2015（2）．

［38］刘永呈，胡永远．中国省际资本存量的估计：1952～2003年

[J].统计与决策,2006(4).

[39] 刘伟.2008SNA对非金融资产的修订及影响分析[J].统计研究,2010(11).

[40] 刘丹丹,潘博.中国国民经济核算相关研究述评[J].东北财经大学学报,2011(2).

[41] 李宾.我国资本存量估算的比较分析[J].数量经济技术经济研究,2011(12).

[42] 李海东.论市场原则在确定生产范围中的作用[J].浙江统计,2002(6).

[43] 李元旭,陈志刚.知识资本计量综述[J].科学学研究,2001(3).

[44] 鲁志国.广义资本投入与技术创新能力相关关系研究[M].上海:上海三联书店,2006.

[45] 联合国等.国民经济核算体系(2008)[M].北京:中国统计出版社,2011.

[46] 联合国等.国民经济核算体系(1993)[M].北京:中国统计出版社,1995.

[47] 马克思.资本论(第二卷)[M].北京:人民出版社,1975.

[48] 孟望生,林军.我国省份资本存量及其回报率估算[J].东北财经大学学报,2015(1).

[49] 毛军.我国资本存量估算方法比较与重估[J].河南社会科学,2005(2).

[50] 裴辉儒.资源环境价值评估与核算问题研究[M].北京:中国社会科学出版社,2009.

[51] 彭建平,李永苍.FDI存量与自主创新——基于省际动态面板GMM估计的实证研究[J].经济经纬,2014(1).

[52] 潘强敏.国民经济行业分类标准问题研究[J].统计科学与实践,2012(6).

［53］邱东，蒋萍．国民经济统计前沿问题（中）［M］．北京：中国统计出版社，2008.

［54］邱东．新国民经济核算体系（SNA）结构研究［M］．北京：中国统计出版社，1990.

［55］钱伯海．社会劳动价值论［M］．北京：中国经济出版社，1997.

［56］钱伯海．国民经济核算与宏观经济分析［M］．北京：中国统计出版社，1998.

［57］钱伯海．论国民经济核算的平衡原则［J］．中国社会科学，1994（3）．

［58］钱伯海．国民经济核算原理［M］．北京：中国经济出版社，2003.

［59］屈超．信息产业核算方法研究析［D］．大连：东北财经大学论文，2010.

［60］邱叶．基于SNA2008的中国MD卫星账户编制研究［D］．南昌：江西财经大学论文，2014.

［61］单志刚．知识经济概论［M］．北京：中国传媒大学出版社，2006.

［62］石小玉．世界经济社会统计新进展（2009）［M］．北京：中国统计出版社，2009.

［63］"SNA的修订与中国国民经济核算体系改革"课题组．SNA关于生产资产的修订及对中国国民经济核算的影响研究［J］．统计研究，2012（12）．

［64］"SNA的修订与中国国民经济核算体系改革"课题组．SNA的修订及对中国国民经济核算体系改革的启示［J］．统计研究，2012（6）．

［65］单豪杰．中国资本存量K的再估算：1952～2006年［J］．数量经济技术经济研究，2008（10）．

［66］孙琳琳，任若恩．中国资本投入和全要素生产率的估算［J］．世界经济，2005（12）．

[67] 孙琳琳,任若恩.我国行业层次资本服务量的测算(1981~2000年)[J].山西财经大学学报,2008(4).

[68] 孙秋碧.国民核算简约账户系统设计研究[J].福州大学学报,2002(3).

[69] "SNA的修订与中国国民经济核算体系改革"课题组.SNA关于资本服务的测算及对国民账户的影响[J].统计研究,2013(5).

[70] 施本植.无形资产:不可等闲视之[J].上海经济研究,1996(6).

[71] 孙秋碧.国民经济核算及其总体模式研究[D].厦门:厦门大学论文,2000.

[72] 宋旭光.可持续发展测算方法的系统分析[D].大连:东北财经大学论文,2002.

[73] 汤湘希,汪海粟,郑玮玮.对无形资产的边界限定及其相关概念的关系研究[J].会计论坛,2009(4).

[74] 魏和清.SNA2008关于R&D核算变革带来的影响及面临的问题[J].统计研究,2012(11).

[75] 魏和清.知识经济测算方法研究[D].大连:东北财经大学论文,2010.

[76] 魏和清.从美国国民账户的调整看研发资本化对宏观经济变量的影响[J].当代财经,2014(10).

[77] 王益烜,吴优.中国国有经济固定资本存量初步测算[J].统计研究,2003(5).

[78] 王孟欣.美国R&D资本存量测算及对我国的启示[J].统计研究,2011(6).

[79] 王俊.我国制造业R&D资本存量的测算(1998~2005)[J].统计研究,2009(4).

[80] 王卓.我国行业分类与国际标准行业分类的比较研究[J].统计研究,2013(4).

[81] 吴延兵. R&D 存量、知识函数与生产效率[J]. 经济学（季刊），2006（4）.

[82] 许宪春. 中国国民经济核算统计问题研究[M]. 北京：北京大学出版社，2010.

[83] 许涤龙，周光洪，陈艳军. SNA 关于非金融资产和金融资产分类的修订[J]. 统计与信息论坛，2009（2）.

[84] 许涤龙，周光洪. SNA 关于知识产权产品核算方法的修订[J]. 财经理论与实践，2009（5）.

[85] 许涤龙，郑尊信. 资产的界定、分类与核算[J]. 数量经济技术经济研究，2002（12）.

[86] 许宪春. 经济循环账户的基本核算范围[J]. 中国统计，1996（3）.

[87] 许宪春. 中国新国民经济核算体系的基本核算范围[J]. 经济与管理研究，1996（1）.

[88] 许宪春. 准确理解中国的收入、消费和投资[J]. 中国社会科学，2013（2）.

[89] 许宪春，彭志龙，吕峰. SNA 的修订及对中国国民经济核算体系改革的启示[J]. 统计研究，2012（6）.

[90] 肖敏，谢富纪. 中国 R&D 资本存量的空间分布特征[J]. 科技管理研究，2009（8）.

[91] 向书坚. 2003 年 SEEA 需要进一步研究的主要问题[J]. 统计研究，2006（6）.

[92] 谢明香，梁炜来. 关于无形资产的特征、基本概念及范围[J]. 武汉冶金科技大学学报（社会科学版），1999（4）.

[93] 袁志刚. 知识经济学[M]. 上海：上海人民出版社，1999.

[94] 叶宗裕. 中国省际资本存量估算[J]. 统计研究，2010（12）.

[95] 杨志锋，邹珊刚. 知识资源、知识存量和知识流量：概念、特征和测算[J]. 科研管理，2000（4）.

[96] 杨仲山,屈超. 对信息经济测算中"知识测算"方法的思考[J]. 统计研究, 2009 (2).

[97] 杨仲山. SNA 的历史:历次版本和修订过程[J]. 财经问题研究, 2008 (12).

[98] 杨仲山,何强. 国民经济核算体系(1993SNA)的修订、影响及启示[J]. 统计研究, 2008 (9).

[99] 杨文雪. 国民经济核算中固定资本消耗价值的测算[J]. 统计与决策, 2003 (11).

[100] 叶樊妮. 关于资本投入测算的思考[J]. 统计与决策, 2008 (12).

[101] 叶樊妮. 资本存量与资本服务核算研究[D]. 成都:西南财经大学论文, 2009.

[102] 杨灿. 中国国民经济核算体系的改革的回顾与思考[J]. 统计研究, 2001 (11).

[103] 严盖,尹小兵. 资本服务加总度量与 Divisia 指数[J]. 财经科学, 2011 (11).

[104] 曾绪宜. 创造性劳动价值论[J]. 探索, 1994 (3).

[105] 曾绪宜. 对《创造性劳动价值论》的再思考[J]. 涪陵师范学院学报, 2002 (4).

[106] 张迎春. 世界经济统计研究新动向及其对中国的启示[M]. 北京:社会科学文献出版社, 2013.

[107] 朱启贵. 国民经济核算体系构建的理念与变革[J]. 人民论坛, 2013 (1).

[108] 赵丽霞. 旅游活动与旅游卫星账户(TSA)[J]. 统计与预测, 2001 (5).

[109] 赵耀,袁勤俭. 国际标准产业分类体系中专业、科学和技术活动的分类演化及启示[J]. 统计教育, 2008 (10).

[110] Australian Bureau of Statistics. Current Price and Volume Measures

of Capital Stock Statistics [R]. Second meeting of the Canberra Group on capital stock statistics, 1998 (9).

[111] Australian Bureau of Statistics. Implementation of new international statistical standards in ABS National and International Account [EB/OL]. http://www.abs.gov.au.

[112] BEA. 2013 Comprehensive Revision of the National Income and Product Accounts: Sources of Revision to Gross Domestic Product [EB/OL]. http://www.bea.gov.

[113] Bernstein J, Mamuneas T. Depreciation estimation, R&D Depreciation Stock, and North American Manufacturing productivity growth [J]. Annales d'Economic et de Stasistique, 2005 (79-80): 383-404.

[114] B. Böhm, A. GleiB, M. Wagner, D. Ziegler. Disaggregated Capital Stock Estimation for Austria – Methods, Concepts and Results [J]. Econpapers, Applied Economics, 2002 (34): 23-37.

[115] Bronwyn H. Measuring the Returns to R&D: The Depreciation Problem [R]. NBER Working Paper, 2007, No. 13473.

[116] Carson C, Grimm B, Moylan C. A Satellite Account for Research and Development [J]. Survey of Current Business, 1994 (11).

[117] Department of Economic and Social Affairs. Manual on Statistics of International Trade in Services 2010 (MSITS 2010) [M]. Paris: OECD Publishing, 2010.

[118] Goto A, Suzuki K. R&D Capital, Rate of Return on R&D Investment and Spillover of R&D in Japanese Manufacture industries [J]. The Review of Econimic and Statistics, 1989, 71 (4): 555-564.

[119] Gregory Rais, Pierre Sollberger Multi-factor Productivity Measurement: From Data Pitfalls to Problem Solving – the Swiss Way [J]. Working Paper prepared for the OECD Workshop on Productivity, Bern, 2006 (8): 16-18.

[120] Griliches. R&D and the Productivity Showdown [J]. American Economic Review, 1980, 70 (1): 343 -348.

[121] Griliches. R&D and Productivity Measurement and Econometric Results [J]. Science, 1987, 237 (3): 31 -35.

[122] Handbook on Price and Volume Measures in National Accounts [M]. Office for Official Publications of the European Communities, 2001.

[123] Hotelling H. A General Mathematical Theory of Depreciation [J]. American Statistical Association, 1925, 20 (151) : 340 -353.

[124] Jennifer Lee, Andrew G. Schmidt. Research and Development Satellite Account Update: Estimates for 1959 -2007 [J]. Washington D. C, Survey of current business 2010 (12) .

[125] John R. Baldwin and Wulong Gu. Multifactor Productivity in Canada: An Evaluation of Alternative Methods of Estimating Capital Services [M]. Authority of the Minister responsible for Statistics Canada, Ottawa: 2007.

[126] Jorgenson D. Capital Theory and Investment Behavior [J]. American Economic Review, 1963, 53 (2): 247 -259.

[127] Lee J. Schmidt A G. Research and Development Satellite Account Update Estimates for 1959 -2007 [J]. Survey of Current Business, 2010 (12) .

[128] Lidia Bratanova. Balance of Fixed Assets and Capital Stock Estimation in Trasition Countries [J]. Working Papers, Second meeting of the Canberra Group on capital stock statistics, 1998 (12) .

[129] Marshall Reinsdorf and Marism Cover. Measurement of Capital Stocks, and Capital Services: Report on a Presentation to the Central American Ad Hoc Group on National Accounts [J]. United Nations Statistics Division Working Papers, 2005.

[130] Nadim Ahmad. Introducing Capital Services into the Production Account [R]. Prepared for the December 2004 Meeting of the Advisory Expert

Group on National Accounts. 2004 (12): SNA/M2.04/15.

[131] National Statistical Office. National Wealth Survey in Korea [R]. OECD Working Papers, 1997.

[132] OECD. Handbook on Deriving Capital Measures of Intellectual Property Products [M]. Paris: OECD Publishing, 2010.

[133] OECD. Frascati Manual: Proposed Standard Practice for Surveys on Research and Experimental Development (6th edition) [M]. Paris: OECD Publishing, 2002.

[134] OECD. Experience of OECD Countries in Implementing the 2008SNA (ESA 2010) [A]. 7th Meeting of the Advisory Expert Group on National Accounts. New York, 2012.

[135] OECD. Measuring Capital OECD Manual [M]. Paris: OECD Publishing, 2009.

[136] OECD. Productivity Manual: A Guide to the Measurement of Industry-level and Aggregate Productivity Growth [M]. Paris, 2001.

[137] OECD. Measuring Capital Manual – Measurement of Capital Stocks: Consumption of Fixed Capital and Capital Services [M]. Paris, 2001.

[138] OECD. OECD Compendium of Productivity Indicators 2003 [M]. Paris, 2006.

[139] OECD. Methods Used by OECD Countries to Measure Stocks of Fixed Cap-ital [Z]. Paris, 1993.

[140] OECD. OECD Compendium of Productivity Indicators 2003 [M]. Paris, 2006.

[141] Okubo S, Robbins C A, Moylan C E, Sliker B K, Schultz L I, Mataloni L S., BEA'S 2006 Research and Development Satellite Account [J]. Survey of Current Business, 2006 (86).

[142] Paul Schreyer, W. Erwin Diewert and Anne Harrison. Cost of Caital Services and the National Accounts Update of the 1993 SNA [R]. AEG Meeting,

2005 (7).

[143] Rachel H. Soloveichik. Research Spotlight: Artistic Originals as Capital Asset [J]. Washington D. C., Survey of Current Business, 2011 (6).

[144] Report on Developing a Satellite Account for Research and Development in Finland [EB/OL]. http：// tilastokeskus. fi /tup / kantilinpito / final_ report. Pdf.

[145] Research and Development Satellite Account Update Estimates for 1959 – 2007 [EB/OL]. http：//www. bea. gov / scb / pdf /2010 /12％20 December /1210_ r – d_ text. Pdf.

[146] Robert J. Hill and T. Peter Hill. A New Conceptual Approach to the Measurement of Capital Gains, Depletion and Net National Product [R]. Discussion Paper 99/9, School of Economics, University of New South Wales, 1999.

[147] Schreyer P. Capital Stocks, Capital Services and Multi – factor Productivity Measures [J]. OECD Economic Studies, No. 37, 2003 (2).

[148] Schreyer P. P. Bignon and J. Dupont. OECD Capital Services Estimates: Methodology and a First Set of Results [J]. OECD Publishing, 2003 (6).

[149] Schreyer P. Measuring Multi – factor Productivity When Rates of Return Are Exogenous [R]. Paper presented to SSHRC International Conference on Index Number Theory and the Measurement of Prices and Productivity, 2004.

[150] Sliker B K. 2007 R&D Satellite Account Methodologies: R&D Capital Stock and Net Rates of Return of Economic Analysis [EB/OL]. 2007. http：//www. bea. Gov.

[151] Statistics Netherlands Division of Macroeconomic Statistics and Dissemination National Accounts [EB/OL]. http：// www. cbs. nl /NR /rdonlyres / BA94413B – F037 – 4E44 – BA8B – BCB5174E9632 /0 /200802x41 pub.

Pdf.

[152] Triplett J E. A Dictionary of Usage for Capital Measurement Issues [M]. Brookings Institution, Washington D. C. , 1998 (8).

[153] Triplett J E. Concepts of capital for production accounts and for wealth accounts: The implications for statistical programs [R]. Paper prepared forepared for Canberra Group on Capital Stock Statistics, Washington D. C. , 1999 (11).

[154] United Nations, IMF, etc. System of National Accounts 2008 [M]. The United Nations, 2009.

[155] UN. CPC Ver. 1. 1 [M]. New Yorks: UN publishing, 2007.

[156] UN. ISIC Rev. 4c [M]. New Yorks: UN publishing, 2009.

[157] U. S. Bureau of Economic Analysis. BEA Expands Coverage of Intellectual PropertyProducts [EB/OL] http: //www. bea. gov/national/pdf/flyer_ bea_ expand_ co – verage_ of_ intellectual. pdf.

[158] U. S. Bureau of Economic Analysis. Preview of the 2013 Comprehensive Revision of the National Income and Product Accounts: Changes in Definitions and Presentations [EB /OL] . http: //www. bea. gov /scb /pdf /2013 / 03%20March/0313_ nipa _ comprehensive_ revision_ preview. Pdf.

[159] U. S. Bureau of Economic Analysis. NIPA Revisions: Selected Components Detail and Major Source Data and Conceptual and Statistical Changes Incorporated, 2007 – 2012 [EB/OL]. http: //www. bea. gov/national/pdf/NIPA%202013%2Revisions Table. Pdf .

[160] U. S. Bureau of Economic Analysis. 2013 Comprehensive Revision of the NIPA: Sources of Revision to Gross Domestic Product [EB/OL]. http: // www. bea. gov/national /pdf /revisonsto GDP. Pdf.

[161] U. S. Bureau of Economic Analysis. National Accounts Data Users' Conference: Briefing on the 2013 Comprehensive NIPA Revision [EB/OL]. http: //www. bea. gov/national/pdf/data_ users_ briefing_ 2013_ comprehen-

sive_ nipa_ revision. pdf.

［162］Wang, Lili and Adam Szirmai. Regional Capital Inputs in Chinese Industry and Manufacturing, 1978 – 2003 ［J］. Research Memorandum GD – 99, 2008（4）.

致　谢

　　时间过得真快，转眼又到了毕业季。3年前，当我被引入统计学科的博士大门时还仅仅是一个对统计学充满好奇，并有着略微敬畏感的普通学生，3年后，却莫名地增加了些许的亲切感和责任感。我常常会想，科学对我们而言到底是什么，在追求未知广阔的学科领域的漫漫长路上我们又该如何取舍，是遇到问题中途放弃而另择蹊径，还是坚持初心继续前行；是循规蹈矩不求突破，还是大胆质疑勇于创新。几经犹豫，最终我将毕业论文题目定为《知识产权产品核算问题研究》，这于我而言是一个大胆的尝试。

　　早在两年前，因导师计划将其论文《非市场服务产出核算问题研究》做进一步拓展，并交由我来负责其中的部分工作，因着导师给予的这份信任，鞭策着我开始真正地走入了国民核算的学科殿堂中，也因此使我对国民核算产生了有别于其他学科的近乎执着的热情。3年来，我有幸多次聆听邱东教授、蒋萍教授、高敏雪教授等专家的讲学，其获益远超过我的想象，无论是他们对学术的敏感和思辨性，还是他们对学术的严谨和执着都让我深深敬佩，更让我深刻地领会到学术精神，不仅仅是要具备深厚扎实的理论功底，更重要的是还应具备超出一般人的远见卓识、学术勇气和社会担当。于是我萌发了试图将国民核算与现实经济相结合的想法，而在当前知识经济时代背景下，知识产权产品因其对经济的贡献被受到极大的关注和重视，对于知识产权产品的核算问题也成为我国乃至全球国民核算学科领域关注的热点问题。但由于研究中的诸多现实困难，始终没有进入实质性的系统研究中。这使我进一步产生了对知识产权产品的有关核算问题进行研究的更具体的想法，而最终使我将想法变为博士论文的选题并真正开始进行研究则来自我的恩师罗良清教授，在导师的悉心指导和点拨下，使我有了敢于挑战该项选题的信心。

本书研究的初衷是期望能够系统性地对知识产权产品核算中所涉及的每个关键步骤中的重要指标进行研究，以形成一个对知识产权产品进行核算的可操作性的有实际意义的思路和方法，如果尚有可取之处，首先要感谢导师罗良清教授，无论是在本书的撰写过程中，还是在3年的博士求学过程中，他所给予我的信任、宽容和帮助，远非一个"感谢"所能表达，这是我需要用一生去回馈的恩情。

在此，我还要特别感谢吴照云教授。感谢他将我引入学术这条道路上，感谢他一直以来对我的关心和肯定，使我有了继续坚持下去的勇气。我还要感谢刘小瑜教授、曹俊文教授、魏和清教授、李海东教授、陶春海教授、杨头平副教授、平卫英副教授、郭露老师以及我的朋友陈学敏，感谢他们在本书的撰写和定稿过程中所提供给我的指导和帮助。

我还要感谢我的家人。感谢母亲，她对工作的敬业执着和对我的无私付出，为我诠释了一个平凡而伟大母亲的真正意义。如果没有母亲，我想我无法克服生活所给予我的磨难，她所给予我的精神动力是我一生获益的财富。感谢我的先生，感谢他对我的理解和支持。感谢我的女儿们，感谢她们所带给我的欢乐和感动。

为了能够无愧于所有曾经给予我关心、帮助和扶持的师长、朋友和家人，我唯有继续不断地努力前行，将科学研究和人文关怀作为我一生探索和实践的课题。

2015年3月于江财枫林园